KB268299

곽선희 목사 설교집
61

부활신앙의 부활

곽선희 지음

계몽문화사

머리말

　　'복음은 들음에서'—이는 진리이며 우리의 경험입니다. 하나님께서 우리에게 주신 복 가운데 가장 큰 복은 말씀을 주신 것입니다. '말씀이 육신을 입어서 오신 것'입니다. 말씀을 주셨고 들을 수 있게 하셨고 마음문을 열고 받아 믿게 하신 것, 참 놀라운 은혜입니다.

　　말씀은 단순한 지식이 아닙니다. 추상적인 이론이 아닙니다. 말씀은 선포되는 하나님의 계시적 능력인 것입니다. 말씀의 권능, 그 능력을 알고 체험하면서 비로소 '말씀 안에서 태어나는 생명적 기적'이 나타나게 됩니다. 오늘도 그 말씀이 증거되고 새롭게 선포되고 있습니다. 설교가 곧 말씀입니다. 성령의 역사와 함께 끊임없이 이루어지는 생명의 역사입니다. 이 선포되는 말씀, 증거되는 진리를 통하여 구원의 능력은 항상 새로워집니다. 말씀 안에서 새 생명이 탄생하고 말씀 안에서 영혼이 소생하며, 그 큰 능력 안에서 우리는 강건해집니다. 우상을 이기는 능력의 사람으로 성장해가는 신비롭고 놀라운 사건을 강단에서 늘 경험하고 있습니다.

　　여기에 또다시 설교말씀을 모아 책자로 내어놓습니다. 예수소망교회 강단을 통하여 하나님께서 우리에게 주신 말씀입니다. 이제 그 말씀을 책자로 엮어 내어놓음으로써 우리가 시간과 공간을 초월하여 개별적으로 하나님을 만나게 되는 '말씀의 역사'에 귀중한 방편이 되고자 합니다. 책자라는 그릇에 담긴 이 말씀들은 읽는 자의 마음 안에서 또다른 '말씀의 신비한 기적'을 낳게 되리라 확신합니다.

　　한 시간 한 시간의 설교를 위하여 간절히 기도해주신 모든 성도들과 이 책자를 출간하기까지 수고해주신 여러분께 진심으로 감사를 드립니다. 그리고 또다시 영광을 오직 하나님께 돌리면서……

곽선희

곽선희 목사
장로회 신학대학 졸업
프린스턴 신학석사
풀러신학 선교신학박사
인천제일교회 목사
장로회 신학대학 교수 역임
숭의여자전문대학 학장 역임
서울장로회신학교 교장 역임
소망교회 원로목사
예수소망교회 동사목사

곽선희 목사 설교집 제61권

부활신앙의 부활

인쇄 · 2018년 11월　5일
발행 · 2018년 11월 10일
지은이 · 곽선희
펴낸이 · 김정수
펴낸곳 · 계몽문화사
등록일 · 1993년 10월 11일
등록번호 · 제2016-2호
전화 · (02)995-8261
정가 · 23,000원
총판 · 비전북 / (031)907-3927
ISBN 978-89-89628-44-6　03230

* 잘못 만들어진 책은 바꾸어 드립니다.

부활신앙의 부활

믿음의 사람 한나의 기도

그가 여호와 앞에 오래 기도하는 동안에 엘리가 그
의 입을 주목한즉 한나가 속으로 말하매 입술만 움직
이고 음성은 들리지 아니하므로 엘리는 그가 취한 줄
로 생각한지라 엘리가 그에게 이르되 네가 언제까지
취하여 있겠느냐 포도주를 끊으라 하니 한나가 대답
하여 이르되 내 주여 그렇지 아니하니이다 나는 마음
이 슬픈 여자라 포도주나 독주를 마신 것이 아니요
여호와 앞에 내 심정을 통한 것뿐이오니 당신의 여종
을 악한 여자로 여기지 마옵소서 내가 지금까지 말한
것은 나의 원통함과 격분됨이 많기 때문이니이다 하
는지라 엘리가 대답하여 이르되 평안히 가라 이스라
엘의 하나님이 네가 기도하여 구한 것을 허락하시기
를 원하노라 하니 이르되 당신의 여종이 당신께 은혜
입기를 원하나이다 하고 가서 먹고 얼굴에 다시는 근
심 빛이 없더라

(사무엘상 1 : 12 - 18)

믿음의 사람 한나의 기도

「어느 대주교의 죽음」은 H. G. 웰스의 유명한 단편소설입니다. 주교가 주인공인데, 그는 30년 동안 날마다 아침에 성당에 들어가 무릎을 꿇고 하나님 앞에 경건히 기도했습니다. "하나님이시여, 제 기도를 들으소서. 하나님이시여, 거룩하신 하나님이시여, 제 기도를 들으소서." 어느 날 아침, 언제나처럼 또 기도를 하는데, 문득 하늘에서 음성이 들려왔습니다. "네 소원이 뭐냐?" 그러자 주교는 '아, 하나님께서 진정 내 기도를 듣고 계셨구나!' 하고 깜짝 놀라서 그만 심장마비로 죽었습니다. 기도란 무엇입니까? 아무리 많은 정성을 들여서 기도했다고 해도 그게 다 기도인 것은 아닙니다. 응답을 들어야 기도입니다. 기도는 명상이 아닙니다. 기도는 자기최면도 아닙니다. 기도는 자기울분을 토하는 감정순화의 수단이 아닙니다. 푸념도 아닙니다. 특별히 몸부림도 아닙니다. 기도는 하나님과의 대화입니다. 이걸 잊지 말아야 합니다. 하나님께서 앞에 계십니다. 그 하나님 앞에 두렵고 떨리는 마음으로 경건하게 기도하는 것입니다. 그렇습니다. 기도는 하나님과의 대화입니다.

대화라고 하면 일반적으로 생각하는 중요한 원리가 있습니다. 모든 대화는 일방통행이면 안 됩니다. 반드시 'two way system'이라야 됩니다. 말하고 듣고, 듣고 말하고, 말하고 듣고…… 이렇게 균형을 잡아야 대화입니다. 일반적인 대화의 방법은 한 마디 하고 세 마디 듣는 것입니다. 말이 됐든 안 됐든, 대화하려면 한 마디 하고 세 마디는 들어야 합니다. 그래야 대화가 됩니다. 자기 말만 하고 끝나면 대화가 될 수 없습니다. 기도도 마찬가지입니다. 기도는 하나님과의 대화이기 때문에 하나님 앞에 기도하면서 계속 마음의 귀를 열어야 합니다. 듣는 마음을 가져야 합니다.

너무나 유명한 이야기가 있지 않습니까. 열왕기상 3장에서 솔로몬이 하나님 앞에 기도합니다. 일천 번제를 드리고 하나님 앞에 기도했을 때 하나님께서 말씀하십니다. "내가 네게 무엇을 줄꼬 너는 구하라(5절)." 참 귀한 시간 아닙니까. 일생에 딱 한 번 있는 소중한 시간입니다. 이제 솔로몬이 하나님 앞에 구합니다. 왕으로서 구할 것이 많겠지요. 그러나 그는 딱 한 가지만 구합니다. 그 한 가지가 중요합니다. 그 한 가지를 하나님께서 크게 칭찬하십니다. "아니, 사람의 수명도 있고, 전쟁에서 승리하는 것도 있고, 번영도 있고, 소원이 많을 텐데, 어떻게 그거 한 가지를 구했느냐?" 하나님께서 너무나 기뻐하십니다. 성경은 이렇게 말씀합니다. "솔로몬이 이것을 구하매 그 말씀이 주의 마음에 든지라(10절)." 하나님의 마음에 딱 맞은 것입니다. 하나님께서 주십니다. 주시는데, 하나님께서 좀 오버하신 것 같습니다. 왜지 아십니까? 전무후무하게 주셨기 때문입니다. 제가 '전무(前無)'까지는 마음에 드는데, '후무(後無)'가 좀 마음에 안 듭니다. 솔로몬에게 전무후무하게 지혜를 주시어서 오늘까지도 솔로몬은 지혜의 왕입니다. 지혜 하면 솔로몬, 솔로몬 하면 지혜입니다. 그야말로 지혜의 대명사가 될 만큼 솔로몬은 지혜의 사람이 되었습니다.

그렇다면 그 지혜는 무엇입니까? 이것이 중요합니다. 히브리말로는 '레브 쉐미트'입니다. '레브'는 '마음'이라는 말이고, '쉐미트'는 to hear, '듣는다'는 말입니다. 이걸 직역하면 '듣는 마음'입니다.

그 옛날 구역성경에도 그렇게 돼 있습니다. 영어로는 'hearing heart'인데, 새로운 번역으로는 'understanding mind'입니다. 사실은 같은 말입니다. 그러나 'hearing heart'가 좀 더 직역에 가깝지요? '듣는 마음'을 주십니다. 참 귀한 것입니다. 왕으로서 하나님의 음성을 듣는 마음, 백성의 말을 듣는 마음을 주신 것입니다. 하나님께서 너무나 기뻐하셔서 전무후무하게 지혜를 주신 것입니다. 그 지혜로 솔로몬은 40년 동안 나라를 다스립니다. 여러분, 잊지 말아야 합니다. 기도하는 사람의 마음에 귀를 열어야 합니다. 듣는 마음으로 기도해야 합니다. 듣는 마음으로 하나님과 만나야 합니다. 오늘본문에 나타난 한나의 기도, 아주 중요합니다. 대표적으로 모범적인 기도입니다. 한나는 하나님 앞에 간절히 기도했습니다. 그리고 응답을 들었습니다. 아마도 모든 기도의 모범이 아닐까 싶습니다.

제 개인적인 말씀을 드립니다. 저는 그저 부모님께 효도하는 길이 이것밖에 없어서 효도하는 마음으로 진실을 말씀드립니다. 우리 어머니가 저를 낳으실 때의 이야기입니다. 어머니께서는 그 10년 전에 이미 단산을 하셨습니다. 그러니까 이제 대가 끊어지게 생긴 것입니다. 그때 어머니가 성경을 읽으셨습니다. 평소에도 성경을 열심히 읽는 분인데, 그날은 성경을 읽다가 마침 오늘본문의 한나가 기도했다는 말씀을 읽으셨습니다. 그래 '나도 한나처럼 해봐야겠다!' 싶으셔서 그 뒤 10년을 아침저녁으로 반드시 교회에 나가서 기도를 하셨답니다. 그리고 저를 낳으셨습니다. 어머니 말씀입니다. 그래서 어머니께서는 이 말씀을 늘 하셨습니다. "너는 이 한나의 기도를 잊지 마라. 네가 여기서 태어났다." 그래서 이 본문은 제게 아주 소중합니다.

이 한나가 성전에 가서 기도를 합니다. 아주 기본적인 기도입니다. 그리 고상한 기도가 아닙니다. 온 세계를 위한 기도, 세계평화를 위한 기도가 아닙니다. 그는 간단하고 소박한 basic desire, 인간의 기본적 욕망을 가지고 하나님 앞에 기도합니다. "아들을 주세요. 아들을 주세요. 제가 아들을 하나님께 바치겠나이다." 왜 그랬습니까? 오늘본문에도 이렇게 되어 있습니다. "나는 마음이 슬픈 여자라……(15절)" 왜요? 한나는 결혼을 했지만 불임이라서 아이를 갖지 못했습니다. 옛날에는 자손을 낳는 것이 결혼한 여자의 중요한 임무 아닙니까. 한나에게 여러 해 동안 아이가 생기지 않으니까 그 남편 엘가나가 자식을 얻기 위해서 브닌나라는 첩을 얻었습니다. 그래 부인이 둘이 됐지요. 그러니까 한나는 본처고, 브닌나는 첩입니다. 이 첩이 임신을 했습니다. 이때부터 브닌나가 아주 도도하고 교만해졌습니다. 첩으로서 본부인을 무시하고 업신여깁니다. 본처인 한나 입장에서는 이 얼마나 분통터지는 일이겠습니까. 엄연히 한나가 본부인인데, 첩인 브닌나가 한나를 무시합니다. 자기는 아이를 가졌다고 그러지 못하는 한나를 멸시합니다. 성경말씀대로 한나는 마음이 슬픈 여자입니다. 이 슬픔은 정말 여성들만 알 수 있는 특별한 슬픔입니다. 한나는 이 슬픔을 안고 성전에 나가 기도합니다. 이것이 오늘 본문의 내용입니다. 아주 단순하고 기본적인 욕망을 가지고 하나님 앞에 기도하는 것입니다.

오늘본문에 나와 있는 대로 한나는 간절히 기도했습니다. 얼마나 간절히 기도했느냐 하면, 그 모습이 꼭 술 취한 자와 같았습니다. 얼굴이 벌겋게 달아올랐습니다. 하도 집중해서 기도하니까 제사장이 오고가고 하는 것도 몰랐습니다. 사람이 들어오는지 나가는

지도 모르고 집중해서 하나님 앞에 기도하고 있었던 것입니다. 마치 술 취한 자와 같이 기도하고 있었습니다. 마침 그때 제사장이 책망의 한마디를 건넵니다. "당신 같이 젊은 여자가 왜 대낮에 술을 먹고 다니는가?" 그러니까 한나가 말합니다. "아닙니다. 제가 분한 마음이 있어서 하나님 앞에 제 마음을 토한 것뿐입니다. 저는 술 취한 여자가 아닙니다. 간절한 마음으로 하나님 앞에 기도했을 뿐입니다." 이 간절함, 이 집중적인 절절한 기도를 보고 제사장의 마음에 감동이 왔습니다. 영적 감동입니다. 아마도 이랬을 것 같습니다. '이렇게 간절히 기도하는데 하나님께서 들어주실 거다. 반드시 들어주실 거다.' 제사장이 한나에게 이릅니다. "평안히 가라 이스라엘의 하나님이 네가 기도하여 구한 것을 허락하시기를 원하노라(17절)." 축원입니다. 그때 한나는 제사장의 축원을 응답으로 받았습니다. 하나님께서 주신 응답으로 받고, 집으로 돌아갑니다.

　그렇습니다. 한나는 응답을 들었습니다. 들었어도 하늘에서 음성이 들려온 것이 아닙니다. 꿈을 꾼 것이 아닙니다. 환상을 본 것이 아닙니다. 제사장을 통하여 간접적으로 응답을 들은 것입니다. 제사장의 음성을 통해서 들었습니다. 이걸 잊지 말아야 합니다. 우리는 가끔 기도할 때 하나님께서 꿈에 나타나시기를 바라고, 영감을 주시기를 바라고, 환상을 보여주시기를 바라는 잘못된 생각을 합니다. 성경을 자세히 보십시오. 그렇지 않습니다. 직접 들어야 되는 것이 아닙니다. 이스라엘 백성들이 광야에서 모세와 하나님께 부르짖습니다. "하나님, 직접 말씀하시면 너무 두려우니 모세에게 말씀해 주세요. 모세를 통해서 말씀을 듣겠습니다." 이렇게 백성들이 호소합니다. 이 간접응답, 아주 중요합니다. 이걸 응답으로 받을 줄 아는 영적 청각이 있고, 지혜가 있어야 합니다. 그래서 말입니다마는, 이스라엘 백성들은 광야에서 많이 기도하고, 모세를 통해서 하나님의 음성을 들었습니다. 성경을 읽고 기도하고, 기도하고 또 성경을 읽었습니다. 대단히 중요한 일입니다.

언젠가 한번은 여름에 우리 장로님, 집사님 들 몇 분이 특별히 작당을 해서 기도원에 가 며칠 동안 기도를 하고 오겠다고 했습니다. 그래 제 방에 들러서 말합니다. "목사님, 저희들이 사흘 동안 가서 기도하고 오겠는데, 하실 말씀 있으면 들려주세요." 그때 제가 그분들에게 한 말이 있습니다. "내 말을 꼭 지켜라. 30분 기도하고 30분 성경 읽고, 30분 기도하고 30분 성경 읽고…… 이렇게 하라. 기도만 하면 안 된다. 성경만 읽어도 안 된다." 기도에 대한 응답은 성경을 읽는 가운데 있기 마련입니다. 그 유명한 칼 바르트의 말이 있습니다. '하나님의 말씀은 성경 안에서 우리를 기다린다.' 내가 기도하고 성경을 읽을 때 성경 안에서 내게 응답하시는 것입니다. 그러니까 기도하고 성경 읽고, 성경 읽고 기도하는 걸 잊지 말아야 합니다. 이렇게 둘을 꼭 같이 해야 한다는 것을 잊지 마시기 바랍니다.

제가 소망교회에서 목회할 때 어느 날 외국 사람들 몇이 와 있는 걸 보았습니다. 뒤쪽 자리에 앉았는데, 예배시간에는 동시통역을 하지 않습니까. 완전하지는 않습니다마는, 그래도 줄거리는 대강 알아들을 수 있는 정도의 통역입니다. 그래 예배를 마치고 나갈 때 아주 점잖은 미국 손님 한 분이 와서 제게 손을 딱 내밀어 메모지 하나를 건넵니다. 영어로 쓴 편지입니다. 그거 하나를 딱 들려주고는 제 손을 잡고 눈물을 흘리면서 감사하다고 합니다. 그리고 갔습니다. 나중에 그 편지를 읽어보니까 이렇게 되어 있었습니다. '제가 간절히 기도하는 소원이 있었습니다. 하나님 앞에 20년을 기도했습니다. 그런데 오늘 목사님의 설교를 통해서 그 응답을 들었습니다. 감사합니다.' 그 편지를 제가 소중하게 여깁니다.

20년을 기도하고도 기도응답은 성경을 통해서, 아니, 설교를 통해서 받는다는 것을 꼭 잊지 마십시오. 기도응답은 성경을 읽으면서 듣게 됩니다. 그보다도 중요한 것은 설교를 들으면서 응답을 들어야 된다는 것입니다. 일주일 동안 기도하고, 주일에 교회 나와서 응답을 들어야 됩니다. 저는 그런 소망교회 교인들을 많이 만나고 있습니다. 바로 며칠 전에도 만났습니다. "저는 소망교회 다니면서 목사님의 설교를 들었습니다. 주일마다 나가서 기도응답을 들었는데, 어쩌다가 목사님이 안 계시면 그날은 공치는 것 같습니다. 응답을 받아야 하겠는데, 제가 기도를 했는데, 응답을 주실 목사님이 안 계셔서 많이 섭섭했습니다." 그런 이야기를 들을 때, 조금 유치하기는 하지만, 괜찮은 소리입니다. 잊지 마십시오. 기도를 했으면 성경을 읽는 중에, 설교를 듣는 중에 응답을 들어야 됩니다.

특별히 오늘본문에서 한나는 참으로 귀한 분입니다. 제사장이 말씀합니다. "하나님이 네가 기도하여 구한 것을 허락하시기를 원하노라." 이 한나는 순진한 마음으로 "아멘!" 합니다. 성경을 자세히 보면 귀한 말씀이 있습니다. "가서 먹고 얼굴에 다시는 근심 빛이 없더라(18절)." 기가 막힌 이야기 아닙니까. 여러분, 이거 대단한 기도입니다. 한나는 응답을 믿었습니다. 믿었기 때문에 행동으로 옮깁니다. 지금까지 슬퍼했습니다. 통분했습니다. 얼굴에 항상 근심이 있었습니다. 그러나 응답을 받은 그 순간부터 얼굴이 환해졌습니다. 이것이 중요합니다. 솔직히 말하면 아이는 열 달 지나야 낳는 것 아닙니까. 무슨 근거로 이 여자가 이렇게 된 것입니까? 이걸 꼭 잊지 말아야 됩니다. 성경말씀이 너무나 귀합니다. "가서 먹고 얼굴에 다시는 근심 빛이 없더라." 옛날 번역에는 '수색이 없었다'고 했습니다. 참 그렇습니다. 이것이 바로 응답 받은 사람의 모습입니다. 말씀으로 응답할 때, 영감으로 응답할 때 응답을 받고 행동이 바뀝니다. 응답 받은 행동으로 삽니다. 이것이 한나의 위대한 믿음입니다.

응답 받고 현실 속에서 다시는 걱정하지 않습니다. 그렇게 살면서 귀한 사무엘을 낳는 축복을 누리게 됩니다. 또 한 가지, 이 사람은 하나님 앞에 기도하면서 서원했습니다. '내 아들을 주시면 하나님께 드리겠나이다. 머리에 삭도를 대지 아니하겠나이다. 자식을 주세요. 하나님께 드리겠습니다. 하나님의 사람으로 바치겠습니다.' 이렇게 소원했습니다. 그냥 막연하게 구할 것이 아니고, 하나님과의 약속이 좀 필요합니다. '주시면 제가 이렇게 살겠습니다.' 하나님 앞에 서원하는 기도, 약속하는 기도가 필요합니다. '그냥 주세요. 제가 알아서 할 테니까요.' 무작정 이렇게 하는 것은 곤란합니다. '주세요. 이렇게 하겠습니다.' 이런 약속이 있어야 됩니다. 그 다음 더 중요한 것이 있습니다. 사람마다 이렇게 기도를 하고 응답받을 수도 있는데, 그 다음에 약속을 버리더라고요. 바치겠다고 하고는 안 바치고, 하나님의 일을 하겠다고 해놓고 딴 일을 합니다. 이렇게 하나님과의 약속을 어기고 변절해버리더라고요. 이것이 문제입니다.

하지만 한나는 그렇지 않았습니다. 한나는 사무엘을 낳아가지고, 그 귀한 아들을 네 살, 젖 뗄 때까지만 데리고 있다가 성전에 바쳤습니다. 엘리 제사장의 아들을 만들어버렸습니다. 그래 사무엘은 성전에서 자라게 됩니다. 이렇게 하나님 앞에 아들을 바치고, 그 아들을 위해서 1년에 한 번씩 옷을 만들어가지고 와서 멀리서 옷만 전해주고 돌아가곤 했습니다. 이 모습을 보고 엘리가 생각했습니다. '아, 저 여자가 이 아들을 하나님께 바치고, 어머니의 정이 아주 깊을 텐데, 어찌 그냥 저렇게 돌아설까?' 그래서 그가 하나님 앞에 또 기도합니다. 그랬더니 한나가 집에 돌아가서 아들 셋, 딸 둘을 더 낳았습니다. 보너스 축복입니다. 아들 하나만 달라고 했는데, 결국은 6남매가 됩니다. 여러분, 이걸 잊지 마십시오. 적어도 기도 응답의 보너스가 있어야지요. 나는 작은 것을 구했는데, 하나님께서는 큰 것을 주시고…… 하나님께서는 손이 크시거든요. 보너스 축복, 이것은 하나님께 대한 서원을 지키는 자에게 주시는 것입니다. 그 많은 날 기도하고 응답 받고도 약속을 안 지키면 그건 안 됩니다. 하나님께 소원한 것을 지킬 때 이 같은 복을 주십니다.

　제가 인천에서 목회할 때입니다. 종탑이 높습니다. 수요일 저녁에 종탑에서 종소리가 나니까 거기를 지나가던 미국사람 둘이 들어와서 저기 앉는 걸 보았습니다. 그런데 예배드리는 동안에, 물론 통역도 없으니까 한 마디도 알아들은 말은 없었겠지마는, 그 분위기 속에서 다 예배를 드리고 나서 그 사람들이 조그마한 메모지에다가 뭐라고 써서 그걸 저한테 건네주었습니다. 지금 간증할 마음이 생겼는데 허락해달라는 내용이었습니다. 그래 그러라고 했습니다. 예배 끝난 다음에 "Would you come here?" 하고 오라고 하니 꾸벅 인사하고 오더라고요. 그래 딱 제 앞에 섰습니다. 제가 통역을 했는데, 그걸 일생 동안 잊지 않습니다. 너무나 재미있는 이야기입니다. 첫 마디가 뭔지 아십니까? "저는 부자입니다. 세계기독실업인협회 회장이에요." 그러면서 이 사람이 자기가 부자라는 걸 이렇게 표현합니다. "저는 자가용 비행기가 일곱 대입니다." 여러분, 자가용 하나 가지고 자랑하지 마십시오. 자가용 비행기가 일곱 대인 사람도 있습니다. 그렇게 말해놓고, 자기는 사실은 초등학교 3학년까지밖에 못 다녔는데, 너무나 가난해서 인쇄소 직공으로부터 시작해서 열심히 돈을 벌어 오늘과 같이 성공했다고 말하는 것입니다. 한데 그 비결은 성경이었습니다. "저는 성경을 좋아합니다." 그러고는 자기가 일생 동안 사랑하는 성경구절을 줄줄줄 욉니다. 제가 통역을 많이 해봤지만, 들어보면 대개 몇 장 몇 절인 걸 다 알거든요. 그러면 성경대로 통역을 할 수가 있는데, 이 양반은 모르겠어요. 뭐고 하니 이것입니다. "가서 먹고 다시는 얼굴에 근심이 없었다." 세상에 이 말씀을 요절로 외우는 사람이 어디에 있습니까. 이런 걸 성경구절이라고 외고 있는 것입니다. 그래 자세히 들어해보니 이것이 바로 한나의 이야기입니다. 오늘본문의 이야기 아닙니까. 그대로입니다. "가서 먹고 얼굴에 다시는 근심 빛이 없더라." 그런데 이 사람이 영어대로 말하면 가서 먹고 마시고 다시는 걱정이 없었다, 이런 얘기거든요. 무엇입니까? 응답을 믿었으니까요. 그래서 자기는 뭐든지 기도하고 한답니다. 공장을 세웠는데, 공장에 불이 났답니다. 그 소식을 들으면서도 자기는 빙그레 웃었답니다. 왜요? "기도하고 세운 공장이다. 오늘 아침에도 내가 공장을 위해서 기도했다. 그런고로 불난 건 잘된 걸 거다." 그러니 근심이 없답니다. 그 불에 탄 낡은 기계들 다 내다버리고 다시 새 기계 들여놓으면서 "하나님은 참 재주도 많으시다!" 그랬답니다. 여러분, 기도 응답이 어디서 옵니까? 생활 자체가 응답입니다. 기도하고 사는 사람의 생활은 그 자체가 응답입니다. 어떤 일을 만나든지, 누구를 만나든지, 어떤 형편에 있든지, 그 전부가 응답입니다. 한나의 위대한 믿음을 보십시오. "가서 먹고 다시는 얼굴에 근심이 없었다." 응답을 믿고 사는 것입니다. 이것이 기도생활입니다.

　여러분, 믿음은 곧 기도입니다. 참 믿음은 응답 받는 기도에 있습니다. 기도하고, 서원하고, 응답 받고, 또 응답대로 헌신해나갈 때 하나님께서 그 기도를 들어주시고, 우리의 기도생활과 함께 우리에게 항상 새 은혜를 더해주십니다. 더 긴 이야기 할 필요가 없습니다. 예수님도 기도하셨습니다. 기도로 시작하시고, 기도하시면서 역사하시고, 기도하시면서 십자가에 돌아가셨습니다. 여러분, 모든 죄 가운데 기도하지 않는 죄가 가장 큰 죄입니다. 바른 기도로, 바른 자세로 기도하지 못하는 것이 하나님 앞에 크게 죄송스러운 일이라는 것을 잊지 마십시오. 우리가 하나님 앞에 바른 기도의 자세로 살아갈 때 우리의 생은 새로운 빛을, 새로운 창조적 역사를 이루게 될 것입니다.　△

교회의 교회됨의 생명력

제 구 시 기도 시간에 베드로와 요한이 성전에 올라갈새 나면서 못 걷게 된 이를 사람들이 메고 오니 이는 성전에 들어가는 사람들에게 구걸하기 위하여 날마다 미문이라는 성전 문에 두는 자라 그가 베드로와 요한이 성전에 들어가려 함을 보고 구걸하거늘 베드로가 요한과 더불어 주목하여 이르되 우리를 보라 하니 그가 그들에게서 무엇을 얻을까 하여 바라보거늘 베드로가 이르되 은과 금은 내게 없거니와 내게 있는 이것을 네게 주노니 나사렛 예수 그리스도의 이름으로 일어나 걸으라 하고 오른손을 잡아 일으키니 발과 발목이 곧 힘을 얻고 뛰어 서서 걸으며 그들과 함께 성전으로 들어가면서 걷기도 하고 뛰기도 하며 하나님을 찬송하니 모든 백성이 그 걷는 것과 하나님을 찬송함을 보고 그가 본래 성전 미문에 앉아 구걸하던 사람인 줄 알고 그에게 일어난 일로 인하여 심히 놀랍게 여기며 놀라니라

(사도행전 3 : 1 - 10)

교회의 교회됨의 생명력

한국이 낳은 세계적인 역사학자인 백낙준 박사는 연세대학교 총장을 오래 하신 분으로 목사님이기도 합니다. 영락교회 협동목사님으로 계시면서 한경직 목사님이 출타하실 때마다 꼭 백낙준 박사님이 대신 설교를 하셨습니다. 학자이자 총장이고, 행정가이자 성실한 목사님인 그분이 예일대학에서 쓴 박사학위 논문이 있습니다. 제가 미국에서 공부할 때 한국교회사를 다룬 그 논문을 읽으면서 크게 부끄러우면서도 크게 감동받은 일이 있습니다. 그 옛날에 어찌 그렇듯 훌륭한 논문을 써서 세계를 놀라게 할 수 있었는지, 또 어찌 그토록 많은 사람들에게 바른 역사의식을 갖게 할 수 있었는지, 참으로 깊이 감동했던 바가 있습니다.

그가 쓴 한국교회사의 내용 가운데에는 대단히 중요하고 인상적인 연구가 있습니다. 한국교회에서 교인은 처음에 '개화교인'과 '기독교인'이 있었다고 그는 말합니다. 이 개화교인이라는 것이 뭐냐 하면, 기독교의 진리에는 상관이 없고, 교회가 가지는 사회적, 문화적, 정치적 이득에만 관심을 가진 사람을 가리키는 말입니다. 오늘도 그렇습니다. 다 똑같이 교회에 나오는 것 같지만, 또 스스로 기독교인이라고 표방하지만, 정작 기독교의 진리, 영생의 진리, 영혼의 구원에는 관심이 없는 사람들이 있습니다. 그리고는 교회를 정치적으로, 또 경제적으로 생각하고, 그밖의 여러 가지 잘못된 개념으로 교회를 이해합니다. 심지어는 그런 잘못된 생각으로 교회생활을 부지런히 하는 사람들도 있습니다. 한마디로 교회를 이용하는 것입니다.

　여러분도 잘 아시겠지만, 국회의원 선거철이 되면 그분들 아주 바쁩니다. 국회의원들이 교인들을 다 표로 보지 않습니까. 한번 찾아와서 유권자와 얼굴 맞대고 악수하는 것, 굉장한 일이거든요. 그래 교회에 와서 자기 출마했다고 이 강대상 앞에 서서 인사하게 해달라고 부탁해옵니다. 제가 그걸 어찌 허락해주겠습니까. 한데도 때만 되면 어찌나 저를 괴롭히는지 모릅니다. 좌우간 교회를 여러 다른 목적, 다른 모양으로 이용하려는 것입니다. 사실 알고 보면 이 땅에 기독교가 처음 들어올 때 우리는 개화의 물결 속에 있었거든요. 그 시절 우리는 정말로 서구문화를 받아들여야만 살 수가 있었습니다. 아시는 대로 일본은 진즉에 메이지 유신을 통해서 서양문화를 받아들였습니다. 그래서 그들이 총을 가지고 싸울 때 우리는 활을 가지고 싸웠습니다. 그때 우리는 이미 한 번 무너진 것입니다. 그러니까 이 서양문화를 받아들이는 일에 좀 서둘러야겠는데, 지름길이 기독교를 받아들이는 것이었습니다. 그래서 한국에서는 선교가 쉽게 시작됩니다. 서양문화를 받아들이기 위해서, 그러니까 기독교가 중요한 것이 아니고, 개화교인의 입장에서 다소 부수적인 문화로 정치적인 것, 경제적인 것, 기술적인 것들을 받아들이려 한 것입니다. 그러니까 신앙 자체에는 관심이 없었고, 기독교 진리를 담아 오는 그릇이라고 하는 서양문화에 대해서 관심이 많았던 것입니다. 그래서 좀 극단적으로 말하면 독립운동을 하는 분들은 심지어 기독교인과 교회를 하나의 독립운동기구로 본 것입니다. 예수를 믿으려고 한 것이 아닙니다. 독립운동에 도움을 받기 위해서 받아들인 것입니다. 많은 사람들이 한군데 모이니까 얼마나 좋습니까. 그래서 교회를 독립운동의 기구로 사용한 많은 잘못된 흔적을 우리가 알아볼 수 있습니다.

이런 가운데서, 다시 말하면, 개화교인과 기독교인이 섞여 있었던 것입니다. 정확히 얼마의 비율이라고 할 수는 없지만, 이렇게 교회가 부흥되고 있을 때 하나님께서는 이걸 기뻐하지 않으셨습니다. 그래서 큰 심판을 내리셨습니다. 그것이 바로 유명한 '105인 사건'입니다. 105인이 순교한 사건입니다. 큰 핍박이 온 것입니다. 바로 그 사건을 계기로 개화교인은 다 물러가고 기독교인만 남았다는 것이 백낙준 박사의 통찰입니다. 참 놀랍지 않습니까. 성경에 나오는 초대교회로 돌아가서 연구를 해봐도 똑같은 결론이 나옵니다. 애당초 기독교에서는 예수 믿는 사람들이 예수를 믿어서 부수적으로 얻는 것이 많았습니다. 그래서 교회와 함께, 예수님과 함께 병 고침 받고, 또 복을 받고, 정치적으로도 예수를 이용하려고 하는 사람들이 많이 있었습니다. 그래서 예수님은 많은 오해를 받으시면서 십자가를 지게 되신 것입니다. 그럼으로써 잘못된 신앙이 다 사라졌습니다. 기복사상도 사라졌습니다. 예수 믿으면 잘 살 줄 알았는데, 오히려 순교를 하게 되니, 그런 잘못된 생각이 다 없어진 것입니다. 예수 믿으면 병이 나을 줄 알았는데, 병이 낫기는 고사하고 오히려 순교를 하니까 얘기가 달라지는 것입니다. 여기서 신앙이, 교리가 purify, 순수해지는 것입니다. 잘못된 신앙은 다 걷어치우고, 순수한 복음적 신앙으로 교회가 틀을 닦고, 순교사와 함께 교회는 오늘 이토록 세계적인 교회로 부흥 발전하게 되었던 것입니다.

세상에는 교회에 대한 커다란 오해가 많습니다. 그 첫째가 교회를 무슨 구제기관으로 생각하는 것입니다. 제가 목회할 때 참 어려움이 많았습니다. 서울에서도 그랬지만 옛날 60년대에 인천에서 목회할 때 보면 가난한 사람들이 참 많았고, 아주 거지들도 많았습니다. 그런 사람들이 와서 애걸을 합니다. "제발 좀 도와주세요!" 그러니 이걸 도대체 어떻게 해야 합니까. 여러분은 잘 모르시겠지만, 목회자들에게는 이것이 보통 괴로운 일이 아닙니다. 돈 얼마 집어준다고 해결이 됩니까? 천만에요. 게다가 제일 나쁜 것은 잔뜩 취한 몸으로 술 냄새를 마구 풍기면서 와가지고는 이렇게 한마디 연설을 하는 것입니다. "나 같은 사람을 안 도와주는 게 교회요?" 말 되지요? 하지만 어떻게 하면 좋겠습니까? 이것이 목사의 고민입니다. 교회의 고민입니다. 구제에는 끝이 없습니다. 구제한다고 그 사람들이 교회에 나오는 것도 아닙니다. 예수 믿는 것도 아닙니다. 그러면서 교회마다 찾아와서 도와달라고 하니, 참 힘든 일입니다. 우리 교회에서도 그렇게 찾아오는 사람들을 줄로 죽 세워놓고 돈을 얼마씩 주는데요, 그럴 때 보면 술 냄새가 푹푹 풍깁니다. 잔뜩 취해가지고 와서 돈을 달라는 것입니다. 그러니 이 일, 이 구제를 굳이 해야겠습니까, 말아야겠습니까? 결론은 이렇습니다. 교회는 구제기관이 아닙니다.

또 한 가지 어려움은 전국의 교도소에서 출소한 사람들이 교회를 찾아오는 것입니다. 그래 한 번씩 행패를 부리고 갑니다. "목사님, 직업 좀 소개해주세요!" "교회에서는 사랑, 사랑, 사랑 하지 않습니까. 그러니 우리를 사랑해주세요!" 여러분, 교회가 직업소개소입니까? 그럴 때마다 참 답답하고 어렵습니다. 세상에서는 교회를 구제기관으로, 때로는 봉사기관으로 착각할 때가 있습니다. 물론 교회는 구제를 합니다마는, 교회가 구제기관인 것은 아니지 않습니까.

사회봉사를 하지만, 그렇다고 교회가 사회봉사를 위한 기관은 아니지 않습니까. 이것을 우리가 분명히 알아야 합니다.

그리고 조금 더 나아가서는 교회를 정의구현의 공동체로, 불의에 저항하는 힘으로 교회를 사용하려고 하는 것도 문제입니다. 잊지 마십시오. 예수님께서는 말없이 십자가를 지셨습니다. 혁명하고, 대모하고…… 그런 일들을 하기 위한 교회가 아닙니다. 이걸 우리가 분명히 알아야 됩니다. 십자가의 진리 앞에 그런 것은 없습니다. 이걸 잊지 말아야 합니다. 그래서 제가 목회하면서 제일 쓰기 싫어하는 단어가 '공동체'입니다. 교회는 공동체가 아닙니다. 그리스도의 교회라는 좋은 이름이 엄연히 있는데, 어째서 하필이면 공동체라고 하는 것입니까? 그리스도가 없는 공동체가 무슨 공동체입니까. 사람들이 많이 모인다고 공동체입니까? 사회봉사 하고, 구제활동 한다고 교회가 되는 것입니까? 아닙니다. 교회의 본체는 그런 데에 있는 것이 아닙니다.

오늘본문은 제가 참 귀하게 여기는 말씀입니다. 제가 60년대 초에 미국에 갔을 때 노회로부터 방문목사로 지명을 받아 이 교회 저 교회 다니면서 서툰 영어로 설교를 한 적이 있습니다. 어렵지 않은 일입니다. 처음에 설교문 하나만 가지고 있으면 따로 설교준비 할 필요가 없습니다. 그 하나의 설교문을 이 교회 저 교회 다니면서 반복하는 것입니다. 여러 번 다니다보면 곧잘 하게 됩니다. 그때 제가 가장 많이 한 설교본문이 바로 오늘본문입니다. 미국 사람들이 볼 때에 한국은 구제기관입니다. 아마도 우리가 미국사람들로부터 구제를 많이 받았으니까 그런 선입관이 있는 모양입니다. 하여는 저는 오늘 이 본문을 가지고 미국의 교회들을 다니면서 설교를 많이 했습니다.

　오늘본문은 말씀합니다. "은과 금은 내게 없거니와……(6절)" 나면서부터 앉은뱅이 된 사람이 성전 미문에 있는데, 베드로와 요한이 올라가다가 그 사람과 딱 마주칩니다. 그때 그 사람이 베드로와 요한에게 손을 내밉니다. 구제를 요구하는 습관적인 몸짓입니다. 그 사람을 향해 베드로와 요한이 하는 말입니다. '은과 금은 내게 없다. 나는 너를 구제하는 사람이 아니다. 은과 금을 바라고 교회에 나오지 마라. 그건 아니다.' 이런 말 아니겠습니까. 이렇게 은과 금은 내게 없다고 해놓고 덧붙여 말합니다. "나사렛 예수 그리스도의 이름으로 일어나 걸으라……(6절)" 아마도 그들이 은과 금이 없다고 말할 때 이 앉은뱅이는 크게 실망했을 것입니다. 보니까 사람이 멀쩡하게 생겨서 얼마쯤 받을 수 있으려니 기대하고 손을 내밀었는데, 섭섭하게도 은과 금은 없다고 하니 얼마나 실망했겠습니까. 그러나 뒤이어 엉뚱한 말이 나옵니다. "내게 있는 이것을 네게 주노니 나사렛 예수 그리스도의 이름으로 일어나 걸으라." 이 소리를 듣고 앉은뱅이가 벌떡 일어나게 됩니다. 그럼 여러분, 이때에 앉은뱅이가 더 놀랐을까요, 베드로가 더 놀랐을까요? 아마 베드로가 더 놀랐을 것입니다. 성전 미문은 사람들이 가장 많이 모이는 곳입니다. 그런 곳에서 나면서부터 앉은뱅이를, 일상적으로 늘 와서 구걸하던 앉은뱅이를 벌떡 일으킨 것입니다. 이 얼마나 중요한 일입니까. 이것이 초대교회의 시작입니다. 교회가 여기에서부터 시작된 것입니다. 이걸 꼭 잊지 말아야 합니다. 오늘본문은 분명히 말씀합니다. "은과 금은 내게 없거니와 내게 있는 이것을 네게 주노니 나사렛 예수 그리스도의 이름으로 일어나 걸으라." 예수의 이름이 있는 곳이 교회입니다.

예수의 이름, 그 이름의 생명력을 나타내는 곳이 바로 교회입니다.

에베소서 4장 15절이나 골로새서 1장 18절에 보면 그리스도는 교회의 머리라고 했습니다. 우리는 다 그 지체인 것입니다. 이것이 교회입니다. 교회의 머리인 그리스도와 그 지체인 우리는 서로 유기적 관계입니다. 이걸 꼭 잊지 말아야 합니다. 그런고로 그리스도인을 핍박하면 예수님을 핍박한 것이 됩니다. 또 우리가 예수님께서 사랑하시는 자를 사랑하면 그것이 바로 그리스도를 사랑하는 것이 됩니다. 이 얼마나 중요합니까. 그래서 로마서 10장 13절은 말씀합니다. "누구든지 주의 이름을 부르는 자는 구원을 얻으리라." 이것이 교회입니다. 교회의 정치요, 본질입니다. 예수 그리스도께서 세상에 오시어 귀한 역사를 하시고, 그 뒤에 십자가를 지십니다. 그리고 부활하십니다. 부활하신 예수 그리스도께서 살아계셔서 이제는 교회라고 하는 신령한 지체를, 이 기구를 통해서 주님께서 역사하십니다. 이것이 교회입니다. 교회를 높이는 자는 그리스도를 높이는 것이 되고, 교회를 핍박하는 자는 그리스도를 핍박하는 것이 됩니다. 그리고 이 교회에서 전하는 말씀이 곧 그리스도의 말씀이 되는 것입니다. 그래서 그리스도의 이름, 그것이 교회의 본체입니다. 그리스도께서 주인이시며, 오늘도 살아 역사하십니다. 특별히 여기에는 상징적인 의미가 있습니다. 그리스도의 이름이 불리는 시간에 기적이 나타났습니다. 이것은 예수님께서 기도의 대상이 되시었음을 뜻합니다. 예수님께서 친히 약속해주셨습니다. "내 이름으로 기도하라. 내가 이루리라. 언제든지 내 이름으로 기도하면 내가 들을 것이다. 내가 거기서 응답할 것이다."

한 30년쯤 전, 한국 교회가 점점 부흥되고 있을 때 제가 큰 문제에 부딪혔습니다. 성령론입니다. 세계의 교회들이 다 그렇습니다마는, 이런 부흥회 저런 부흥회가 많아서 성령론으로 시끄러워질 때 신학대학 교수님 한 분이 교수회의에서 저더러 부탁을 했습니다. 성령론을 좀 가르쳐달라고요. 제 전공이 조직신학인데, 성령론이라는 새로운 과목을 하나 만들어달라는 것입니다. 그래서 제 나름대로 연구를 하다가 깜짝 놀랐습니다. 성령론은 참고서가 없더라고요. 도대체 성령론이라는 책 자체가 없는 것이었습니다. 유명한 조직신학 책에 교회론이 세 권인데, 그 가운데 성령론은 세 페이지밖에 없습니다. 이 성령론은 교회론에 포함되어 있다는 걸 잊지 말아야 합니다. 30년 전에는 성령론이라는 학문이 없었습니다. 지금 와서는 성령론이 많이 발전되고 연구되고 있습니다마는, 여기서 깊이 생각해야 합니다. 사도신경에 이런 대목이 있지 않습니까. '성령을 믿사오며 거룩한 공회와……' 그러니까 성령과 교회, 교회와 성령을 하나의 개념으로 이해하는 것이 교회론입니다.

다 아시다시피 베드로는 예수님을 세 번이나 모른다고 부인한 사람입니다. 참 부끄러운 일이지요. 그래서 나중에 예루살렘 성전에 올라갈 때에도 그는 좀 부끄러웠을 것 같습니다. 베드로가 예수를 모른다고 부인한 것을 다들 알고 있으니까요. 그랬던 그가 기독교를 대표하는 사람이 됩니다. 그가 예수의 이름을 부를 때 예수의 생명력이 거기에 나타났습니다. 예수님께서 걸으라 하실 때와 똑같은 역사가 나타났습니다. 나면서부터 앉은뱅이 된 사람이 벌떡 일어났습니다. 이 생명력이 바로 교회가 무엇인가를 우리에게 확실하게 말해 줍니다.

사도행전 4장 13절에는 우리 마음을 감동시키는 특별한 말씀이 있습니다. 사도들, 베드로와 요한과 같은 사람들이 기탄없이 말씀을 전합니다. 그런데 이들은 글도 모르는 사람들입니다. 한마디로 무식한 사람들입니다. 그런 그들이 오늘 와서 보니 기탄없이 하나님의 말씀을 전하는 것입니다. 여기에는 몇 가지 뜻이 있습니다. 죽음을 불사하고 어떤 핍박, 어떤 매를 맞든지 상관없습니다. 왜요? 그리스도의 이름이 나와 함께하니까요. 그리스도의 이름을 확실하게 증거하고 있기 때문에 이분들은 두려움이 없습니다. 뿐만 아니라, 표적이 나타났습니다. 그리스도께서 나와 함께 계시다는 표적입니다. 생각해보십시오. 베드로가 얼마나 담대해졌겠습니까. "나사렛 예수의 이름으로 명하노니 일어나라!" 했을 때 나면서부터 앉은뱅이가 벌떡 일어났습니다. 그때부터 베드로에게 엄청난 담력이 생깁니다. '주님께서 나와 함께 계신다. 내가 지금 하고 있는 일이 주님의 일이다. 내가 전하는 것은 하나님의 말씀이다. 내가 하는 역사가 그리스도의 역사다.' 이렇게 확신하게 됩니다. 이것이 바로 표적이라는 것입니다.

표적이 따르더라! 하나님의 말씀은 지식이 아닙니다. 감동만이 아닙니다. 감성만도 아닙니다. 의지적 결단만도 아닙니다. 생명력입니다. 마치 나면서부터 앉은뱅이 된 사람이 일어나는 것과 같은 기적입니다. 걸을 수 없던 사람이 벌떡 일어나 걷는 기적, 이것이 말씀의 말씀 됨입니다. 베드로의 말씀이 하나님의 말씀임을, 베드로가 하는 일이 하나님의 역사임을, 그리고 예수 그리스도의 역사임을 확증해주는 상징적 표현입니다. 이것이 sign, 표적입니다. 항상 교회에는 표적이 있습니다. 표적이 있어야 합니다. 주님께서 우리와 함께하시는 표적입니다. 그래서 주님의 말씀이 여기에 있고, 주님께서 우리와 함께하시는 표적이 여기에 있고, 말씀을 통하여 구원받는 사람들의 간증이 있습니다. 그래야 비로소 교회가 교회 되는 것입니다.

　말씀이 선포되고 표적이 있을 때, 그리고 여기에 기도 응답이 있을 때, 그리스도 자신의 생명력이 교회 안에서 역사할 때 교회가 교회 되고, 우리가, 성도들이 그리스도의 지체로 주님 앞에 들어올려지는 것입니다.　△

아이야 일어나라

아직 말씀하실 때에 회당장의 집에서 사람이 와서 말하되 당신의 딸이 죽었나이다 선생님을 더 괴롭게 하지 마소서 하거늘 예수께서 들으시고 이르시되 두려워하지 말고 믿기만 하라 그리하면 딸이 구원을 얻으리라 하시고 그 집에 이르러 베드로와 요한과 야고보와 아이의 부모 외에는 함께 들어가기를 허락하지 아니하시니라 모든 사람이 아이를 위하여 울며 통곡하매 예수께서 이르시되 울지 말라 죽은 것이 아니라 잔다 하시니 그들이 그 죽은 것을 아는 고로 비웃더라 예수께서 아이의 손을 잡고 불러 이르시되 아이야 일어나라 하시니 그 영이 돌아와 아이가 곧 일어나거늘 예수께서 먹을 것을 주라 명하시니 그 부모가 놀라는지라 예수께서 경고하사 이 일을 아무에게도 말하지 말라 하시니라

(누가복음 8 : 49 - 56)

아이야 일어나라

아주 덤덤하게 살아가는 부부가 있었습니다. 밸런타인데이를
당해서 아내는 큰마음을 먹고 초콜릿과 장미꽃을 준비했습니다.
그래 집으로 돌아온 남편을 반갑게 문을 열고 맞이하면서 "I love
you!"라고 했더랍니다. 한데 남편은 이렇게 반문했답니다. "이런 건
애인들끼리 하는 일인데?" 이 사람을 믿고 살아야 할까요? 이것이
숙제입니다.

존 카바트진(Jon Kabat-Zinn)의 「Full Catastrophe Living」이라는
유명한 저서가 있습니다. 이 책에서 그는 질병에 대하여 우리에게
말해주고 있습니다. 우리는 감기와 같은 작은 병에서부터 시작하여
크고 중한 병까지 여러 가지 병들을 안고 삽니다. 이 병이 무엇을 의
미하는가, 하는 것입니다.

베토벤의 교향곡들 가운데 '운명'이라는 표제의 교향곡이 있습
니다. 이 교향곡에 대한 이런 해설이 있습니다. 베토벤이 꼭 그러했
는지는 모릅니다마는, 해설자의 해석은 '따따따딴—' 하는 그 네 음
절이 바로 운명의 문을 두드리는 소리라는 것입니다. 무릎이 아프거
든 따따따딴—, 기침이 나거든 따따따딴—, 운명의 문을 하나님이 두
드리시는 것, 그것이 바로 질병입니다. 죽음에 대한 예고입니다. '죽
는다. 아니, 죽을 수도 있다. 아니, 죽어가고 있다.' 이것을 잊어서는
안 됩니다. 그러나 질병을 새롭게 긍정적인 시각으로 보면 질병으
로 말미암아 새로운 변화를 경험하게 됩니다. 카바트진은 이렇게 해
설하고 있습니다. '그래서 삶을 깊이 생각하게 되는 특징이 있다. 원

망하던 사람이 사랑하게도 되고, 교만하던 사람이 겸손하게도 되고, 반항적 성격이 수용하는 성격이 되기도 하고, 비판만 하던 사람이 용서하는 사람이 되기도 한다. 무의미하게 살던 사람이 삶의 의미를 다시 재정비할 수 있는 계기가 된다. 그런 의미에서 병이란 필요한 것이다. 많이 유익한 것이다.'

미국의 시인 사무엘 울만(Samuel Ulman)의 'Spring Time'이라는 유명한 시가 있습니다. '나이를 더해가는 것만으로 인간은 늙지 않는다. 이상을 잃어버리게 되면 비로소 늙는다. 세월은 피부의 주름살을 늘려가지만, 영력(靈力)을 잃으면 영혼이 시든다. 그대가 가지고 있는 믿음만큼 젊고, 의심만큼 늙는다. 자신감만큼 젊고, 두려운 만큼 늙는다. 희망만큼 젊고, 실망만큼 늙는다.' 우리의 영적 상태, 유체는 병들고 시들고 괴로워지지마는, 이로 말미암아 우리의 영적 상태가 어떻게 되느냐? 이것이 결정적이다, 하는 말입니다.

오늘본문에서 예수님께서는 가버나움 회당장에게 중요한 말씀을 하십니다. "두려워하지 말고 믿기만 하라 그리하면 딸이 구원을 얻으리라(50절)." 믿음과 두려움을 대조하여 말씀하신 것입니다. 우리는 사건을 만날 때마다, 질병을 당할 때마다, 혹은 실패할 때마다, 지진이 날 때마다 두려워합니다. 그러나 예수님께서는 오늘도 말씀하십니다. "두려워하지 말고 믿기만 하라 그리하면 구원을 얻으리라." 이 사건을 통해서 더 온전한 구원에 이르게 된다는 말씀입니다. 요한복음 11장 40절에는 이런 말씀도 있습니다. "믿으면 네가 하나님의 영광을 보리라." 귀한 말씀입니다.

야이로라고 하는 회당장이 여기에 있습니다. 하나님께서 그에게 믿음을 주려 하십니다. 병을 통해서 큰 믿음의 길로 인도하고 계십니다. 믿음은 하나님의 선물입니다. 가장 큰 괴로움은 믿어지지 않는다는 것입니다. 믿을 수 없다는 것입니다. 믿을 수 있기만 하다면 걱정될 것이 하나도 없는데, 하나님도, 사람도, 나 자신도 믿을 수 없다는 것, 이보다 더 큰 괴로움은 없습니다. 하나님께서 믿음이라는 선물을 주시는데, 그 주시는 과정이 그렇게 감상적이고, 지적이고, 철학적인 것이 아니라, 구체적인 사건을 통해서 주신다는 말입니다. 이걸 잊지 말아야 합니다. 우리가 책을 보며, 또 묵상하며, 혹은 여행을 하며, 여러 가지로 자기 자신을 수양하려고 하는 분들이 있습니다마는, 별 효과는 얻지 못합니다. 하나님께서 직접 손을 대시어 한 사람을 믿음의 길로 인도하고 계시다는 말씀입니다. 그의 믿음을 재창조하시는 소중한 과정이 오늘본문에 나타나 있습니다. 그러기 위해서 먼저 사랑하는 딸이 병들었습니다. 이 아버지 된 야이로에게는 아주 큰 사건입니다. 아주 마음 아픈 사건입니다. 사랑하는 딸이 병들었고, 여러 가지 방법을 시도해보았지만, 다 속수무책입니다. 점점 병은 악화되고, 딸은 죽어가고 있습니다. 그 죽어가는 사랑하는 딸, 열두 살 된 딸을 바라보며 아버지의 마음은 조여들고 있습니다. 아주 미칠 지경입니다. 얼마나 답답하면 예수님 앞에 가서 무릎을 꿇겠습니까. 회당장으로 할 수 있는 일이 아닙니다. 그 당시 상황을 생각해보면 회당장은 최고의 존경을 받는 높은 어른이고, 예수님은 서른 살밖에 안 된 갈릴리의 초라한 청년입니다. 회당장이 이 낯선 서른 살 난 예수라고 하는 청년 앞에 가서 무릎을 꿇습니다. 누가복음 8장은 분명히 말씀합니다. "예수의 발 아래 엎드려……(41절)" 그리고 간구합니다. "내 딸이 죽어갑니다. 나를 도와주소서." 야이로는 웬만해서는 일을 이렇게 할 사람이 아닙니다. 하지만 사랑하는 딸이 시시각각으로 죽어가고 있습니다. 이에 그는 자존심, 명예, 권세 다 포기하고 예수님 앞에 가서 무릎을 꿇었습니다.

그러니까 질병이 이 사람을 그리스도께로 인도한 것입니다. 사람에게는 불행이 많습니다마는, 그 불행이 그 사람으로 하여금 그리스도 앞에 무릎을 꿇게 만드는 것입니다. 때로는 우리가 실패도 하고, 역경도 겪습니다마는, 그 사건이 있음으로 하여 주님 앞에 무릎을 꿇게 된다는 것입니다. 그만큼의 믿음, 주님께로 향하는 믿음을 가지게 되었으니 이것은 대단히 중요한 사건입니다. 우리의 모든 불행, 우리의 모든 질병은 바로 이러한 사건을 만들어가고 있고, 이런 일을 통해서 믿음을 재창조해가고 있다는 것입니다. 이 얼마나 중요한 교훈입니까.

그 다음 두 번째 단계에서는 예수님께서 고맙게도 "너희 집에 가자!" 하십니다. 그래서 예수님과 그 아이의 아버지 되는 회당장 야이로가 제자들과 함께 자기 집으로 갑니다. 지금 가고 있습니다. 지금 죽어가는 아이를 살리기 위해서 가고 있는 노상에서 집에서 소식이 옵니다. "아이가 죽었습니다. 선생님을 더 괴롭게 해드리지 마십시오." 바로 이 시점이 얼마나 중요한지 모릅니다. 이제 이 회당장이 어찌해야 하겠습니까? "아니, 예수님께서 조금만 더 서두르셨으면 되었을 텐데, 중도에서 웬 여자가 또 예수님을 붙들고 병 고쳐달라고 매달려서 지체되는 바람에 그만 제 딸이 죽었습니다." 이렇게 원망할 수도 있습니다. 그리고 딸이 죽었다는 소식에 더하여 이런 말까지 듣습니다. "이제는 예수님을 더 괴롭히지 마세요. 다 끝났으니까요." 그러니 회당장 야이로가 지금 어찌해야 됩니까? 이럴 수도 없고, 저럴 수도 없습니다. 아이는 죽었다는데, 이대로 예수님을 모시고 집으로 가야 합니까? 아니면, 죽었으니 "끝났습니다!" 하고 물러나야 합니까? 예수님을 의사로 생각했다면 이것은 끝난 것입니다. 의사는 여기까지입니다. 살아 있을 때 여러모로 수고합니다마는, 딱 죽는 순간에 시트를 덮어놓으면 의사가 할 일은 끝입니다.

제가 그런 순간을 여러 번 보았습니다. 미국에서도 한번 만나보았습니다. 아직 병자가 있는 줄 알고 그 부인하고 같이 병원에 들어가는데, 문간에 의사가 딱 나와서 말합니다. "Your husband expired already." 거기서 새로운 영어표현을 처음 배웠습니다. 죽었다는 말을 'expired'라고 표현하더라고요. 만기가 되다, 만료되다, 끝나다…… 이런 뜻 아닙니까. 그래서 '미국 사람들은 사람이 죽으면 이렇게 말하는구나!' 하고 알았습니다. "당신의 남편은 죽었으니 이제는 더 이상 할 일이 없습니다." 우리 생각, 우리 경험이 다 그렇지 않습니까. 살아있는 동안, 아직 숨이 붙어 있는 동안에는 여러 모로 애를 씁니다마는, 어느 순간 딱 숨이 멎으면 "이제는 끝났습니다!" 하고 물러설 수밖에 없지 않습니까. 바로 그런 순간입니다. 이제 야이로는 기로에 섰습니다. 그때 예수님께서 말씀하십니다. "두려워하지 말고 믿기만 하라 그리하면 딸이 구원을 얻으리라." 여기서 야이로의 예수 그리스도에 대한 고백은 전혀 차원을 달리합니다. 지금까지는 의사를 모시고 가는 것입니다. 하지만 이제부터는 그리스도로, 하나님의 아들, 생명의 주인 되시는 그리스도로 고백해야 되는 순간입니다. 이제는 인간의 이성, 인간의 경험, 인간의 지식을 포기해야 되는 시간입니다.

예수님께서 말씀하셨습니다. "내 제자가 되려면 자기를 부인하고 자기 십자가를 지고 나를 좇으라." 자기를 부인하는 바로 그 시간입니다. 부인하지 않고는 예수님을 따를 수가 없습니다. 자기 지식을 버려야 합니다. 그래서 제가 늘 외우는 말씀입니다마는, 너무나 중요한 이야기가 있습니다. 철학자 임마누엘 칸트의 말입니다. '하나님을 믿기 위해서 이성을 제한하라.' 아주 중요한 말입니다. 이성을 제한하라! 그 똑똑한 것, 그 아는 지식을 포기해야 합니다. 저는 이름을 대고 싶지마는, 그러지 않겠습니다. 누구누구, 다 아주 훌륭한 학자들입니다. 다 좋습니다. 그런데 그 변변치 않은 지식 때문에 예수를 바로 믿을 수가 없습니다. 그 가운데 어느 대학교수 한 분은 이렇게 제게 말했습니다. "저는 교회에 갈 때마다 시험을 많이 당합니다. 목사님의 설교를 들으면서 '아, 이건 아닌데……' 하고 도리도리 고갯짓을 하고 있으면 교회에 다닐 수가 없습니다. 이 변변치 않은 지식 때문에 신앙생활을 바로 할 수가 없습니다." 이러면서 눈물을 흘리더라고요. 그런 교수를 만나보았습니다. 여러분, 이 하찮은 지식, 그저 저 잘났다고 하는 이 조그만 지식 때문에 그리스도를 온전히 영접하고, 하나님께 대한 온전한 신앙고백을 할 수가 없는 것입니다. 오늘 이 야이로는 지금 여기 서서 이성적 판단, 경험적 판단, 오늘 알고 생각했던 모든 것을 그날 반드시 내려놓아야 했습니다. 그리고 예수님께서 인도하시는 대로 따라야 했습니다. 속에는 아직도 암울한 의심도 있고, 여러 가지 복잡한 것이 있지마는, 다 누르고 예수님께서 인도하시는 대로 따라가게 됩니다.

　세 번째 단계는 이제 아이가 죽어서 온 집안이 울고 난리를 치고 있는데, 예수님께서 죽은 아이에게 가까이 가십니다. 그때 예수님께서는 세 제자와 아이의 부모만 데리고 안으로 들어가십니다. 방이 작으니까 더 그랬겠지만, 예수님을 따라서 이 아버지가 죽은 아이의 방에 들어섭니다. 바로 그 순간을 생각해보십시오. 그 부모가 속으로 무슨 생각을 했겠습니까? 아주 복잡했을 것입니다. '이게 지금 뭐하는 짓인가? 인간적으로는 이미 소망이 없는데, 아, 이미 죽은 게 틀림없다고 하는데, 이제 내가 이 예수님께 무슨 기대를 걸고 이 아이 방에 들어가야 하나? 지금이라도 그만둬야 하나?' 여러분, 잊지 마십시오. 인간적으로는 엄청난 의심도 있고, 갈등도 있었을 것입니다. 그러나 그는 예수님의 권세 앞에 고개를 숙이고 죽은 아이의 방으로 들어갑니다. 이것이 믿음입니다. 순종입니다. 조용히 주님을 따르는 것입니다. 많은 의심을 누르고, 예수님의 뒤를 따라가는 것입니다. 그래서 방 안에 딱 들어섰습니다. 이제 예수님께서 산 자에게 말씀하시는 것처럼 죽은 아이한테 다정하게 말씀하십니다. "아이야, 일어나라!" 이 광경을 지켜보는 그 아버지의 마음을 생각해보십시오. 하나님의 말씀은 산 자에게만 전해지는 것이 아닙니다. 죽은 자에게도 전해져서 그 죽은 자를 일으키기도 하는 생명의 말씀입니다. "아이야, 일어나라!" 아버지는 옆에서 그 예수님을 지켜보고 있습니다. 별안간 아이가 벌떡 일어납니다. 그러자 예수님께서 말씀하십니다. "이 아이에게 먹을 것을 주라." 한없이 인자한 말씀입니다. 여러분, 생각해봅시다. 많은 의심이 있습니다. 그러나 침묵합니다. 그리고 조용하게 예수님의 뒤를 따라 죽은 아이의 방에 들어가서 그 죽은 아이에게 명령하시고 말씀하시는 주님의 놀라운 역사를 지켜봅니다. 이것이 믿음입니다.

데일 카네기의 유명한 말이 있습니다. '성공한 사람들은 다음과 같은 세 가지 말을 절대로 하지 않는다. 첫째, 그들은 없다는 말을 안 한다. 있는 것이 너무 많기 때문이다. 또, 잃었다는 말도 안한다.

책임은 자기한테 있기 때문이다. 그리고 이 이상은 안 된다, 끝났다, 하는 말도 절대로 하지 않는다.' 인간한계의 궁극에서 하나님의 역사는 시작됩니다. 사람으로는 끝났다, 할 때 하나님의 역사는 시작하는 것입니다. 이것이 오늘본문에 나타난 진리입니다. 죽었습니다. 죽었으면 끝난 것이지요. 그러나 예수님께서는 죽은 자를 향하여 말씀하십니다. "아이야, 일어나라!" 생명의 역사입니다. 창조주의 역사입니다. "아이야, 일어나라!" 이 엄청난 경험을 회당장 야이로가 지켜봅니다. 얼마나 감격했겠습니까. 얼마나 놀랐겠습니까. 그는 이 일로 말미암아 체험적 신앙의 사람이 됩니다. 이것은 지식이 아닙니다. 오늘까지 경험한 자기사건도 아닙니다. 딱 한 번 있었던 사건입니다. 이 창조적 역사를 경험하게 되고, 이 믿음은 하나님께서 주시는 창조적 사건의 결과입니다.

여기서 생각할 것이 있습니다. 불행과 질병이 있어야 했다는 것입니다. 이 집의 열두 살 난 어린아이가 앓다가 병이 점점 더 심해져서 죽어가게 되는 이 사건, 아주 마음 아픈 일입니다마는, 이 사건은 있어야 했습니다. 있어야 했음을 인정해야 합니다. 이 사건이 있었기에 예수님을 초대하게 되었고, 이 사건이 있음으로 말미암아 바른 믿음을 얻게 되었습니다. 그렇다면 믿음이 선물이듯이, 이 사건도 이 집에 주신 축복입니다. 이걸 잊어서는 안 됩니다. 우리에게는 불행한 일들이 많습니다. 원치 않는 사건들을 많이 당합니다. 하지만 그런 사건들로 말미암아 하나님께서는 하나님만이 아시는 비밀한 큰 역사를 이루어가고 계십니다. 그렇다면 우리가 흔히 인간적으로 말하는 불행이라고 하는 것은 결국 은사입니다. 그래서 이 모든 불행을 통하여, 아니, 이 모든 질병의 신비로움을 통하여 하나님께서는 총체적인 새로운 생명을 재창조하십니다. 죽음을 넘어서 부활 생명의 예표로 귀한 사건을 이루십니다. "아이야, 일어나라!" 옆에서 이 일을 지켜보는 아버지를 생각해보십시오. 그 아버지의 마음속에 지금 새롭게 싹떠 일어나는 그 귀한 믿음, 그것이 우리 자신의 믿음이 되어야 할 것입니다.   △

개혁 신앙의 본질

    그러므로 이제 그리스도 예수 안에 있는 자에게는 결코 정죄함이 없나니 이는 그리스도 예수 안에 있는 생명의 성령의 법이 죄와 사망의 법에서 너를 해방하였음이라 율법이 육신으로 말미암아 연약하여 할 수 없는 그것을 하나님은 하시나니 곧 죄로 말미암아 자기 아들을 죄 있는 육신의 모양으로 보내어 육신에 죄를 정하사 육신을 따르지 않고 그 영을 따라 행하는 우리에게 율법의 요구가 이루어지게 하려 하심이니라 육신을 따르는 자는 육신의 일을, 영을 따르는 자는 영의 일을 생각하나니 육신의 생각은 사망이요 영의 생각은 생명과 평안이니라 육신의 생각은 하나님과 원수가 되나니 이는 하나님의 법에 굴복하지 아니할 뿐 아니라 할 수도 없음이라 육신에 있는 자들은 하나님을 기쁘시게 할 수 없느니라 만일 너희 속에 하나님의 영이 거하시면 너희가 육신에 있지 아니하고 영에 있나니 누구든지 그리스도의 영이 없으면 그리스도의 사람이 아니라 또 그리스도께서 너희 안에 계시면 몸은 죄로 말미암아 죽은 것이나 영은 의로 말미암아 살아 있는 것이니라 예수를 죽은 자 가운데서 살리신 이의 영이 너희 안에 거하시면 그리스도 예수를 죽은 자 가운데서 살리신 이가 너희 안에 거하시는 그의 영으로 말미암아 너희 죽을 몸도 살리시리라

(로마서 8 : 1 - 11)

개혁 신앙의 본질

　어느 날 전갈 한 마리가 먹을 것을 구하러 두루 다니다가 자기가 있는 주변에는 별로 먹을 것이 없다고 생각해서 멀리 바라보고 저 강 건너편에 먹을 것이 많다는 생각이 들어 강을 건너가기로 마음먹었습니다. 그러나 전갈은 헤엄을 치지 못합니다. 그래 이리저리 방황하다가 개구리 한 마리를 만납니다. 개구리는 헤엄을 잘 치지요. 그래서 그 개구리에게 부탁합니다. "애야, 내가 지금 굶어죽을 지경이 됐는데, 저 건너편에 가면 먹을 것이 많을 것 같구나. 나를 업어서 저 강 건너편으로 데려다줄 수 없겠니?" 개구리가 대답했습니다. "야, 이 어리석은 놈아! 네가 얼마나 무서운 놈인 줄 내가 다 안다. 네가 뒤에 있는 그 꼬리로 한 번 쏘기만 하면 누구나 다 죽어버리는데, 내가 너처럼 무서운 놈을 왜 업어서 강 건너로 옮겨주겠느냐? 말도 안 된다." 그랬더니 전갈이 말합니다. "잘 생각해봐라. 내가 너를 죽이면 나도 강 한가운데 빠져서 죽게 되지 않겠느냐? 그러니 내가 왜 너를 죽이겠느냐? 잘 생각해봐라. 그런 일은 없을 테니 안심하고 나를 좀 업어서 강 저편으로 옮겨다오." 가만히 생각해보니 그도 그럴 것 같습니다. "그럼 업혀라." 그래 개구리가 전갈을 업고 강을 건너갑니다. 하지만 잘 가다가 중간에 파도가 일어서 물결이 높이 올라가 출렁거릴 때 전갈이 겁을 먹은 나머지 자기도 모르게 꼬리로 개구리를 콱 찔러서 그만 개구리가 죽게 됩니다. 개구리가 죽어가면서 말합니다. "야, 이놈아! 이렇게 하면 너도 나도 같이 죽는데 어쩌자고 이랬느냐?" 개구리의 이 마지막 말에 전갈이 대답합니다. "It's my nature(그것은 내 본성이다)." 여러분, 이렇게 잘못된 본성에 이끌려서 사는 것, 얼마나 비참합니까. 이거 프랑스 사람들이 많이 입에 올리는 소중한 비사입니다. 여러분, 내가 가진 본성이 변해야 됩니다. 잘못된 본성에 매여서 사는 것, 얼마나 비참합니까. 인간은 그가 누리는 자유만큼 인간적인 존재로 살아갑니다. 여러분은 스스로 얼마나 자유합니까? 내가 모르는 것에 끌려서 무의식 중에, 또 불가피하게 자유를 잃어버리고 사는 일이 얼마나 많습니까. 그러나 내가 잘 압니다. 뻔히 압니다. 이건 아니라는 것을 압니다. 그러면서 계속 끌려가며 사는 것, 얼마나 비참합니까.

요새 방송을 통해서 나오는 말을 듣고 정말 믿을 수 없이 깜짝 놀라는 사건이 있습니다. 여러분도 다 들으셨겠지만, 사람이 담배를 피우면 그 담배가 폐암에 결정적으로 해로운 구실을 합니다. 폐암환자의 90퍼센트가 담배 때문에 죽는다고 하는데, 이는 차 사고로 죽는 사람의 10배나 많은 수치라고 합니다. 차 사고가 겉으로는 끔찍해 보이지만, 이보다도 10배나 많은 사람들이 담배로 조용히 죽어가고 있다, 이것입니다. 이 얼마나 기가 막힌 이야기입니까. 사람이 이렇게 의지가 약합니다. 그러면 안 되는 줄 알면서도 번번이 끌려갑니다. 참 비참한 모습 아닙니까.

참 자유는 어디에 있는 것입니까? 참 자유는 영적인 것입니다. 고린도 후서 3장 17절은 말씀합니다. "주의 영이 계신 곳에는 자유가 있느니라." 주의 영이 계신 곳에만 자유함이 있습니다. 인간의 의지, 인간의 지식, 그거 별것 아닙니다. 어느 사이에 이렇게 하찮은 존재가 되고 마는지…… 모든 것은 영적인 문제입니다. 깊은 곳에 있는 그 영적인 전쟁 속에 피해자로 살아갑니다. 경제적인 부자유,

아, 어렵습니다. 가난이라는 것, 참 어려운 것입니다. 그런가 하면 육체적인 부자유, 병들어서 고생하는 것, 참 어렵습니다. 혹은 지적인 부자유, 꼭 알아야 할 시간에 몰라서 괴로운 것, 어렵습니다. 사회적인 부자유, 가정이나 직장의 정치, 문화, 제도적 사건 속에서 우리는 부자유합니다. 그러나 이런 부자유는 사실상 그리 중요하지 않습니다. 가장 중요한 것은 깊은 곳에 있는 영적인 부자유입니다. 이것은 구제불능입니다.

브래들리(K. R. Bradley)라는 사람이 쓴 「Slaves and Masters in Roman Empire(로마제국의 노예와 주인)」라는 유명한 책이 있습니다. 이 책의 논리는 이렇습니다. 그 옛날 2천 년 전 로마시대는 인구의 3분의 1이 노예였습니다. 노예의 비참함이란 이루 말할 수가 없는 것입니다. 노예는 하나의 가축 정도로도 인정받지 못했습니다. 사람이 한번 노예가 되면 그 순간부터 더는 사람이 아닙니다. 발가벗겨서 목을 쇠사슬로 묶고 일을 시킵니다. 지쳐 쓰러지면 죽입니다. 사람을 사고파는 것, 상상해보십시오. 얼마나 비참했겠습니까. 노예제도, 엄청나게 끔찍한 것입니다. 우리가 유럽에 여행을 가면 좋은 건물들을 많이 보게 되지요? 그 문화재들, 그 훌륭한 건물들이 하도 아름다워서 '야, 굉장하다!' 하고 감탄합니다마는, 뭘 좀 아는 사람들은 이렇게 말합니다. "이것은 노예문화입니다. 수많은 노예들의 목숨값으로 이런 것들을 만든 것입니다." 사실이 그렇습니다. 한데 그 비참한 신세의 노예들이 마침내 해방됩니다. 자유를 얻은 것입니다. 브래들리가 말하고자 하는 것은 그 다음입니다. 노예가 자유를 얻어서 어떻게 되었느냐, 이것입니다. 자유를 얻은 노예들은 그 길로 술 먹고 방탕해서 못된 짓을 하다가 결국 자멸했다, 이것입니다.

노예제도로부터는 자유로워졌지만, 노예근성으로부터는 자유하지 못한 것입니다. 이것이 바로 인간입니다. 얼마나 비참합니까. 그런 고로 영적인 자유만 진정한 자유라는 말입니다.

그래서 오늘본문 2절은 분명하게 말씀합니다. "그리스도 예수 안에 있는 생명의 성령의 법이 죄와 사망의 법에서 너를 해방하였음이라." 이 자유만큼 인간존재의 가치는 결정되는 것입니다. 그리스도인은 자유인입니다. 이제 묻습니다. 얼마나 영적으로 자유합니까? 얼마나 과거로부터 자유합니까? 한번 진단해보십시다. 종교개혁자 마르틴 루터는 다섯 가지를 말합니다. '이로부터 자유할 때 그것이 그리스도인이다.' 첫째, 죄로부터 자유해야 합니다. 죄를 짓는 자마다 죄의 종입니다. 죄의 가책의식에 매입니다. 죄의 저주의식에 매입니다. 더 무서운 것이 있습니다. 죄를 지은 사람은 죄의 노예가 됩니다. 죄를 또 지을 수밖에 없습니다. 여러분, 거짓말 한 일이 있습니까? 거짓말을 제때 회개하면 문제가 없는데, 회개하지 아니하면 또 거짓말을 할 수밖에 없습니다. 하고 싶어서 하는 것이 아닙니다. 이미 한 거짓말 때문에 또 거짓말을 하게 되는 것입니다. 마지막에는 내가 어디까지 거짓말을 했는지, 어디까지가 진짜인지조차 모르게 됩니다. 죄를 짓는 자마다 죄의 종이 되는 것입니다. 죄를 또 지을 수밖에 없는 불가피한 상황에 끌려들어간다는 말입니다. 죄의 노예가 되는 것입니다. 이로부터 해방되는 길은 오직 한 가지, 예수 그리스도의 보혈밖에 없습니다. 예수 그리스도로 말미암아 죄 사함 받아서 자유함을 얻어야 합니다. 그때부터 자유함이 있는 것입니다.

또 한 가지는 사망으로부터의 자유입니다. 죽음의 공포, 죽음이라고 하는 절망, 죽음이라고 하는 허무, 이로부터의 자유입니다. 여러분, 죽음의 공포가 점점 가까이 오고 있습니다. 이로부터 자유할 수 있는 길은 예수 그리스도로 말미암아 약속받은 영생입니다. 영생의 기업을 바라보지 못하는 자는 죽음의 공포에서 절대로 벗어나지 못합니다. 이걸 잊지 말아야 합니다. 그래서 예수님께서 말씀하십니다. "내 아버지 집에 거할 곳이 많도다. 마음에 근심하지 말라. 하나님을 믿으니 또 나를 믿으라." 우리는 주님께서 우리의 길과 진리와 생명이 되심을 믿고, 그와 함께하는 자에게 영생이 있음을 믿을 때 비로소 사망권세로부터 자유할 수 있습니다. 그래서 시시각각, 순간순간 다가오는 죽음을 조금도 두려워하지 않고 반갑게 맞이할 수 있는 것입니다.

또한 사탄의 권세로부터의 자유입니다. 영적인 권세, 인정해야 합니다. 때로는 사탄이 있느냐 없느냐, 악령이 있느냐 없느냐, 하는 얘기들을 합니다마는, 악령이 없다고 하는 그것이 바로 악령에 사로잡힌 것입니다. 이걸 알아야 합니다. 예수님께서 있다고 하셨으면 있는 것입니다. 성경이 있다고 말씀했으면 있는 것입니다. 오늘도 악령의 역사가 이 세대를 지배하고 있고, 모든 지성인들을 지배하고 있습니다. 모든 정치가들을 지배하고 있습니다. 이걸 잊지 말아야 합니다.

종교개혁자 마르틴 루터는 옛날 아우구스티누스 수도원에 몇 년을 머무르면서 기도하고 성경을 번역했다고 합니다. 그가 있던 곳을 제가 가고 싶어서 언젠가 한번 어렵게 간 적이 있습니다. 높은 곳에 있습니다. 그 수도원으로 올라가서 그 옛날에 마르틴 루터가 지냈다는 곳에 갔습니다. 하지만 제가 보기를 기대했던 것은 없었습니다. 루터가 성경을 번역하다가 자꾸 의심이 생깁니다. 사탄의 역사입니다. 사탄이 그렇게 왔다 갔다 하는 것입니다. 그래서 루터가 거기에서 잉크병을 던졌다잖아요? 그 바람에 잉크가 주룩 흘러내렸는데, 그 잉크 자국을 제가 보고 싶었습니다. 그래 "잉크 자국이 어디 갔습니까?" 하고 물었더니 안내하는 사람이 이렇게 답합니다. "얼마 전에 지워버렸는데요?" 세상에, 그 소중한 걸 없애다니요? 잉크병을 내던지는 것으로 마르틴 루터는 악령과 싸웠던 것입니다. 그 루터의 글이나 찬송가를 보면 악령과 싸우는 이야기가 많습니다. 그는 영을 보았고, 악령과 더불어 싸우며 종교개혁을 한 것입니다. 영적인 싸움이 어째서 어려운 것입니까? 스스로는 의식하지 못하기 때문입니다. 여러분, 귀신들린 사람이 자기가 귀신들렸다는 걸 압니까? 아닙니다. 악령에 사로잡힌 때는 의식이 바뀌면서 자기가 지금 얼마나 바보짓을 하고 있는지를 자기도 모르는 법입니다. 모르게 되어 있습니다. 이것이 악령의 영적인 역사거든요. 이로부터 구원받는 길은 오직 예수 그리스도뿐입니다. 예수 그리스도께서 권능을 더하실 때 넉넉하게 악한 세력을 물리칠 수 있습니다.

그런가 하면 율법으로부터의 자유입니다. 계속 율법이 우리를 심판합니다. '너는 죄인이다. 너는 죄인이다.' 율법으로부터 벗어나는 길, 자유하는 길도 오직 예수 그리스도입니다. 주님의 거룩한 구속의 은혜를 힘입을 때에만 자유할 수 있습니다. 좀 더 나아가 하나님의 무서운 진노로부터 자유할 수 있는 길도 오직 예수 그리스도입니다. 그래서 죄와 사망과 사탄과 율법과 진노로부터 구원받고 자유하는 것이 온전한 구원이다, 이것입니다. 그러나 여러분, 잊지 마십시오. 무엇으로부터— 이것만 가지고는 안 됩니다. 무엇에로의 구원이 필요합니다. 다시 말하면 율법으로부터 벗어나고, 죄로부터 벗어난 것만 가지고는 자유인이 아닙니다. 성령에 매이고, 그리스도께 매이고, 복음에 매일 때 비로소 자유인입니다. 무엇으로부터의 자유만으로는 안 됩니다. 무엇에로의 자유여야 합니다. 그래서 성경은 말씀합니다. "진리를 알지니 진리가 너를 자유케 하리라." 진리로 행할 때 자유하고, 사랑할 때 자유하고, 은혜에 충실할 때 자유합니다. 이것이 진정한 자유입니다.

"진리를 알지니 진리가 너희를 자유케 하리라." 우리가 그리스도 안에서 성령의 법을 따를 때, 성령에 이끌릴 때, 성령으로 충만할 때 비로소 우리의 영이 온전하게 자유할 수 있습니다. 죄와 사망의 법에서 너를 자유케 했다! 우리는 자유와 사망의 법에 매여서 알게 모르게 비참하게 살아왔고, 또 살아가고 있습니다. 오늘 주께서 우리를 위하여 십자가를 지심으로써 이 모든 것으로부터 자유할 뿐만 아니라, 우리는 그리스도께 속하고, 성령께 속하고, 성령의 법을 따라, 그리스도의 법, 진리의 법, 믿음의 법, 소망과 사랑의 법을 따라 살아갈 때 성령께서 우리와 함께하십니다. 오늘본문말씀대로입니다. "성령의 법이 죄와 사망의 법에서 너를 해방하였음이니라." 이것이 종교개혁자의 신앙입니다. 여러분, 스스로 물어봅시다. 내가 얼마나 자유한가? 하찮은 일에 매이고, 하찮은 명예에 매이고, 사람들의 평판에 매이고, 별것도 아닌 물질에 매이고, 썩어져가는 육신에 매이고…… 이 얼마나 비참합니까.

저는 가끔 이런 생각을 합니다. 더러 주일에 비가 올 때가 있지요? 주일아침에 비가 오면 저는 감사기도를 합니다. 왜요? 사람들이 골프 치러 못가잖아요. 아니, 생각해보십시오. '내가 교회를 갈까? 골프 치러 갈까?' 아, 이 정도의 인간이 되어서야 쓰겠습니까.

그거 하나를 이기지 못해서야 되겠습니까. 여러분, 예수 그리스도의 법이 나를 주관할 때 비로소 온전한 자유함이 있습니다. 오늘본문 9절 말씀은 우리에게 참 귀합니다. "만일 너희 속에 하나님의 영이 거하시면 너희가 육신에 있지 아니하고 영에 있나니 누구든지 그리스도의 영이 없으면 그리스도의 사람이 아니라." 그리스도의 영이 우리 가운데 있어서 그가 우리를 충만케 하시고, 그가 우리의 가치 판단에 주인이 되시고, 그가 우리를 충만케 하실 때 비로소 우리가 자유인입니다. 온전한 자유, 거기에 개혁적 신앙의 본질이 있는 것입니다. △

자기 마음을 다스리는 자

백발은 영화의 면류관이라 공의로운 길에서 얻으
리라 노하기를 더디하는 자는 용사보다 낫고 자기의
마음을 다스리는 자는 성을 빼앗는 자보다 나으니라
제비는 사람이 뽑으나 모든 일을 작정하기는 여호와
께 있느니라

(잠언 16 : 31 - 33)

자기 마음을 다스리는 자

아마도 역사에 나오는 영웅들 가운데 아주 대표적인 사람 한 명을 꼽으라면 바로 알렉산더 대왕일 것입니다. 그의 별명은 '정복의 왕'입니다. 온 세계를 누비며 헤아릴 수 없이 많은 나라들을 정복해서 어마어마하게 큰 왕국을 이루어놓은, 문자 그대로 '정복의 왕'이었습니다. 그러나 그에게는 한 가지 결정적인 문제가 있었습니다. 바로 불같이 화를 내는 성격이었습니다. 그에게서 분노가 솟구칠 때 그 분노를 잠재울 수 있는 지혜가 없었습니다.

하루는 이런 일이 있었습니다. 역사에 나오는 이야기입니다. 알렉산더 대왕이 돌연 전투현장을 방문합니다. 거기에서 대왕은 지휘관이 술에 만취되어 부하들과 노닥거리는 광경을 보게 되었습니다. 이 장교는 대왕의 가장 가까운 친구이자 훌륭한 용사인 클레이투스였습니다. 대왕은 자기가 믿었던 사람의 실망스러운 모습을 보고 크게 화가 났습니다. 그래 끓어오르는 분노를 참지 못하고 옆에 있던 한 병사의 창을 빼앗아들고는 그대로 클레이투스를 겨냥해 던졌습니다. 죽이려고 한 것은 아니었고 단지 겁만 좀 주려고 했던 것인데, 알렉산더가 던진 창이 그만 클레이투스의 심장에 정통으로 꽂히고 맙니다. 알렉산더 대왕은 그 고통을 견딜 수가 없어서 자기도 친구를 따라 죽고 싶다고, 자기를 죽여달라고 외치며 몸부림을 쳤다고 합니다. 이것이 분노입니다. 아니, 이것이 인간입니다.

국제신경학회지에 실비아 코튼(Sylvia Cotton)박사 팀의 연구논문이 실렸는데, 그 결론이 눈여겨볼 만합니다. 우리가 가장 무서워하는 뇌졸중이라는 병이 있지 않습니까. 뇌졸중 환자의 상당수가 발병 두 시간 전에 불같이 화를 낸 경험이 있다는 것입니다. 뇌졸중이 그냥 생긴 것이 아닙니다. '바로 두 시간 전에 불같이 화를 냈다.' 이것이 통계로 증명된 것입니다. 화를 내는 것은 뇌졸중과 심장에 아주 치명적입니다. 심장병에 걸릴 확률이 평상시보다 다섯 배나 더 높다고 합니다. 마음을 다스린다는 것이 이렇게 건강상으로도 아주 중요하다는 사실을 잊어서는 안 됩니다.

하나님께서는 우리를 하나님의 형상으로 창조하셨습니다. 우리의 몸은 흙을 가지고 만드셨지만, 우리 인간의 존재 자체는 하나님의 형상으로 만드셨습니다. 그렇다면 이 하나님의 형상이란 무엇일까요? 신학적으로 많은 사람들이 연구를 했습니다마는, 결론은 이렇습니다. 먼저는 거룩함입니다. 인간은 하나님을 닮은 데가 있습니다. 인간은 하나님 쪽으로 거룩해야 하는 선별된 존재라는 말입니다. 둘째는 지혜입니다. 지식이 아니라 지혜입니다. 앞의 일을 생각할 줄 아는 능력이 지혜입니다. 이 능력이 우리에게 있다는 것입니다. 셋째는 사랑입니다. 내가 받는 사랑, 내가 베풀어야 할 사랑을 아는 능력이 바로 하나님의 형상이 된 인간에게 있습니다. 넷째가 가장 중요합니다. 다스림, 곧 통치능력입니다. 하나님께서는 "네가 만물을 다스려라!" 하고 말씀하셨습니다. 그리고 또 "주관하라!' 하고 말씀하셨습니다. 다스린다고 하는 이 정치본능은 우리의 의무도 되지마는, 거기에 우리의 행복도 있습니다. 우리의 물질도, 우리의 건강도, 우리의 이웃도, 우리의 사회도 알고 보면 다 이 다스림의 영역에 속합니다. 이 영역이 넓어진 사람이 바로 위대한 사람 아니겠습니까. 자기를 다스리고, 이웃을 다스리고, 만물을 다스리고, 자연을 다스리고…… 이런 능력을 우리에게 주셨고, 그로써 인간이 인간 되고, 행복을 누릴 수 있다고 성경은 말씀합니다.

이 다스림의 가장 기본이 바로 자기 자신을 다스리는 것입니다. 그러기 위해서는 먼저 자기 자신이 무엇인가를 알아야 합니다. 여러분은 자신을 어떻게 평가합니까? 내가 어떤 사람입니까? 어느 정도의 인격입니까? 깊이, 진지하게, 정직하게 하나님 앞에서 물어야 합니다. 사도 바울은 로마서 7장에서 자기 자신을 이렇게 평가합니다. "오호라 나는 곤고한 사람이로다." 여기서 '곤고한 사람'이란 헬라 원문으로는 '아주 불쌍한 사람'이라는 뜻입니다. 구제받을 수 없는 불쌍한 사람이다, 이것입니다. 로마서 7장 23절에서는 이렇게 말합니다. "죄의 법으로 나를 사로잡는 것을 보는도다." 자신이 죄의 노예가 되어서 끌려 다니는 존재라고 스스로 고백하고 있는 것입니다. 바울, 그 위대한 사도가 자신을 이렇게 평가한 것입니다. 원하는 선은 행할 수 없고, 원치 않는 죄를 지어가면서 사는 존재, 이런 모순된 갈등에 사로잡힌 존재가 바로 자기 자신이라는 것입니다. "오호라 나는 곤고한 사람이로다." 자신에 대한 객관적인 평가입니다. 여러분은 자신을 어떤 존재라고 생각하십니까? 어느 수준이라고 평가하십니까?

또 고린도전서 9장 27절에서 사도 바울은 이렇게 고백합니다. "내가 내 몸을 쳐 복종하게 함은……" 여기서 복종하게 한다는 말씀이 무슨 뜻입니까? 노예를 길들인다는 뜻입니다. 놔두면 안 된다는 것입니다. 내가 하고 싶은 대로 하면 안 된다는 것입니다. '내 속에 못된 것이 들어 있어서 잠깐만 내버려두면 내가 얼마나 깊은 타락에 빠질는지 알 수 없다. 나는 그렇게 아주 위험한 존재다. 그래서 노예처럼 강압적으로 다스리지 아니하면 나는 내가 될 수 없다.' 이걸 인정하고 있는 것입니다. '나는 그런 존재다. 나는 아직도 덜 되었고, 아직도 정신없는 존재다. 나는 내리쳐서 복종케 해야 하는 존재다.' 사도 바울의 고백입니다.

갈라디아서 2장에는 너무나 잘 알려져 있는 말씀이 있습니다. "내가 그리스도와 함께 십자가에 못 박혔나니……(20절)" I am crucified with Christ. 유명한 말씀입니다. '그리스도와 함께 나는 십자가에 못박혔다. 아니 못박혀 살아야 한다. 나는 그런 존재다.' 그리고 마침내 고린도전서 15장에서 유명한 말씀을 합니다. "나는 날마다 죽노라(31절)." 성도 여러분은 자신을 어떻게 평가하십니까? 나라는 존재는 믿을 것이 못 됩니다. 아직도 사치하고, 아직도 욕심꾸러기고, 아직도 시기질투에 매여 있습니다. 나는 날마다 죽노라! 이 말씀을 종교개혁자 칼뱅은 '날마다 세례(daily baptism)'라고 표현합니다. 세례란 주님의 이름으로 죽고, 주님의 이름으로 사는 것을 말합니다. 그런고로 바울은 자기 자신을 이렇게 평가하고 있습니다. '나는 날마다 세례를 받는다. 나는 날마다 죽노라.' 이 마음이 진실해야 비로소 바로 설 수 있습니다.

오늘본문은 말씀합니다. "자기의 마음을 다스리는 자는 성을 빼앗는 자보다 나으니라(32절)." 자기 마음을 스스로 다스리고, 자기 의지로 자기 이상과 자기 생의 목적을 다스릴 수 있다면 그는 용사보다 나은 사람이며, 위대한 사람이다, 이것입니다. 자기의 게으름, 자기의 사치스러움, 자기의 타락, 자기의 모든 잘못된 바를 스스로 다스리고 후회하지 않을 수 있는 사람, 유감이 없는 사람이야말로 진정 자유인입니다. 특별히 오늘본문은 처절하게 좀 더 실제적인 말씀을 합니다. 여기에 보니 '노하기를 더디 하는 자'라고 되어 있습니다. 저는 이 말씀이 가슴 깊이 와 닿습니다. 노하지 말아야 합니다. 아니, 조금만 노하기를 늦추어도, 조금만 노하기를 더디 해도 괜찮은 것입니다. 여러분의 생애를 한번 돌아보십시오. 노하기를 조금만 늦추었더라면 좋았을 일, 없습니까? 옛날 어른들의 이런 말도 있지 않습니까. '참을 인자 셋을 그려라. 참을 인자 셋만 세고 나면 인생의 운명이 달라진다.' 조금만 더 참으면 될 일 아니겠습니까.

노하기를 더디 하지 못한 대표적인 인물이 모세입니다. 모세라고 하면 하나님의 능력과 하나님의 은혜를 얼마나 많이 경험한 사람입니까. 위대한 '하나님의 종' 아닙니까. 홍해를 육지 같이 건너간 사람 아닙니까. 그만큼 위대한 종인데도 불구하고 불의를 보고, 잘못된 일을 보고 불같이 화를 내지 않습니까. 참고 견뎌야 하는데 그러지 못한 것입니다. 마침내 그는 하나님께서 주신 십계명판을 집어던지기까지 합니다. 자기가 없는 동안 백성들이 우상을 섬기는 모습을 보고 분노가 치솟아 오른 것입니다. 저는 이런 생각을 해봅니다. '아무리 화가 나도 하나님께서 주신 비석이니까 어디 곁에다가라도 잠깐 내려놓은 다음 다른 돌을 집어서 던졌더라면 어땠을까? 아마 운명이 달라지지 않았을까?" 하나님께서 주신 것을 그렇게 함부로 내던지다니, 도대체 어쩌자는 것입니까? 앞뒤 재어보지도 않고 다 끝내자는 것 아닙니까. 그가 모세입니다.

그런가 하면 이스라엘 백성들이 가데스 바네아에서 끝가지 하나님을 원망할 때 모세는 반석을 굳이 꽝꽝 두 번을 칩니다. "우리가 너희를 위하여 물을 내랴? 이 패역한 놈들아!" 아, 이것은 안 될 일입니다. 결국 하나님께서 이르십니다. "너는 나를 믿지 아니하고,

나의 거룩함을 드러내지 아니하고, 이렇게 행하고 말았다. 너는 가나안에 못 들어간다." 심판입니다. 잘 나가다가도 잠깐 멈추어서 생각해야 합니다. 노하기를 더디 하는 자가 용사보다 낫습니다. 잠깐만 늦추면 되는데, 그조차도 못하는 초라한 존재가 되어서야 쓰겠습니까. 깊이 생각해야 합니다. 창세기 4장 7절에서 하나님 말씀하십니다. "죄가 너를 원하나 너는 죄를 다스릴지니라." 다스림, Mind Control입니다. 그게 바로 인간입니다. 소크라테스의 어록 가운데 재미있는 말이 있습니다. '인간은 성숙해가면서 4단계를 거친다. 어려서는 지켜야 할 덕목이 겸손이다. 어렸을 때 겸손을 배워야 한다. 젊었을 때는 온화함을 배워야 한다. 장년이 되었을 때에는 공정함을 배워야 한다. 노년이 되어서는 신중함을 배워야 한다. 계속 배우면서 자기 자신을 다스려가야 한다.'

예전에 제가 미국에서 공부할 때 너무나 재미있게 읽은 문화인류학 책이 있습니다. 거기에 이런 이야기가 있었습니다. 어떤 사람이 개 한 마리를 키우는데, 그 개를 어루만지면서 부드럽게 이런 말을 합니다. "I hate you(내가 너를 미워한다)." 개는 무슨 말인지도 모르는 채 꼬리를 치면서 좋아합니다. 그런데 험상궂은 표정으로 "I love you!" 하고 소리를 지르면 이 개가 깜짝 놀라 주인을 콱 문다는 것입니다. 사랑한다고 말했느냐, 미워한다고 말했느냐는 중요하지 않습니다. 그 말을 할 때 음성이 높았느냐 낮았느냐, 얼굴빛이 좋았느냐 나빴느냐가 문제지, 할 말 다 했다고 되는 것이 아닙니다. 어떻게 느끼도록 말했느냐, 어떤 분위기로 말했느냐가 중요합니다. 말은 귀로 듣는 것이 아닙니다. 가슴으로 듣는 것입니다. 가슴으로 전달되는 것이 있는 것입니다. 그런고로 분노는 어떤 말로 해도 분노입니다. 용납할 수 없는 것입니다.

빌립보서 2장 5절에서 사도 바울은 말씀합니다. "너희 안에 이 마음을 품으라 곧 그리스도 예수의 마음이니." 이 예수 그리스도의 마음을 히브리서 12장 2절에서는 이렇게 말씀합니다. "십자가를 참으사……" 인내라는 것입니다. 하나님의 인내 속에 우리가 있는 것입니다. 우리가 분을 내는 것처럼 하나님께서 분을 내신다면 우리 가운데 살아남을 사람이 어디 있겠습니까. 하나님께서는 참으십니다. 오래오래 참으십니다. 탕자의 아버지처럼 우리가 돌아올 때까지 참으십니다. 자기 아들을 십자가에 못박으시면서까지 참으십니다. 그 인내 속에 우리가 있는 것입니다. 그렇다면 우리는 오늘 그 하나님의 인내를 본받아서 오래오래 참는 것을 익혀야 합니다. 오직 말씀으로 나를 다스려야 합니다. 오직 믿음으로 다스려야 합니다. 오직 그리스도의 사랑으로 나를 다스려야 합니다. 오직 은혜, 오직 겸손, 여기에 하나님의 뜻이 있습니다. 어떤 형편에서든지 감사를 잊지 마십시오. 은혜를 잊지 마십시오. 내가 받은 은혜를 먼저 생각하십시오. 그러면 자기 마음을 다스릴 수 있을 것입니다. 내가 나를 다스리지 못하는 한 나는 그리스도인이 아닙니다. 성령께서 나를 다스리실 때, 내 마음을 주관하실 때 나는 비로소 그리스도인인 것을 잊지 말아야 합니다.

오늘본문은 참으로 중요한 잠언입니다. "노하기를 더디 하는 자는 용사보다 낫고 자기의 마음을 다스리는 자는 성을 빼앗는 자보다 나으니라(32절)." △

물 위로 오라 하소서

예수께서 즉시 제자들을 재촉하사 자기가 무리를
보내는 동안에 배를 타고 앞서 건너편으로 가게 하시
고 무리를 보내신 후에 기도하러 따로 산에 올라가시
니라 저물매 거기 혼자 계시더니 배가 이미 육지에서
수 리나 떠나서 바람이 거스르므로 물결로 말미암아
고난을 당하더라 밤 사경에 예수께서 바다 위로 걸어
서 제자들에게 오시니 제자들이 그가 바다 위로 걸어
오심을 보고 놀라 유령이라 하며 무서워하여 소리 지
르거늘 예수께서 즉시 이르시되 안심하라 나니 두려
워하지 말라 베드로가 대답하여 이르되 주여 만일 주
님이시거든 나를 명하사 물 위로 오라 하소서 하니
오라 하시니 베드로가 배에서 내려 물 위로 걸어서
예수께로 가되 바람을 보고 무서워 빠져 가는지라 소
리 질러 이르되 주여 나를 구원하소서 하니 예수께서
즉시 손을 내밀어 그를 붙잡으시며 이르시되 믿음이
작은 자여 왜 의심하였느냐 하시고 배에 함께 오르매
바람이 그치는지라 배에 있는 사람들이 예수께 절하
며 이르되 진실로 하나님의 아들이로소이다 하더라

(마태복음 14 : 22 - 33)

물 위로 오라 하소서

지그 지글러(Zig Ziglar) 교수의 「정상에서 만납시다」라는 유명한 저서가 있습니다. 이 책에 나오는 아주 특별한 이야기가 하나 있습니다. 빅터 세리브리아코프라고 하는 15살 난 아이가 있었습니다. 이 아이가 선생님으로부터 충격적인 말을 듣습니다. "너 같은 저능아는 공부해도 소용없다." 이 아이는 선생님의 이 말을 철석같이 믿습니다. 그리고 그는 생각합니다. '나는 저능아다. 저능하기 때문에 이렇다. 저능아다. 나는 저능아다.' 이러면서 무려 17년 동안을 삽니다. 자신을 완전히 저능아로 무시하고, 또 다른 사람들로부터도 자기는 무시당해야 마땅하다고 생각합니다. 그러다가 어떤 계기로 서른두 살 때 IQ검사를 받았습니다. 그랬더니 지능지수가 161로 나왔습니다. 놀라운 수치 아닙니까. 천재라는 뜻입니다. 그때부터 그는 '나는 저능아가 아니고 천재다!' 하고 생각하면서 살게 됩니다. IQ가 130만 넘어도 수재라고 하는데, 161이면 그 유명한 멘사클럽의 회원이 되고도 남습니다. 그는 나중에 이 멘사클럽의 회원이 되었을 뿐만 아니라, 멘사클럽의 회장까지 했습니다. 이 극과 극을 생각해보십시오. 저능아도 아닌데 저능아라는 말을 듣고 '내가 저능아다!' 하고 생각하니까 진짜로 저능아가 되어버립니다. 그렇게 저능아로 무려 17년 동안을 살고, 다시 지능검사를 해서 '나는 저능아가 아니다! 지능지수가 161이다!' 하고 생각하는 순간 그는 천재로 살아가게 됩니다. 스스로를 어떻게 보느냐 하는 것은 매우 중요한 문제입니다. 남이 나를 어떻게 평가하든 말든 나는 여전히 나 자신인데, 나 자신에 대한 평가를 내가 어떻게 할 수 있느냐, 하는 그것이 내 운명을 결정합니다.

심리학자 알버트 엘리스(Albert Ellis)는 정신의 건강을 위해서 몇 가지 중요한 요소가 필요하다고 말합니다. 그 가운데에서도 가장 중요한 것이 쓸데없는 비합리적인 생각을 버리고 합리적이고 논리적이고 실제적인 생각을 해야 한다는 것입니다. 그리고 정직해야 한다는 것입니다. 첫째, 자신은 사랑을 받아야 한다는 생각, 모든 사람들로부터 인정을 받아야 한다는 생각을 버리라는 것입니다. 한번 사랑 받았다고 일생토록 사랑받을 수 있는 것 아닙니다. 모든 사람들로부터 사랑받으리라는 생각, 잘못된 것입니다. 그런데도 사랑을 받으리라고 생각하는 데에서부터 문제가 생기는 것입니다. 사랑을 받을 수도 있고, 오해를 받을 수도 있습니다. 얼마든지 잘못된 대접을 받을 수 있음을 인정하는 것이 중요합니다. 또, 자신은 유능하고 완전하다고 생각하는데, 말도 안 되는 소리입니다. 유능하지도 않고, 능력이 있지도 않고, 완벽하지도 않습니다. 완벽하지 않다는 것은 실수를 인정한다는 것입니다. 내가 저지른 실수를 내가 인정하고, 내가 내 실수를 용서할 줄 알아야 남의 실수를 용서할 수 있습니다.

오늘 아침 제가 강남에서 차를 타고 오는데, 이런 일이 있었습니다. 한참을 오다보니 아차, 소중한 성경책을 안 가져온 것입니다. 그래 다시 돌아가서 성경책을 가지고 오는데, 늦을까봐 얼마나 마음이 초조했는지 모릅니다. 그러나 저는 제 건망증에 대해서는 본래 인정을 합니다. 실제로 종종 그러니까요. 그래 그럴 때마다 그저 그러려니 하고 맙니다. '내가 그럴 수가 있다니? 나는 이럴 수 없는 사람인데?' 하고 고집을 부리지 않습니다. 이건 말도 안 되는 일입니다. 실수를 인정하십시오. 그리고 앞으로도 실수를 하리라고 생각하고 사십시오. 그것이 자기를 살리는 길입니다.

뿐만 아니라, 불행은 외적인 것이라고만 생각합니다. 흔히들 불행은 밖에서 온다고 생각하는데, 아닙니다. '불행은 나 자신에게 있는 것이다. 내 마음가짐에 있는 것이다. 나의 심리적 상태에 있는 것이다. 불행은 내 몫이다.' 이렇게 생각해야 되는데, 세상을 탓하고, 이웃을 탓하며 사는 것은 참으로 잘못된 생각입니다. 우리는 과거에서 현재를, 현재에서 미래를 향해서 삽니다. 과거와 같은 현재, 현재와 같은 미래가 있는 것이 아닙니다. 우리가 늘 겪고 있듯이 상상도 못할 일들이 있습니다. 우리가 깜짝깜짝 놀라는 그런 일들이 다 어디서 오는 것입니까? 놀랄 필요가 없는 것을 놀라고 있는 것입니다. 과거가 그대로 전개되는 것은 아닙니다. 전혀 상상 못했던 일들이 우리 앞에는 있습니다. 이것을 흔히 기적이라고 합니다. 잘못된 방향의 일도 있지만, 잘 되는 방향의 기적도 우리는 보고 삽니다. 그러니까 과거의 내 경험, 과거의 내 지식에 집착하는 것처럼 어리석은 일은 없다는 것을 알아야 합니다.

오늘본문에는 도저히 상상할 수 없는 아주 드라마틱한 사건이 나옵니다. 예수님께서 물 위를 걸으십니다. 그야말로 전무후무, 그 전에도 없었고, 그 뒤에도 없는 일입니다. 이 기적을 우리는 인정해야 됩니다. 내가 못 봤다고 없는 것이 아닙니다. 내 생각에 그런 일은 없다며 부정한다고 해서 없어집니까? 아닙니다. 얼마든지 있을 수 있다는 것을 인정하고 성경을 보아야 됩니다. 배에서 풍랑에 시달리는 사람들, 제자들이 있습니다. 저는 오늘본문을 읽을 때마다 궁금한 것이 하나 있습니다. 참 수수께끼 같지 않습니까. 어떻게 기도하시는 예수님을 혼자 산에다 남겨두고 자기들만 배를 타고 돌아올 수가 있습니까? 이거 말이 안 되지 않습니까. 예수님은 어떻게 오시라고요? 아니, 배를 타고 왔다가도 예수님을 모시러 다시 돌아가야 할 판인데, 이 사람들은 예수님께서 "배를 타고 건너편으로 가거라!" 하시니 아무 생각 없이 갑니다. 도대체 어쩌자는 것입니까? 이 자체가 애매모호합니다. 그러나 예수님께서는 이제 풍랑이 일어나는 것을 보시고, 제자들이 시달리는 것을 근심하시면서 물 위로 걸어오십니다. 그 이전에도, 그 이후에도 없는 이야기입니다. 그러나 있었습니다. 우리는 이것을 인정해야 합니다. 풍랑과 상관없이, 인간의 지식이나 경험과는 상관없는 사건이 있었습니다. 예수님께서 물 위로 걸어오십니다. 그 누구의 경험과도 관계가 없습니다. 놀라운 장면입니다. 예수님께서 물 위로 걸어오시는데, 그것도 고요한 바다가 아니고 사납게 풍랑이 일고 있는 바다입니다. 그 풍랑을 거스르며 물 위를 걸으시는 예수님을 상상해보십시오.

많은 화가들이 이걸 그림으로 그렸는데, 아주 신비롭습니다. 예수님께서 물 위로 조용히 걸어오십니다. 이때 베드로가 인간의 세계에서, 인간의 지식에서 벗어나 하나님의 아들의 세계로 흡수됩니다. 이 장면입니다. "주여, 정말로 주님이시거든 나로 물 위로 걸어오라 하소서!" 얼마나 중요한 말입니까. 그러니까 이런 것입니다. '아, 나도 한번 걸어보고 싶다! 주님께서 물 위를 걸으셨다면 예수님의 수제자인 나도 물 위로 한번 걸어보고 싶다!' 하지만 아무나, 아무 때나 걸어갈 수 있습니까? 아닙니다. 예수님께서 오라고 하셔야 걸어갈 수 있습니다. 오라고 하시는 말씀, 이것이 중요합니다. 말씀을 따라서 기적이 있는 것이지, 말씀을 떠나 내 마음대로 하면서 기적이 따르기를 바라는 마음은 잘못된 신앙입니다. 말씀이 있고, 말씀을 따라서 행하는 그 속에 기적이 있다, 이것입니다. "오라 하소서!" 참 중요한 말입니다. '오라 하시면 가겠습니다. 오라고 하시면 갈 수 있습니다.' 이것이 믿음입니다. 말씀에 의한 것, 오로지 말씀에 순종하며, 인간적인 경험이나 지식을 다 버리고, 극복하고, 인간적인 믿음의 비약을 이루는 시간입니다. '말씀하소서. 말씀하시면 내가 물 위로 걸어갈 수 있습니다.' 그렇습니다. 오라 하십니다. 베드로는 참으로 엉뚱한 청을 했습니다마는, 예수님께서는 그 청을 들어주셨습니다. 그래서 오라 하실 때에 베드로가 물 위로 걸어갔습니다. 오늘본문을 보니, 분명히 오라 하시는 말씀만 듣고 순종할 때에 예수님께 있었던 기적이 베드로에게도 있었습니다. 이것은 참으로 중요한 사건입니다.

하지만 그 시간 베드로가 예수님만 보아야 되는데, 그만 물결을 보았습니다. 큰 물결이 일어나는 것을 보고 두려워했습니다. 그렇게 두려워하는 마음을 품자마자 베드로는 물에 빠집니다. 그래 그는 "주여, 나를 구원하소서!" 하고 급히 부르짖습니다. 그리고 예수님께서 물에 빠져 들어가는 베드로를 보시고 즉시 손을 뻗어 베드로를 잡아 물 위로 일으키십니다. 아주 중요합니다. 말씀이 계시고, 말씀을 듣고, 믿음으로 받아들일 때 거기에 기적이 있었다, 이것입니다. 그러나 말씀만 듣고 예수님만 보아야 될 시간에 예수님만 보지를 못하고 풍랑을 보았습니다. 거스르는 물결을 보았습니다. 그렇게 풍랑을 보는 순간 베드로는 물 속으로 그냥 빠져 들어가고 맙니다.

히브리서 12장 2절은 말씀합니다. "믿음의 주요 또 온전하게 하시는 이인 예수를 바라보자……" 인생을 하나의 경기로 본다면 목표는 예수 그리스도입니다. '예수를 바라보자. 예수님만 바라보자.' 거기에 초점을 맞추어야 됩니다. 그동안 풍랑이 일어나든 말든, 인간으로 가능하든 불가능하든, 세상이 어떻든, 과거가 어떻든, 우리의 인간적인 지식이 얼마나 불안하든 상관하지 말고, 예수님만 바라보고, 예수님께서 내게 주시는 음성만 들어야 합니다. 베드로는 이 순간 모처럼 예수님을 바라보고 가면서 예수님께서 행하시던 이적을 자기도 행하면서 예수님 앞으로 걸어갔건만, 그만 풍랑을 보고 두려워 하여 그대로 물속에 빠져 들어가게 됩니다. 이걸 잊지 말아야 합니다.

우리 그리스도인들은 주님만 바라보아야 합니다. '온전하게 하시는 이인 예수를 바라보자!' 예수님께 초점을 맞추어야 됩니다. 이제야말로 더욱 그렇습니다. 세상에 믿을 게 뭐 있습니까. 오직 예수님께 초점을 맞추십시오. 예수님께서 뭐라고 말씀하십니까? 개인적으로 뭐라고 말씀하십니까? 걸어오라고 하십니까? 참으라고 하십니까? 기다리라고 하십니까? 베드로는 그 순간 주님께서 주시는 말씀에만 귀를 기울이고, 주님께만 초점을 맞추고, 주님만 바라보며 걸어가야 했던 것입니다. 그랬으면 풍랑을 이길 수 있었을 텐데, 그만 풍랑을 무서워하고, 바람을 무서워하고, 물결을 무서워하여 빠지고 말았습니다. 여기에는 대단히 깊은 상징적 의미가 있습니다. 지금 바람을 보아서는 안 됩니다. 세상에 대한 기대는 그만 하십시다. 이 세상은 풍랑과 같아서 그저 생각지도 않았던 비바람이 불고 물결이 높습니다.

오늘본문에서 베드로는 분명히, 그럴 필요가 없었는데, 물결을 보고 두려워했습니다. 예수님을 보고 예수님께로 가면서 두려움이란 있을 수 없는 것입니다. 두려움은 불신앙의 소산입니다. 믿음이 있는 자는 두려움이 없습니다. 믿음이 약해질 때, 믿음이 없어질 때 두려움이 생깁니다. 풍랑 속으로 빠져 들어가게 됩니다. 오늘본문에서 우리를 감동시키는 말은 '즉시'입니다. 이대로 두면 베드로는 빠져 죽습니다. 예수님께서 '즉시' 손을 내미시어 베드로를 구원해주십니다. 그러면서 이르시는 말씀이 너무나 귀합니다. "믿음이 작은 자여 왜 의심하였느냐(31절)." 믿음이 작은 자여! 분명히 믿음이 있었습니다. 그러나 그 믿음이 작았습니다. 조금 전까지는 큰 믿음이 있었습니다. 하지만 물결을 보면서 믿음이 작아졌습니다. 여러분 마음 속에 있는 믿음을 다시 한 번 정리해보십시오. 누구를 믿고 살았습니까? 주님만 바라보고, 주님의 음성에만 귀를 기울이고 살아왔다면 흔들릴 필요가 없습니다. 세상이 거꾸로 가든, 바로 가든, 그것은 나와 상관이 없습니다. 이걸 잊지 말아야 합니다. 주님께서 나와 함께 계시고, 오늘도 내가 실수하고 빠져들 때, 내가 믿음이 약할 때 '즉시' 잡아 일으켜주시는 주님께서 우리와 함께하고 계시기 때문입니다.

1947년 2월 8일은 발명왕 토마스 에디슨이 세상에 출생한지 백주년이 되는 날이었습니다. 축하잔치가 있었고, 그 자리에서 그가 죽을 때까지 잠가두었던 서랍 하나를 열어보는 행사가 있었습니다. 하지만 막상 서랍을 열었더니 안에는 딱 한 장의 종이만 있었습니다. 그 종이에는 이렇게 씌어 있었습니다. '캄캄한 곳에 떨어질 때 누가 뭐라든 요나를 생각하라.' 이 얼마나 귀한 말씀입니까. 요나를 생각하라! 요나는 일단 하나님의 뜻을 떠났던 사람입니다. 그리고 큰 물고기 속에 들어갔던 사람입니다. 그는 분명히 주님을 거역했던 사람입니다마는, 하나님의 뜻은 놀랍고 위대하여 마침내 요나로 하여금 니느웨성을 구원하는 역사를 이루십니다. 요나는 아무리 생각해도 좋은 사람이 아닙니다. 아주 고약한 사람이고, 성격이 묘한 사람입니다. 니느웨가 구원받기를 바라지 않았습니다. 오히려 망하기를 바랐습니다. 그러면서도 하나님께서 강하게 말씀하시기 때문에 "40일 후에는 망한다! 40일 후에는 망한다!" 하고 외치고 다녔습니다. 이 불성실한 요나, 이 형편없는 선지자, 이런 사람의 입을 통하여 니느웨성이 구원을 받았습니다. 요나를 생각하라! 이 얼마나 귀중한 말씀입니까.

언젠가 제 선배 되시는 황은균 목사님께 제가 이렇게 여쭈어보았습니다. "목사가 설교할 때 참으로 힘들 때가 많습니다. 그때는 어떻게 극복할 수 있습니까?" 그랬더니 황은균 목사님이 딱 한마디를 가르쳐주셨습니다. "요나를 생각하게. 요나 같은 못된 사람을 통해서도 하나님께서는 니느웨성을 구원하셨다네." 에디슨이 바로 그걸 깨달은 것입니다. 에디슨은 요나를 쓰시는 하나님, 요나를 통하여 역사하시는 하나님, 그 하나님을 믿었습니다.

성도 여러분, 세상이 흔들립니다. 풍랑이 너무 심합니다. 우리가 탄 배가 아주 작아 보입니다. 몹시 위태롭게 흔들립니다. 아니, 거의 파선 직전같이 보입니다. 마치 베드로가 물에 빠져 들어가는 것 같은 순간입니다. 이제 주의 음성을 다시 들어야 하겠습니다. '너는 내게로 걸어오라. 풍랑을 보지 마라. 내 음성만 듣고, 나만 보라. 그리 하면 이 바다를 고요하게 건널 수 있을 것이니라.' 오늘본문 맨 마지막에서 사람들이 하는 말을 들어보십시오. "배에 있는 사람들이 예수께 절하며 이르되 진실로 하나님의 아들이로소이다 하더라(33

절)." 진실로 하나님의 아들! 이 신앙고백을 위하여 이 사건은 있었던 것입니다. 오늘도 하나님의 이름이 높임을 받을 것이고, 진실로 '하나님의 아들이로소이다!' 하는 간증이 우리 입에 있을 것입니다. 조용히 귀담아 들으십시다. 물 위로 걸어오라! 주님의 음성을 듣고 주님께로만 가는 용기, 그 믿음, 그 평화가 우리 속에 함께하기를 바랍니다.   △

이 여자를 보느냐

　그 여자를 돌아보시며 시몬에게 이르시되 이 여자
를 보느냐 내가 네 집에 들어올 때 너는 내게 발 씻을
물도 주지 아니하였으되 이 여자는 눈물로 내 발을
적시고 그 머리털로 닦았으며 너는 내게 입맞추지 아
니하였으되 그는 내가 들어올 때로부터 내 발에 입맞
추기를 그치지 아니하였으며 너는 내 머리에 감람유
도 붓지 아니하였으되 그는 향유를 내 발에 부었느니
라 이러므로 내가 네게 말하노니 그의 많은 죄가 사
하여졌도다 이는 그의 사랑함이 많음이라 사함을 받
은 일이 적은 자는 적게 사랑하느니라 이에 여자에게
이르시되 네 죄 사함을 받았느니라 하시니 함께 앉아
있는 자들이 속으로 말하되 이가 누구이기에 죄도 사
하는가 하더라 예수께서 여자에게 이르시되 네 믿음
이 너를 구원하였으니 평안히 가라 하시니라

(누가복음 7 : 44 - 50)

이 여자를 보느냐

어느 시골할머니 이야기입니다. 그분은 스스로 만든 잠언을 입버릇처럼 외우고 다녔답니다. 누구를 만나든지, 그러니까 손자손녀를 만나든지, 이웃을 만나든지, 특별히 젊은 사람들한테 그렇게 말하고 다녔다고 합니다. 첫째는 나잇값을 하라는 것입니다. 그 나이가 됐으면 그래도 철든 말을 하고, 철든 생각을 해야 한다, 이것입니다. 연세 많이 드신 분들께 한번 말씀드려봅니다. "나잇값을 좀 합시다!" 둘째는 배운 값을 하라는 것입니다. 그 많은 돈을 들여서 공부하지 않았습니까. 그랬으면 적어도 뭔가 쓸 만한 말을 하고, 쓸 만한 생각을 해야 하지 않겠습니까. "배운 값을 좀 해라!" 늘 이렇게 중얼거리고 다녔다는 것입니다. 셋째는 밥값을 하라는 것입니다. 소중한 밥을 먹었으면 밥값을 하라, 이것입니다. 뭔가 많은 생각을 하게 하는 교훈이라는 생각이 듭니다. 그렇습니다. 값을 해야 합니다. 나잇값, 배운 값, 밥값…… 여러분, 우리는 값을 함으로써 비로소 인간입니다. 이것이 바로 성숙입니다. 이것이 바로 인격입니다. 많은 것을 받고도 아무 값도 하지 못한다면 되겠습니까. 그 많은 날을 배우고도 늘 그 모양이면 되겠습니까. 그 많은 날 사랑을 받고도, 그 많은 사람들한테 신세를 지고도 여전히 제 자리에 머물러 있다면 되겠습니까. 이 얼마나 잘못된 생각이요, 이 얼마나 잘못된 세상이겠습니까.

여러분, 나의 나 됨을 찾으려 할 때 방해요소가 많습니다. 가끔 우리는 이렇게 생각합니다. '이제부터는 더 바르게, 더 정직하게,

더 진실하게 살아야겠다. 이제부터는 정말 올바로 살아야겠다.' 이런 생각에 뒤따라오는 것이 하나 있지요? 바로 잘못된 과거입니다. 그러다보니 그 잘못된 과거보다 좀 더 나은 미래가 있으리라고 기대하지 못합니다. 왜요? 그동안 이미 수없이 결심해보았습니다. 맹세도 해보았습니다. 하지만 실천하지 못했습니다. 되는 일이 없습니다. 하찮은 일 하나도 발전시키지 못합니다. 자기개혁을 이루지 못합니다. 자기개선을 이루지 못합니다. 살아온 지난날에 대한 자책이 있기 때문에 미래에 대한 자기 약속을 처음부터 불신하는 것입니다. "너는 할 수 없어. 과거에 못했으니 오늘도 내일도 못할 거야. 너는 과거에 게을렀기에 아무리 맹세해봐도 너는 게으름을 벗어날 수 없어. 너는 과거에 거짓되게 살았기에 그 거짓과의 관계가 끊어진 새로운 미래를 살 수 없을 거야." 이렇게 내가 나를 정죄하는 것입니다. 그런고로 새로운 결단도, 새로운 약속도 할 수 없게 됩니다. 나약합니다. 사람들 앞에서 우리는 변명을 할 수 있습니다. 아니라고, 남보다 내가 낫다고 할 수도 있습니다. 또 내가 잘못된 것이 누구 때문이라고 책임전가를 할 수도 있습니다. 그러나 하나님 앞에서는 이것이 통하지 않습니다. 아니, 자기 자신의 진실 앞에서는 이것이 통하지를 않습니다. 모든 것이 내 잘못임을 알기 때문입니다.

어느 어머니가 저를 찾아와 이런 하소연을 한 적이 있습니다. 아이들이 툭하면 말썽을 부리고, 공부를 잘 안 한다는 것입니다. 이때문에 그 어머니가 속이 상하여 새벽기도회 때마다 나와서 눈물을 흘리고 기도하다가 마지막에는 저한테까지 와서 답답한 사정을 털어놓은 것입니다. "아이들이 그렇게 말썽을 부리고, 공부를 안 하는데, 이 아이들을 좀 바로잡아달라고 하나님 앞에 기도하지마는, 기도가 잘 안 됩니다." 첫째, 아버지가 방탕하니 아이들이 바로 설 수 있겠느냐, 이것입니다. 둘째, 자기가 지질이도 공부를 안 했으니 아이들인들 공부를 하겠느냐, 이것입니다. 자기 속에서 나온 아이들이니까요. 그래서 아이들한테 공부하라고, 진실해야 한다고 할 때마다 마음이 무너진다는 것입니다. '너는 이런 말 할 자격이 없다.' 이렇게 자책하게 된다, 이것입니다. 그래 여기에서 헤어나올 수가 없다는 것입니다. 아이들이 잘못되는 것 때문이 아니라, 자기 과거 때문에 절대 자유할 수가 없는 것입니다. 이런 절절한 괴로움을 울부짖으며 제게 털어놓는 것이었습니다.

여러분, 누가 뭐라고 말하느냐는 중요하지 않습니다. 나 자신을 돌아볼 때에 이 죄책감, 이 많은 죄, 이 많은 실수, 이 많은 과거, 이 많은 죄의 짐이 계속 나를 짓누르고 있다는 말입니다. 그런고로 나는 절대로 심령이 자유할 수 없습니다. 뿐만 아니라, 여기에 플러스 알파가 있습니다. 사람들의 평판, 그 따가운 시선을 벗어날 수가 없는 것입니다. 그래서 사회성을 잃어버립니다. 사람 만나는 것이 무섭습니다. 친구를 만나는 것도 겁이 납니다. 그 누구를 만나는 것도 반갑지 않습니다. 왜요? 마치 발가벗고 사람들 앞에 나타나는 것 같아서입니다. 사람 만나는 것이 반갑지 않은 것, 이처럼 괴로운 일이 없습니다. 마치 많은 사람들이 나를 향해서 계속 돌을 던지는 것 같습니다. 그 누구도 나에게 친절한 말을 하지 않고, 오히려 나를 비평하는 것 같고, 내 뒤에서 뭐라고 계속 나를 비판하는 것 같습니다. 이런 느낌을 안고 살아가니 전혀 자유할 수가 없는 것입니다. 매사에 의욕을 잃어버립니다. 스스로를 일으킬 능력이 없습니다.

오늘본문에 나오는 이 여인, 특별한 감사를 하나님 앞에 드립니다. 5백 년 전의 화가 루벤스가 이 여인에 대한 이야기를 화폭에 담았습니다. 로스앤젤레스의 박물관에 그 그림이 전시되어 있습니다. 막달라 마리아가 눈물로 예수님의 발을 적시고, 머리털로 예수님의 발을 닦는 장면입니다. 그 그림 앞에 서서 한참을 보다보면 정말 고개가 숙여집니다. 이 여인의 감격, 그 아름다운 마음이 절절히 느껴지는 것을 봅니다. 아마 여러분도 이런저런 경로로 보았으리라고 생각합니다. 이 여인은 예수님을 만났습니다. 그리고 예수님을 만난 그 사실 하나만 가지고 하나님 앞에 깊은 감사의 기도를 드립니다.

예수님께서는 많은 병자를 고치셨습니다. 문둥병자나 앉은뱅이, 그리고 장님을 비롯하여 오랫동안 병든 사람들을 다 고치셨습니다마는, 이상하게도 예수님의 생애를 보면 그렇게 은혜를 입은 사람들이 예수님께 되돌아와서 감사하다는 말씀을 드렸다든가, 그 은혜에 보답을 했다는 이야기가 없습니다. 마음이 쓸쓸합니다. 예를 들어, 예수님께서 문둥병자 열 명을 고쳐주셨는데, 아홉 명은 다 가버리고 딱 한 사람만 되돌아와 예수님 앞에 무릎을 꿇고 감사인사를 드리지 않았습니까. 그때 예수님께서 하신 말씀이 절절합니다. "그 아홉은 어디 있느냐? 그 아홉 사람은 다 어디 가고, 사마리아 사람 너 하나만 내게 와서 인사를 하느냐?" 이 말씀을 하시는 예수님, 마음 깊은 곳에서 아마도 섭섭하셨던 것 같습니다. 아니, 일생을 고생하다 죽을 운명인 그 끔찍한 문둥병을 고쳐주셨는데, 어찌 다 저 갈 곳으로 가고, 딱 한 사람만 예수님 앞으로 돌아옵니까? 그래서 예수님께서 "그 아홉은 어디 갔느냐?" 하신 것입니다.

그런데 오늘본문에 나오는 이 여자의 이야기는 특별합니다. 이 사람의 감사는 영적인 것이고, 심령적인 것이고, 예수님의 마음에 딱 맞는 것이었습니다. 가장 중요한 본질적인 문제가 여기에 있습니다. 사람들이 감사하다고 할 때 그 명목은 대개 이런 것들입니다. 돈을 벌었으니 감사하고, 부를 얻었으니 감사하고, 건강하니 감사하고, 형통했으니 감사하고, 학교에 입학했으니 감사하고…… 이렇듯 감사의 내용들이 다 비슷합니다. 한마디로 세상적인 것들입니다. 하지만 이 여자의 감사는 그런 것이 아닙니다. 오직 하나, 죄 사함 받은 데 대한 감사입니다. 예수님으로 말미암아 병 고침 받은 것이 아닙니다. 예수님으로 말미암아 부자가 된 것도 아닙니다. 그는 순수한 마음으로 예수님 앞에 나아와 죄 사함을 받고, 하나님의 자녀가 되었습니다. 이 하나만 가지고 하나님 앞에 감사하고 있는 것입니다. 아주 존재론적이고 본질적인 감사입니다. 이걸 잊지 말아야 합니다.

우리가 하나님 앞에 나와서 받을 수 있는 은혜가 무엇입니까? 금년에도 풍년을 주셨고, 정치적 안정도 주셨고, 경제적으로 형통하게 하셨고…… 이처럼 많은 것들이 있겠습니다마는, 이 모든 것은 다 2차, 3차적인 것입니다. 가장 깊은 곳에 있는 것은 하나님과 나와의 관계입니다. 죄 사함을 받고 하나님의 자녀가 되는 것입니다. 하나님의 자녀가 된 확신과 확증을 얻는 것입니다. 이보다 더 큰 은혜가 어디 있습니까. 오늘 이 여인의 행위가 소중한 것은 이 여인이 병 고침을 받은 것 때문이 아닙니다. 이 여인의 신분이 바뀐 것이 아닙니다. 그러나 예수님 앞에 나와 깊은 감사를 드립니다. 꼭 잊지 말아야 합니다. 이 감사에 앞서서 중요한 신앙고백이 있었습니다. 예수님께서 말씀하십니다. "너희는 나를 누구라 하느냐?" 이 고백이 아주 중요합니다. 의사입니까? 기적의 사람입니까? 정치가입니까? 도덕가입니까? 예수님께서 나와 무슨 관계가 있으십니까? 예수님께서 내게 행해주신 바가 무엇입니까?

그런데 오늘 이 여인의 생각은 다른 사람들의 그런 세속적인 것과는 전혀 다릅니다. 오직 하나, 예수님께서 이 천하디 천한 여자를 인간으로 맞이해주셨습니다. 하나님의 딸로 맞이해주셨습니다. 그것뿐입니다. 그 깊은 은혜에 대해서 감사하는 것입니다. 그러기 위해서는 이 여인의 마음속에 신앙고백이 있어야 합니다. "너희는 나를 누구라 하느냐?" 베드로가 대답합니다. "주는 그리스도시요 하나님의 아들이십니다." 이 고백, 참 중요합니다. 이것이 우리 신앙고백의 근본이기 때문입니다. 하지만 오늘 이 여자는 그런 고백이 없습니다. 말로 한 고백은 없지만, 행동으로 고백합니다. 사건 속에서 고백합니다.

죄를 사하는 것, 굉장히 중요합니다. 예수님께서는 병을 고치셨고, 바다를 고요하게 하셨고, 5천 명을 먹이셨습니다. 수많은 이적들을 행하셨습니다. 하지만 이 때문에 예수님께서 하나님의 아들이 되시는 것이 아닙니다. 하나님 되심을 증거할 수 있는 가장 중요한 핵심은 딱 하나, 사죄권의 행사입니다. 오늘본문 49절에도 그런 말씀이 잠깐 나옵니다. "함께 앉아 있는 자들이 속으로 말하되 이가 누구이기에 죄도 사하는가 하더라." 누가 죄를 사할 수 있습니까? 우리는 가끔 착각을 할 때가 있습니다. 우리가 누구와 사이가 좀 틀어졌다가 서로 이해한 다음에 용서하고, 용서받고, 화해하고, 악수한다고 죄가 사해집니까? 절대 사해지지 않습니다. 우리가 어떤 화해를 하고, 어떤 용서를 한다고 해도 그것으로 죄가 사해지는 것이 아닙니다. 죄는 오직 하나님만이 사하실 수 있습니다. 사죄권은 하나님의 아들에게만 있는 것입니다. "네 죄를 사했느니라!" 이것은 하나님만 하실 수 있는 일입니다. 이 여인은 죄 사함 받은 감격으로 예수님을 만났고, 예수님께 헌신했습니다. 이 속에는 베드로의 신앙고백이 있습니다. "주는 그리스도시요 살아계신 하나님의 아들이십니다. 사죄권을 행사하시는 하나님이십니다." 이 고백이 먼저입니다. 그리고 오로지 하나님의 자녀 된 기쁨에 감격하고 있습니다. 이는 모든 이론과 철학적 논리를 초월합니다. 성령의 역사로 말미암아 오로지 이 귀한 역사는 이루어지는 것입니다.

성령의 역사에는 세 가지가 있습니다. 첫째가 믿음을 주시어 우리로 예수께서 하나님의 아들 되심을 믿게 하시는 것입니다. 그리하여 우리가 의롭다하심을 얻는 것입니다. 믿음으로 말미암아 의롭다하심을 얻는 역사가 바로 성령의 역사입니다. 그 다음에는 하나님의 자녀 됨을 확증해주십니다. "너는 오늘부터 하나님의 자녀다!" 세계관이 달라집니다. 전에도 병들었습니다. 전에도 실패했습니다. 하지만 전에 병들었을 때 '이것은 내 죄 때문에 이루어지는 저주다!'라고 느꼈습니다. 성령 받은 사람, 구원받은 사람은 아닙니다. 오늘 어려운 시련이 있을 때 이렇게 생각하십시오. '이것은 하나님께서 내게 주시는 선물이다. 이를 통해서 더 온전하게, 더 거룩하게, 더 성숙하게, 더 참된 하나님의 사람으로 나를 훈련시키시고, 내게 시련을 주시고, 나를 단련하시는 것이다.' 욥은 말했습니다. "하나님께서 나를 단련하신 후에 정금같이 나오리라."

시련과 시험은 서로 다릅니다. 시험은 내가 넘어지도록 하기 위해서 있는 사건이고, 시련은 내가 일어서도록 하기 위하여 있는 사건입니다. 더 온전하고, 더 순전하고, 더 거룩하게 하기 위해서, 더

강하게 하기 위해서 주어지는 사건, 이것이 시련입니다. 성령 받은 사람에게는 시련은 있어도 시험은 없습니다. 그런고로 야고보서에서 사도 야고보는 이렇게 말씀합니다. "여러 가지 시험을 만나거든 온전히 기쁘게 여기라." 시험을 만날 때 저 앞에 있는 축복을 바라보며 기쁘게 여기라는 것입니다. 이것이 성도의 모습입니다. 그런고로 하나님의 자녀 됨을 확증해주시고, 동시에 성령의 역사로 사명을 주십니다. 나 자신을 위해서만 있는 것이 아닙니다. 이 사건이 주시는 복음적 역사, 선교적 역사로 말미암아 만백성에게 전해지는 큰 사건이 있습니다. 구원의 역사가 이루어집니다.

이것이 성령의 역사입니다. 오늘 이 여자는 하나님의 자녀 된 삶을 살게 됩니다. 기쁨으로 충만합니다. 이제부터는 어떤 일을 당해도 다 축복입니다. 어떤 시련을 당해도 다 하나님께서 내게 주시는 은사입니다. 하나님의 사역, 그 큰 선교적 사역을 이루기 위해서 전개되는 사건들입니다. 생의 의미가 완전히 달라집니다. 구원받은 사람의 자기확증입니다. 그리 할 때 오늘본문에 있는 말씀대로 사람들이 비난합니다. 하지만 그 비난의 소리가 귀에 들리지 않습니다. 오늘본문을 조금 더 거슬러 올라가보면 시몬이라고 하는 바리새교인이 예수님을 자기 집에 초대했습니다. 그래서 음식을 대접하는 그 시간에 이 여자가 방에 들어와 예수님의 앞에서 눈물을 흘리고, 머리털로 예수님의 발을 씻고, 기름을 발에 바릅니다. 이 장면을 보면서 시몬이 비난합니다. 바리새교인이 이 예수님이 메시아이신 줄 알았는데, 보니까 아닌 것입니다. '저 여자가 얼마나 더러운 여자라는 걸 모르누만. 저 여자가 얼마나 더러운 여자인지 모르는 걸 보니 아마 메시아가 아니가봐.' 이런 생각을 합니다. 이 사실을 아시고 예수님께서 말씀하십니다. "시몬아, 내가 네게 묻는데, 대답해라. 여기 5백 데나리온 빚진 자가 있고, 5십 데나리온 빚진 자가 있다. 둘 다 갚을 수가 없어서 탕감해주었다. 누가 주인을 더 사랑하겠느냐?" 시몬이 대답합니다. "많이 탕감 받은 자일 겁니다." "그렇다. 적게 사랑 받은 자는 적게 사랑하느니라. 많이 탕감 받은 자가 많이 사랑하느니라." 얼마나 중요한 말씀입니까. 그렇다고 시몬이 죄가 없다는 말씀이 아닙니다. 누구든 '나는 죄인입니다! 더 큰 죄인입니다!' 하고 자기 죄를 깊이 회개하는 사람에게는 깊은 은혜가 있다는 것입니다. 그래서 사도 바울은 로마서 5장 20절에서 말합니다. "죄가 더한 곳에 은혜가 넘치나니……" 죄가 더한 곳에 은혜가 넘칩니다. 여러분, 이걸 아셔야 됩니다. 더 깊은 회개를 하고, 더 높은 감사를 할 수도 있고, 더 깊이깊이 자책하고 회개를 한다면 더 큰 은혜에 들어갈 것입니다. 오늘본문에 나오는 이 여자는 예수님 앞에서 죄인입니다. 공개된 죄인입니다. 모름지기 이 여자는 창녀였을지도 모릅니다. 그러나 그런 깊은 회개로 말미암아 누구도 받을 수 없는 큰 은혜를 받게 됩니다. 이걸 잊지 말아야 합니다.

오늘찬송 305장은 '나 같은 죄인 살리신'입니다. 존 뉴턴(John Newton) 목사님이 지은 것입니다. 이분은 원래 해군 장교로 나갔다가 탈영을 해가지고 노예선에 붙잡힙니다. 그래 노예가 됐다가, 나중에는 노예선의 선장이 됩니다. 그래서 많은 사람들을 붙들어다가 노예로 팔아먹는 극악한 일을 했습니다. 나중에 그는 예수 믿고 은혜를 받아 구원을 얻고 하나님의 사람이 됩니다. 그가 한평생 부른 찬송은 '나 같은 죄인 살리신'입니다. 이름을 대지는 못합니다마는, 어느 유명한 목사님이 세상을 떠날 때 제가 그 임종을 보았습니다.

옆에 앉았다가 물어보았습니다. “목사님, 한평생 제일 좋아하신 찬송을 목사님의 장례식 날 제가 부르고 싶은데, 어떤 찬송을 좋아하셨습니까?” 그러자 목사님이 빙그레 웃으시면서 ‘나 같은 죄인 살리신’이라고 답하셨습니다. 그래 장례식 날 그 찬송을 부르면서 다 함께 큰 은혜를 받았습니다.

　나 같은 죄인 살리신 그 은혜 고마워…… 오늘 이 여자를 봅니까? 참 그리스도인입니다. 예수님의 마음을 기쁘게 해드린 교인입니다. 하나님의 마음에 딱 합한 교인입니다. 하나님의 자녀로 죄 사함 받고, 하나님의 딸로 살아갑니다. 이제는 어떤 비난도 상관하지 않습니다. 어떤 고난도 슬프지 않습니다. 하나님의 자녀 된 영광과 그 감격으로 헌신하며 십자가 밑에까지 따릅니다. 부활하신 예수님께서 이 여자를 그 거룩한 몸으로 맨 먼저 만나주십니다. 초대교회는 그래서 베드로 교회가 있었고, 막달라 마리아 교회가 있었습니다. 책에 보면 막달라 마리아 교회가 베드로 교회보다 더 컸답니다. 그에게는 간증이 있습니다. 그에게는 은혜가 넘칩니다. 예수님을 최고로 사랑했기에 최고의 사랑을 받았습니다. 여러분, 예수님께서 물으십니다. “이 여자를 보느냐?” 자유인이 된 여자입니다. 구원 받은 여자입니다. 은혜에 충만한, 감사하는 여자입니다. 여자를 보느냐? 여러분, 이 여자 속에서 나 자신의 모습을 찾으시기 바랍니다.　△

어린이의 일을 버렸노라

사랑은 언제까지나 떨어지지 아니하되 예언도 폐하고 방언도 그치고 지식도 폐하리라 우리는 부분적으로 알고 부분적으로 예언하니 온전한 것이 올 때에는 부분적으로 하던 것이 폐하리라 내가 어렸을 때에는 말하는 것이 어린 아이와 같고 깨닫는 것이 어린 아이와 같고 생각하는 것이 어린 아이와 같다가 장성한 사람이 되어서는 어린 아이의 일을 버렸노라 우리가 지금은 거울로 보는 것 같이 희미하나 그 때에는 얼굴과 얼굴을 대하여 볼 것이요 지금은 내가 부분적으로 아나 그 때에는 주께서 나를 아신 것 같이 내가 온전히 알리라 그런즉 믿음, 소망, 사랑, 이 세 가지는 항상 있을 것인데 그 중의 제일은 사랑이라

(고린도전서 13 : 8 - 13)

어린이의 일을 버렸노라

저는 43년 동안 교회를 담임한 목사로서 사역을 해왔습니다. 그리고 은퇴한 지 벌써 14년이 되었습니다. 제가 목사로서 교회를 위해 사역할 때에 가장 어렵고 마음 아프고 힘들었던 일이 하나 있습니다. 우리 어떤 교인 가정에 저능아가 있었습니다. 그때 교회에 저능아가 무려 백 명이 넘었는데, 참 마음이 아팠습니다. 저능아가 있는 가정에는 웃음이 없습니다. 모든 일이 다 어둡고, 몹시 힘이 듭니다. 그래 아주 지치고 피곤합니다. 그런 교인들을 보면서 우리 교역자도 같이 마음이 어두워집니다. 참 어려운 고충입니다. 아무리 노력하고 정성을 기울여도 이렇다할 성과가 없습니다. 그래서 고민하던 나머지, 그 어머니들과 함께 의논해서 아이들이 나름대로 저희들끼리 살 수 있는 행복한 집을 만들어주고 싶어서 '소망의 집'이라는 시설을 이천 땅에 만들었습니다. 지금도 그들이 거기에서 가정을 떠나 저들만의 행복하고 여유 있는 삶을 살아가고 있습니다.

어떤 어머니는 이렇게도 말합니다. "제 아이를 보면 말이 아이지, 아이가 아닙니다. 나이가 벌써 스무 살이나 됐으니까요. 이 아이가 아주 어린 아이처럼 인형을 가지고 히죽히죽 웃으면서 노는 모습을 보면 마음이 아픕니다. 하지만 때로는 그런 아이가 부럽기도 하답니다. 이 아이는 아무 걱정이 없으니까요. 정신연령이 네 살이거든요. 몸은 스무 살 청년이지만, 정신은 네 살 어린아이니까요." 그런고로 그 어린아이가 장난감을 가지고 놀면서 히죽히죽 웃는 모습을 보면 때로는 '이걸 어떻게 생각해야 되나?' 하는 막막한 생각도 든답니다. 하지만 또 이런 생각도 든다는 것입니다. '네가 부럽다. 아무 걱정도 없이 이렇게 하루하루를 즐겁게 지내고 있으니 말이다.'

이런 아픔을 볼 때 저는 생각합니다. 몸은 성장했으나, 정신이 성장하지 못한 것 아닙니까. 몸의 성장 발달과 함께 지식의 성장 발달, 깨달음의 성장, 의지의 성장이 함께 가야 하는데 말입니다. 체력적인 성장이 있는가 하면 지력적인 성장도 있는 것입니다. 좀 더 나아가서는 영적인 성장이 있어야 합니다. 가만히 보면 오랫동안 신앙생활을 한 것 같아도 영적으로는 그만큼 성장하지 못한 경우가 있습니다. 그래서 여전히 유치하고 어린아이 같은 모습을 보게 됩니다. 그래서 오늘본문에서 사도 바울은 단적으로 이렇게 말합니다. "어린아이의 일을 버렸노라(11절)." 바꾸어 말하면 어린아이의 일을 버리라는 말씀이기도 합니다. 성숙한 인격, 성숙한 성품, 성숙한 신앙에 도달해야 한다, 이것입니다.

'발달심리학'이라는 것이 있습니다. 사람이 성장해가는 과정, 그 발달과정을 전문으로 연구하는 학문분야입니다. 이 발달심리학에서 분석하기로는 아주 어린 아이들은 자기중심적인 세계에 빠져 있다고 합니다. 아이들은 자기가 우주의 중심입니다. 그래서 다 이런 식입니다. '어머니는 누구냐? 나에게 젖먹이는 사람이다.' '어머니의 젖은 왜 두 개냐? 하나는 먹고, 하나는 가지고 놀라는 것이다.' '오빠는 뭐냐? 내가 타고 노는 말이다.' '아빠는 뭐냐? 나를 위해서 돈 벌어 오는 머슴이다.' 이것이 어린아이의 마음입니다. 아주 사랑스러운 것 같아도 극단적으로 이기적이고 자기중심적입니다. 자기가 우주의 중심입니다. 모든 사람이 나를 위해서 존재합니다. 여기서 벗어나면 울어댑니다. 자기 뜻에 맞지 않으니까요. 여기서 헤어나오지 못하는 미숙아스러운 사람들도 많이 있습니다. 자기가 중심인 줄 압니다. 아닙니다. 어찌 내가 중심일 수 있습니까.

다음은 이분법적 단계입니다. 이분법적 세계관입니다. 다시 말하면 Black & White, 흑과 백이 있을 뿐입니다. 총천연색은 없습니다. 흑백영화 같아서 하얗지 않으면 까맣습니다. 이렇게 딱 두 가지로만 봅니다. 나를 중심으로 해서 내게 잘하는 사람은 좋은 사람이요, 의인이요, 착한 사람이지만, 내게 잘못하는 사람은 나쁜 사람이요, 악한 사람입니다. 이렇게 판단해버린다는 말입니다. 이분법적 이론입니다. 그러니까 의로우냐, 불의하냐, 세계의 평화냐, 사랑이냐를 전혀 묻지 않습니다. 나를 중심으로 원수냐, 친구냐가 있을 뿐입니다. 내게 잘하는 사람은 친구지만, 내게 잘못하는 사람은 원수입니다. 도덕적 가치도 이 이분법으로 무너집니다. 사실 그렇잖아요? 내게는 잘못했지만, 착한 사람일 수 있습니다. 나하고는 사이가 나쁘지만, 좋은 사람일 수도 있습니다. 그런데 우리는 나를 중심으로 판단합니다. 내게 잘하는 사람은 다 좋은 사람이고, 내 마음에 들지 않는 사람은 다 나쁜 사람이고, 악한 사람인 것입니다. 이렇게 판단하는 단계가 있습니다.

이 단계를 넘어서면 세계가 달라집니다. 내게는 원수지만, 실은 좋은 사람입니다. 내게는 별로 친절하지 않지만, 많은 사람들에게 보탬이 되는 귀한 사람일 수도 있습니다. 때로 내가 가진 어려움이 있잖아요? 이 어려움이 변해서 기회가 되거든요. 역경이 기회가 되고, 혼란이 축복이 되고, 우리가 당하는 엄청난 시련도 한 단계 넘어서면 축복의 계기가 됩니다. 이렇게 깨달아가는 것입니다. 그러면서 내 역할을 생각합니다. '내가 할 일이 뭔가? 그래서 내 노력에 따라서 전체가 행복이 될 수도 있고, 내 노력에 따라서 전체가 불행해질 수도 있다. 삶의 기준은 나 자신에게 있는 듯하나, 큰 뜻, 큰 섭리 속에서 나를 이해하고, 먼 미래를 바라보면서 오늘을 생각해야 한다.' 이렇게 점점 성숙해가는 것입니다.

　　오늘본문에서 사도 바울은 우리에게 아주 논리적으로 차분하게 친절히 가르쳐줍니다. "어린 아이의 일을 버렸노라." 어린이들이 하는 말을 귀 기울여 잘 들어보십시오. 어린이는 자기 말만 합니다. 우리는 알아듣지도 못하는 말입니다마는, 자기 말만 합니다. 어린이는 다른 사람의 말은 들을 생각을 안 합니다. 아예 듣지를 않습니다. 자기 말만 합니다. 그리고 자기가 좀 이상한 말을 해도 사람들이 웃어주면 그 말이 제대로 된 말인 줄 알고 자꾸 합니다. 아이들이 좋지 않은 말을 할 때 웃어주면 신바람이 나서 더 열심히 그 말을 합니다. 어떤 아이가 자기 할아버지 보고 이런 말 하는 것을 들은 적이 있습니다. 아이가 밖에서 놀다가 집에 들어와 할아버지를 발길로 차면서 이 새끼, 저 새끼 하는 것입니다. 제가 하도 기가 막혀서 한마디 했습니다. "아니, 이런 못된 놈을 왜 안아줍니까?" 그랬더니 "아, 몰라서 그러는 건데요, 뭐……" 합니다. 아니지요. 잘못한 것입니다. 그런 험한 말을 함부로 입에 담는 놈을 안아주니까 자기가 잘하는 줄 알고 점점 더 그러는 것 아니겠습니까. 딱 부러지게, 그래서는 안 된다는 것을 가르쳐주어야 됩니다. 어린아이들은 대체로 그렇습니다. 그냥 내버려두면 아주 자기중심적입니다. 자기 말만 하고, 자기 뜻만 관철하려 합니다. 뜻대로 안 되면 떼를 쓰며 울어버리고요. 이것이 어린아이들입니다. 듣지는 않고, 일방통행식으로 그저 자기 말만 하려 드는 거지요. 그러나 이제 어른이 되면 그렇게 할 수 없습니다.

아무도 받아주지 않습니다. 말하고 듣고, 듣고 말해야 됩니다. 비율은 3대 1 정도로, 세 마디 듣고 한 마디 말하는 것입니다. 이렇게 할 때 비로소 성숙한 인격이 되는 것입니다. 하지만 아이들은 듣지는 않고 자기 말만 하고, 자기 말만 들어달라고 떼를 씁니다. 엄마가 아이하고 대화하다가 다른 어른하고 대화를 시작하면 아이가 엄마의 소매를 잡아당기잖아요? 자기 말만 들어야 되는데 어디 딴 데를 보느냐, 이것입니다. 지극히 자기중심적입니다. 오늘본문 11절은 말씀합니다. "말하는 것이 어린 아이와 같고……" 자기중심적인 생각에서 벗어나서 성숙해야 한다는 말씀입니다.

이어 말씀합니다. "깨닫는 것이 어린 아이와 같고……" 깨닫는다는 것은 사건 앞에 직면한 반응을 말합니다. 우리가 새로운 경험을 하지 않습니까. 그럴 때 그걸 소화해낼 능력이 있어야 됩니다. 새로운 말을 들을 때, 새로운 경험을 할 때 '이걸 내가 어떻게 처리하나?' 하고 생각해야 합니다. 요샛말로 하면 정보처리능력이 있어야 되는 것입니다. 그런데 자기가 해오던 생각, 자기가 듣던 말 외의 다른 경험을 하게 되면 깜짝 놀라고 맙니다. 오늘 우리가 엄청난 일을 당하고 있습니다마는, 사실 알고 보면 온 세계가 다 그러지 않습니까. 또 어떻게 생각하면 옛날부터 그래왔던 것 아닙니까. 이상할 것이 없습니다. 그러나 천지가 개벽하는 것처럼 생각하고, 모든 것이 다 끝난 것처럼 여깁니다.

어제 어떤 분을 만났는데, 그분이 요새는 스스로 생각해도 이상하리만큼 우울하다는 것입니다. 한데 아무리 왜 우울한가를 생각해봐도 그 이유도 모르겠답니다. 그러나 하여튼 우울하답니다. 이쯤 되면 병 아닙니까. 여러분, 생각을 넓혀보십시오. 이 세상의 역사가 그렇습니다. 제가 언젠가 새벽기도회 때 구약성경을 가지고 교인들에게 말씀을 전하다가 생각해보니 이스라엘 나라에 나쁜 왕이 참 많더라고요. 물론 이미 알고는 있었지만, 좋은 왕보다 나쁜 왕이 더 많은 것 같아서 이름을 딱 정해놓고 좋은 왕, 나쁜 왕, 좋은 왕, 나쁜 왕…… 이렇게 죽 분류를 해보았습니다. 그랬더니 좋은 왕은 몇 되지 않고 무려 60퍼센트가 나쁜 왕이었습니다. 그래서 제가 이스라엘 역사를 봐도 왕은 열에 아홉은 나쁜 놈이라고 결론을 내렸습니다. 하물며 우리나라 역사를 보십시오. 제대로 된 왕이 몇이나 있었습니까? 아무리 생각해도 세종대왕 정도밖에 없습니다. 다 그렇습니다. 그 가운데 살면서 오늘까지 왔는데, 이상하게 생각할 게 뭐가 있습니까. 그러니까 생각이, 깨달음이 성숙해야 합니다. 역사를 똑바로 봐야지요. 그래서 유명한 역사가 베아드는 말합니다. '하나님께서는 역사를 통해서 심판하신다. 세상을 심판하시는데, 이상하게도 선한 자를 통해서 악한 자를 멸하시는 것이 아니고, 악한 자를 심판하실 때에 더 악한 자를 통해서 덜 악한 자를 멸하신다. 이것이 하나님의 방법이다. 그런고로 하나님의 심판은 이상하게도 실패에 있는 것이 아니라 성공에 있다. 악한 자를 심판하실 때에 하나님께서는 우선 그를 성공하게 하신다. 그렇게 성공의 맨꼭대기까지 올라가게 하신 다음 꽝하고 무너지게 하시는 것이 하나님의 심판방법이다.' 우리는 깨닫는 것이 유치한 데에서 벗어나 어른다운 기독교적 역사관으로 하나님의 심판과 하나님의 긍휼과 하나님의 구원의 역사를 함께 볼 줄 아는 성숙한 역사의식을 가져야 할 것입니다. 어린아이들은 뭘 잃어버렸을 때 마치 모든 것을 다 잃어버린 것처럼 굽니다. 또 뭐 하나를 얻으면 마치 모든 것을 다 얻은 것처럼 굽니다. 그런 어린

아이의 일에서 벗어나야 합니다. "장성한 사람이 되어서는 어린 아이의 일을 버렸노라."

또 말씀합니다. "생각하는 것이 어린아이와 같다가 …… 버렸노라." 어린아이들은 현재에 집착합니다. 그러면서 과거에 입었던 은혜를 생각하지 못합니다. 그리고 앞으로 주어질 축복을 생각하지 못합니다. 오늘은 어렵지만, 앞으로 있을 먼 미래를 생각하지 못하는 것입니다. 이것이 어린아이입니다. 그러나 어른이란 무엇입니까? 현재를 생각하지만, 잃어버린 과거를 잊어서는 안 됩니다. 이스라엘 사람들을 보십시오. 애굽에서 나와 홍해를 건너 광야를 지나갑니다. 때로는 물이 없기도 하고, 때로는 식량이 모자라기도 했습니다. 이럴 때 그들은 하나님을 원망했습니다. 아무리 오늘이 어렵더라도 과거에 받은 은혜는 기억해야 하지 않습니까. 애굽에서 나온 것, 홍해를 육지처럼 걸어서 건넌 것, 그 엄청난 기적을 망각해서는 안 되지 않습니까. 그런데 이스라엘 사람들이 하는 말을 들어보십시오. 오늘 좀 어렵다고 해서 "우리를 왜 애굽에서 인도해내었느냐?" 하고 출애굽 자체를 부정합니다. 이것이 바로 어린아이의 짓이거든요. 아무리 현재가 어려워도 지난날에 받은 은혜, 그 엄청난 축복을 잊어서는 안 되는 것입니다. 그런가 하면 또 앞으로 주어질 미래, 그 약속의 땅을 잊어버려서는 안 되지 않습니까. 하나님의 약속입니다. 가나안 땅의 약속이 있습니다. 이걸 잊어서는 안 됩니다. 비록 우리가 아무리 고생을 하더라도 하나님의 약속은 살아 있는 것입니다.

어린아이는 생각이 자기중심적입니다. 그래서 현재만 생각합니다. 그래서는 안 됩니다. 이미 받은 과거의 은혜를 생각하고, 앞으로 우리에게 주시겠노라고 약속하신 그 하나님의 큰 축복을 바라보며 오늘을 생각해야 됩니다. 이것이 성숙입니다. 성숙한 믿음이 필요합니다. "어린아이의 일을 버렸노라." 유치한 생각 다 버리고, 나 중심적인 생각에서 그리스도 중심적인 생각으로, 율법적 단계에서 은혜의 단계로 생각의 방향을 바꾸어야 됩니다. 오직 믿음! 오직 말씀! 그래서 순교자 본회퍼는 며칠 뒤에 자신이 순교하게 될 것을 알고 있었습니다. 그러나 이때 그는 유명한 글을 씁니다. 에케 호모, 이 사람을 보라! 아주 유명한 이야기입니다. 빌라도 앞에 서신 예수님을 보라! 에케 호모! 여러분, 어떤 어려움이 있더라도 빌라도 앞에 서 계신 예수님을 바로 보십시오. 거기에 해답이 있습니다.

골로새서 3장에서 사도 바울은 말합니다. '위의 것을 생각하라. 땅의 것을 생각하지 말라. 앞으로 올 나라를 생각하라. 앞으로 하늘나라에 가서 주님을 만날 것을 생각하라. 과거는 잊어라.' 사도 바울은 외치고 있습니다. 아이들은 사랑을 받으면서 사랑을 압니다. 어른들은 사랑을 하면서 사랑을 압니다. 사랑을 하면서 사랑의 기쁨을 누립니다. 신학적 용어를 빌린다면 '에로스에서 아가페로'입니다. 자기중심적 사랑은 에로스입니다. 하나님 중심적 사랑은 아가페입니다. 하나님 중심적인 아가페의 사랑으로 큰 은혜를 깨닫고, 그 속에 있는 나 자신을 발견하는 것입니다. 그래서 오늘본문은 위대한 결론을 내립니다. 사랑은 진리와 함께 기뻐합니다. 진리를 떠나서 얻는 기쁨은 기쁨이 아닙니다. 하나님의 진노 속에 사랑이 있습니다. 하나님의 진노 속에 있는 사랑을 알아야 합니다. 성경말씀대로 진리와 함께 기뻐해야 합니다. 진리를 떠나서 사랑은 없습니다. 기쁨도 없습니다.

여러분, 어린아이의 일을 버리고, 나 중심에서 하나님 중심으로, 나의 유익을 떠나서 모두의 유익으로, 아니, 현재 중심에서 영원 지향적 신앙으로 성숙해가야 하겠습니다. 이번에 우리가 당하는 이 어려운 시련 속에서 한 단계 높은 신앙적 비약이 있어야 하겠습니다. 다시 한 번 머릿속에 깊이 새겨봅시다. "어린아이의 일을 버렸노라!" △

한 신앙인의 신앙고백

나는 하나님께 부르짖으리니 여호와께서 나를 구
원하시리로다 저녁과 아침과 정오에 내가 근심하여
탄식하리니 여호와께서 내 소리를 들으시리로다 나
를 대적하는 자 많더니 나를 치는 전쟁에서 그가 내
생명을 구원하사 평안하게 하셨도다 예부터 계시는
하나님이 들으시고 그들을 낮추시리이다 (셀라) 그
들은 변하지 아니하며 하나님을 경외하지 아니함이
니이다 그는 손을 들어 자기와 화목한 자를 치고 그
의 언약을 배반하였도다 그의 입은 우유 기름보다 미
끄러우나 그의 마음은 전쟁이요 그의 말은 기름보다
유하나 실상은 뽑힌 칼이로다 네 짐을 여호와께 맡기
라 그가 너를 붙드시고 의인의 요동함을 영원히 허락
하지 아니하시리로다 하나님이여 주께서 그들로 파
멸의 웅덩이에 빠지게 하시리이다 피를 흘리게 하며
속이는 자들은 그들의 날의 반도 살지 못할 것이나
나는 주를 의지하리이다

(시편 55 : 16 - 23)

한 신앙인의 신앙고백

지난 2, 3년 사이에 인문학에서 가장 인기 있고, 또한 소문나게 많은 사람들에게 영향을 주고 있는 베스트셀러가 한 권 있으니, 바로「스트레스의 힘(The Upside of Stress)」이라는 책입니다. 유명한 켈리 맥고니걸 교수가 썼습니다. 이 책에서 그는 불안이나 좌절, 역경과 같은 외적인 요인이 우리에게 내적인 변화를 일으킬 때 그것이 바로 스트레스라고 말합니다. 스트레스는 우리의 건강을 해칠 뿐만 아니라, 우리의 뇌세포를 죽여버립니다. 나아가 DNA까지도 바꾸어 놓습니다. 좀 더 나아가서는 노화를 촉진합니다. 스트레스, 참 무서운 것입니다. 제가 아는 한 분이 잘 나가던 사업이 잘못되어 부도가 났습니다. 깜짝 놀랐습니다. 일주일 만에 머리가 하얗게 세었습니다. 그렇게 건강하던 사람이 일어나 앉지도 못합니다. 그런 참 눈물겨운 장면을 제가 본 일이 있습니다. 스트레스는 정말 무서운 것입니다. 하지만 맥고니걸 교수가 이 책에서 역설하는 것은 스트레스는 유용하며 필요하다는 것입니다. 그리고 스트레스는 반드시 활용해야 한다는 것입니다. 스트레스로 말미암아 넘어지고 좌절할 것이 아니라, 오히려 스트레스를 활용하여 굳세게 일어나 약동해야 한다는 것입니다. 이것이 오늘 우리 세대를 살아가는 사람의 생명력이요 지혜다, 이것입니다.

스트레스는 몇 가지 유형으로 나뉩니다. 먼저는 threat, 불안입니다. 막연한 위험에 대한 불안입니다. 이유는 모릅니다. 왜 내가 걱정하고 있는지, 무엇 때문에 불안한지 알 수 없어 불안합니다. 이유를 모르면 그것은 불안이고, 이유를 알면 그것은 공포입니다. 공포라기보다는 뭐라고 콕 집어 말할 수 없는 불안입니다. 이유를 모르니까 대책도 없습니다. 이것이 바로 현대인의 고민입니다.

둘째는 frustration, 좌절입니다. 목표 지향적으로 뭔가를 하기는 해야겠는데, 제동이 걸립니다. 방해가 많아서 이걸 뚫고 나갈 수가 없습니다. 또 목표는 정했지만, 그리로 갈 수 있는 용기가 없습니다. 그럴 때 오는 두려움입니다. 왜요? 종말을 모르기 때문입니다. 정말로 잘 될 것인지, 의심스러운 것입니다.

셋째는 conflict, 갈등입니다. 이리 할까, 저리 할까? 이래도 좋을 것 같고, 저래도 좋을 것 같고…… 문제는 하나를 버려야 다른 하나를 택할 수 있겠는데, 그 하나를 버릴 용기가 없는 것입니다. 그 하나를 버리고 다른 하나를 택할 용기가 없는 것입니다. 갈등을 일어납니다. 이럴까 저럴까, 저럴까 이럴까…… 이러는 동안 세월 다 지나가는 것입니다.

오늘본문에서 다윗 왕은 우리 못지 않게 많은 스트레스에 시달립니다. 그럼 이 스트레스라는 문제를 다윗 왕은 어떻게 해결했을까요? 그는 먼저 하나님 앞에 기도했습니다. 지금까지 목회생활을 해오는 동안 제가 존경하는 목사님 세 분이 계십니다. 그 가운데 한 모델로 생각하고 존경하는 어른이 바로 이기형 목사님입니다. 저는 1960년부터 14년 동안 인천에서 목회를 했는데, 이분이 바로 그 교회의 원로목사님이십니다. 제가 그분을 모시고 11년 동안 목회를 한 경험이 있습니다. 그 목사님의 특징이 이것입니다. 아침에 조간신문이 오면 모두가 그걸 들여다보면서 이런저런 끔찍한 사건들을 두고 서로 이런저런 이야기들을 하지 않습니까. 어디에 전쟁이 났고, 어디에는 기근이 들었고, 어디에는 지진이 났고…… 그렇게 신문에서 읽은 기사들을 소재로 서로 대화를 하고 있으면 가만히 계시던 목사님이 문득 "그 신문, 이리 내!" 하시면서 신문을 다 거둬가지고 딱 손에 쥐고 밖으로 나가십니다. 하루는 제가 도대체 목사님이 어디를 가시나 궁금해서 한번 따라가본 적이 있습니다. 목사님은 손에 신문을 말아쥐고 슬슬 걸어서 예배당 본당으로 가셨습니다. 그리고 강대상 앞에 딱 무릎을 꿇고 앉아 그 신문을 펴놓으시고는 "하나님, 어찌하여 이런 일이 있습니까? 이를 통해서 하나님께서는 어떤 역사를 이루고자 하십니까?" 하면서 눈물을 흘리며 기도하시는 것이었습니다. 그 모습을 본 뒤로 제가 목사님을 더욱 존경하게 되었습니다. 세상이 어떻고 저떻고, 망했고 흥했고…… 이렇게 떠들어대는 일, 그만하십시다. 하나님의 사람은 기도해야 합니다. 하나님과의 관계가 문제니까요. 이 사건을 통해서 하나님께서는 무슨 일을 하려고 하시는가를 분명히 알아야 합니다. 모든 사건, 모든 역사는 하나님의 심판과 구원의 역사입니다. 하나님께서 악을 심판하시고, 하나님의 백성을 구원하시는 역사가 동시에 한 사건 속에서 이루어집니다. 그런고로 생각의 방향을 하나님께로 돌려야 됩니다. 어떤 일이든, 사사로운 일이든 국가적인 일이든, 경제적인 일이든 사회적인 일이든, 그 모든 문제들을 하나님께 맡기고 하나님 앞에 기도하면서 그 문제들을 풀어가야 합니다.

기도하는 가운데 하나님을 알게 됩니다. 하나님께서 어떤 분이신가를 알게 됩니다. 나를 향하신 하나님의 뜻이 무엇인가를 알게 됩니다. 하나님께서는 구속하시는 하나님이십니다. 동시에 우리의 기도를 들으시는 하나님이십니다. 좀 더 깊이 생각해보면 이 사건을 통해서 나로 기도하게 하시는 하나님이십니다. 나로 꼼짝 못하고 기도하게 하시는 하나님이십니다. 하나님께 부르짖도록 하시는 하나님이십니다. 그 하나님을 발견하게 됩니다. 그러니까 세상의 모든 재난은 우리가 하나님 앞에 나아가도록, 그래서 우리가 하나님 앞에 간절히 기도하도록 하기 위해서 있게 되는 것입니다. 실제로 우리가 그렇지 않습니까. 평안할 때에는 기도하지 않고, 어려울 때 기도하지 않습니까. 건강할 때에는 기도 하지 않고, 병들어야 기도하지 않습니까. 절박할 때 비로소 하나님 앞에 기도하는 것입니다. 이제는 하나님 편에서 생각합시다. 어떻게 해야겠습니까? 여러분, 사건을 통해서, 많은 재난을 통해서 하나님께서는 우리를 부르고 계십니다. 하나님 앞에 기도할 때 비로소 우리는 우리를 파멸에서 구속하시는 하나님의 역사를 알 수가 있습니다.

다윗은 왕으로서 많은 일들에 시달렸습니다. 많은 죄를 지어서 하나님 앞에 부끄럽고 두렵습니다. 원수들은 계속해서 쳐들어오겠다고 순간순간 위협합니다. 이 모든 스트레스 속에서 그는 하나님 앞에 기도합니다. '내 기도를 들으시는 하나님……' 다윗 왕은 그 모든 시편 가운데에서 계속 말합니다. '나의 기도를 들으시는 하나님……' 그 하나님을 발견하게 됩니다. 나로 기도하게 하시는 하나님, 기도를 통해서 가까이하고 싶어 하시는 하나님, 그 하나님을 발견하게 되고, 또한 기도하게 될 때 나 자신을 알게 되는 것입니다.

유명한 이야기가 있습니다. 성 안토니가 산에 올라가 3년 동안 하나님 앞에 기도했습니다. 제목은 딱 하나입니다. '하나님은 누구시며, 나는 무엇인가?' 이 기도를 3년 동안 했다는 것입니다. 그러면서 그는 자기 자신을 알게 됩니다. 은혜 안에 있는, 은총 안에 있는 자신을 발견합니다. 그리고 기도하면서 세계관이 바뀝니다. 세상이 몇몇 악한 사람들 손에 들어 있는 줄 알았는데, 아닙니다. 기도하는 사람이 기도하면서 발견하는 것은 하나님의 주권 속에 있는 세상, 하나님께서 다스리시는 세상, 하나님의 은총 속에 있는 세상입니다. 이런 신앙적 세계관을 기도 속에서 발견하게 되는 것입니다.

오늘본문에서 시편의 저자는 이렇게 말합니다. "네 짐을 여호와께 맡기라……(22절)" 하나님께 책임을 돌리라, 이것입니다. 귀중한 말씀입니다. 요새 이런 유행어가 있습니다. 정치하는 사람들이 하는 말입니다. '공을 넘겼다.' '공이 넘어갔다.' 무엇입니까? 이제부터 책임은 저쪽에 있다, 이것입니다. 여러분, 하나님께 공을 넘길 마음이 없습니까? 내가 붙들고 있을 문제가 아닙니다. 하나님께 공을 넘겨드려야 합니다. '이제부터는 하나님 책임입니다!' 짐을 여호와께 맡기라, 이것입니다. 엄청난 신앙고백 아닙니까. 이제부터는 하나님께서 책임을 지시는 것입니다. '제가 할 일은 여기까지입니다. 이제부터는 하나님께 다 맡기겠습니다. 하나님께서 책임지십시오.' 유명한 기독교 심리학자 폴 트루니에는「죄책감과 은혜」라는 저서에서 이렇게 말합니다. '하나님을 독점적으로 이해한다고 생각하는 사람들의 잘못된 신앙이 있다.' 내 생각과 하나님의 생각 가운데 내 생각이 옳다, 이것입니다. 하나님께서도 내 생각과 같으실 것이라고 넘겨짚는 것입니다. 하나님께서도 나 자신과 다를 것이 없다고 판단하는 것입니다. 더 나아가 자신의 의견에 집착해서 하나님께서 내 뜻에 공감하지 않으시면 하나님께서 배신을 하셨다고 생각합니다. 마음에 안 드는 것입니다. '하나님께서는 왜 나의 이 분명한 사정을 모르고 계시는가?' 하는 것이지요. 여러분, 이거 잘못입니다.

그런고로 이제는 자기 자신의 뜻을 버려야 합니다. 나 자신의 고집, 나 자신의 판단, 나 자신의 지혜를 완전히 포기해야 합니다. 예수님께서 겟세마네 동산에서 하신 기도의 내용을 여러분이 잘 아십니다. "내 뜻대로 마옵시고……" 이 점이 중요합니다. '하나님의 뜻대로'가 아닙니다. '내 뜻대로 마옵시고'입니다. 내 뜻을 포기하는 것입니다. 내 계획을 포기하고, 내 판단과 내 지식을 포기하는 것입니다. 그리고 다 하나님께 맡기라는 것입니다. '내 뜻대로 마옵시고 하나님의 뜻대로……' 그러니까 하나님께 전가한다는 말은 무엇입니까? 먼저는 기도한다는 것입니다. 하나님 앞에 간절히 기도하고, 그 다음에는 순종하는 것입니다. 하나님 말씀대로 순종하는 것입니다. 여러분이 하나님 말씀대로 순종했으면 나머지는 하나님께서 책임지십니다.

가끔 이런 젊은이들을 만나보았습니다. 어머니는 이 사람하고 결혼하라고 그러시는데, 그 어머니의 뜻을 저버리고 자기 마음대로 다른 사람하고 결혼한 젊은이들 말입니다. 심지어는 "가족과의 인연을 끊더라도 나는 이 사람하고 하겠습니다!" 하고 고집을 부려서 자기 뜻대로 결혼한 젊은이들 말입니다. 잘못된 일입니다. 나중에 다들 저를 찾아와 울면서 하소연합니다. "이럴 줄 알았으면 부모님께 효도라도 할 걸, 제가 잘못했습니다." 그러면서 우는 것을 보았습니다. 자기 뜻대로 했으면 스스로 책임져야지요. 이제는 부모님께 한 마디 섭섭하다는 말조차 할 수가 없습니다. 왜요? 자기 뜻대로 했으니까요. 자기 뜻대로 한 일에 대해서는 스스로 책임져야 되는 것입니다. 부모님의 뜻대로 했으면 부모님이 책임져야 되는 거고요. 그러니까 이제 하나님의 뜻대로 하셨으면 하나님께서 책임을 지실 것입니다. 그리고 나는 평안합니다. 책임이 없는 것이 참 평안입니다.

제가 원로목사 된 지가 벌써 14년입니다. 많은 분들이 물어오십니다. "목사님, 요즈음 예전보다 더 바쁘신 것 같은데, 목사생활이 어떠세요?" 그러면 제가 대답하는 말이 있습니다. "무책임하게 바쁩니다." 이 원로목사가 좋은 것이 뭔 줄 아십니까? 오늘도 제가 충주와 울산에 갔다가 토요일에 돌아올 예정입니다. 아무리 바빠도 책임지는 일이 하나도 없습니다. 여러분, 하나님께서 하나님의 뜻대로 하셨으면 하나님께서 책임지십니다. 하나님께서 아브라함에게 말씀하십니다. "내 고향과 친척을 떠나라." 떠났습니다. 그러니 이제는 하나님께서 책임지셔야지요. "네 사랑하는 독자 이삭을 바쳐라." 바쳤습니다. 그럼 이제 하나님께서 책임지십니다. 하나님께 책임전가를 하고 나는 자유로워지는 것입니다. 이 얼마나 중요한 이야기입니까. 부모님의 뜻을 따른 사람은 자기 책임이 없습니다. 이제부터는 부모의 책임입니다. 하나님의 뜻을 따라서 사는 사람은, 하나님의 뜻에 순종한 사람은 그 심령이 자유롭습니다. 이것이 바로 스트레스로부터 벗어날 수 있는 길입니다.

뿐만 아니라, 약속을 확인하게 됩니다. 하나님의 약속을 따르고, 하나님의 약속을 따라서 오늘을 삽니다. 그럴 때에 항상 먼 뒷날, 그 영원한 앞길이 환하게 보이는 것입니다. 그뿐 아니라, 그 신앙간증은 이렇습니다. "의인의 요동함을 영원히 허락하지 아니하시리로다." 여러분, 이걸 잊지 말아야 합니다. 내게 어떤 소원이 있고, 내게 어떤 간절함이 있다 하더라도 하나님의 의가 먼저입니다. '의인의 요동함을 허락하지 아니하시는 하나님. 그런고로 하나님의 뜻은 반드시 이루어지이다. 내 뜻이 아닌 하나님의 뜻이 이루어지이다.' 내 의견이나 내 소원은 다 묵살돼도 괜찮습니다. '주의 뜻만 이루어지이다.' 이렇게 함으로써만 스트레스로부터 벗어날 수 있습니다. 자유할 수 있습니다. 하나님의 뜻이 이루어지이다! 마태복음 6장 33절은 말씀합니다. "그 나라와 그 의를 구하라 그리하면 이 모든 것을 더하시리라." 하나님의 뜻이 이루어진 다음에야 내 뜻이 이루어집니다. 하나님의 뜻 안에서 내 뜻이 이루어지는 것입니다. 하나님의 의를 거역하고, 의를 떠나고, 진리를 떠나고…… 아닙니다. 고린도전서 13장은 말씀합니다. "진리와 함께 기뻐하고……" 사랑은 단순한 로맨스가 아닙니다. 진리 안에 있는 것입니다. 우리의 소원과 우리의 모든 역사는 하나님의 뜻 안에 있는 것입니다. 이걸 잊지 말아야 합니다.

빌립보서 4장 6절은 말씀합니다. "아무것도 염려하지 말고 모든 기도할 것을 기도와 간구로 너희 구할 것을 감사함으로 아뢰라 그리하면 모든 지각에 뛰어난 하나님의 평강이 너희를 지키시리라." 오늘도 우리는 새로운 마음으로 기도할 것입니다. 주의 뜻이 이루어지이다, 할 때 모든 번민과 고통 속에서 벗어날 수 있습니다. 아니, 벌써 이루어지고 있습니다. 주의 뜻이 이루어지고 있습니다. 거기에 내가 함께해야 합니다. 거기에 편승하고, 거기에 동참할 때 우리의 심령은 자유로워집니다. 주의 뜻이 이루어지이다! △

모든 말씀으로 살리라

내가 오늘 명하는 모든 명령을 너희는 지켜 행하라 그리하면 너희가 살고 번성하고 여호와께서 너희의 조상들에게 맹세하신 땅에 들어가서 그것을 차지하리라 네 하나님 여호와께서 이 사십 년 동안에 네게 광야 길을 걷게 하신 것을 기억하라 이는 너를 낮추시며 너를 시험하사 네 마음이 어떠한지 그 명령을 지키는지 지키지 않는지 알려 하심이라 너를 낮추시며 너를 주리게 하시며 또 너도 알지 못하며 네 조상들도 알지 못하던 만나를 네게 먹이신 것은 사람이 떡으로만 사는 것이 아니요 여호와의 입에서 나오는 모든 말씀으로 사는 줄을 네가 알게 하려 하심이니라 이 사십 년 동안에 네 의복이 헤어지지 아니하였고 네 발이 부르트지 아니하였느니라 너는 사람이 그 아들을 징계함 같이 네 하나님 여호와께서 너를 징계하시는 줄 마음에 생각하고 네 하나님 여호와의 명령을 지켜 그의 길을 따라가며 그를 경외할지니라

(신명기 8 : 1 - 6)

모든 말씀으로 살리라

한 젊은 목사님의 절절한 간증이 있습니다. 농촌에서 목회를 하는 분입니다. 자기 집에서 교회까지 가려면 논두렁을 지나가야 합니다. 하루는 이 젊은 목사님이 논두렁을 지나가고 있었습니다. 그 논두렁 옆에는 땅을 파서 방을 만들고 거기에 지붕을 씌워놓은 한 움막집이 있었습니다. 한데 그 움막집에서 난데없이 신음소리가 들려오는 것이었습니다. 그래서 목사님이 그 움막집의 문을 열고 안을 들여다보았더니 웬 젊은 청년이 각혈로 방바닥에 피를 쏟아놓고는 연신 기침을 하면서 괴로워하고 있었습니다. 하도 측은해서 목사님이 그 청년에게 이게 어떻게 된 일이냐고 물었더니, 아내는 돈 벌러 나갔고, 자기는 폐결핵 3기 환자로 혼자 집에 있는데, 가끔 이렇게 기침이 나고 발작을 한다고, 그럴 때마다 각혈을 하게 된다는 것이었습니다. 그 불쌍한 모습을 보고 목사님이 큰 결심을 합니다. '내가 이 사람을 한번 구원해보겠다!' 그래 정성을 다해 떡도 사다주고, 설렁탕도 사다주면서 여러 가지로 그 환자를 돌보았습니다. 뿐만 아니라, 서울에 있는 자기 친구 의사한테 부탁해서 폐결핵 환자들이 먹는 약을 얻어다가 부지런히 가져다주었습니다. 이렇게 날마다 그를 정성을 다해 돌보았습니다. 그렇게 6개월 정도 돌보고 났을 때 마침내 병이 거의 다 나았습니다. 그래 이제는 더 갈 필요가 없다고 생각하여 헤어지게 됩니다. 그때 목사님은 한 가지 빠트린 것이 생각났습니다. 예수 믿으라, 교회 나오라는 말을 안 한 것이었습니다. 하지만 이러고 말았습니다. '내가 정성을 다해서 병이 나았으니, 저도 사

람인데, 내가 목사인 줄 아니까 언젠가는 교회에 나오겠지.'

그해 겨울이 되었습니다. 한창 추울 때입니다. 그 청년의 부인이 교회로 목사님을 찾아왔습니다. 그 첫마디가 이랬습니다. "당신이 내 남편을 죽였소!" 이게 무슨 말입니까? 다 죽어가는 사람을 온 정성을 다해서 살려놓았는데, 죽이다니요? 부인이 말합니다. "저 사람이 환자로 있을 때에는 그런대로 좋은 남편이었어요. 제가 밤에 집에 돌아오면 수고했다고, 자기 때문에 수고가 많다고 서로 위로하면서 살았어요. 우리는 그렇게 사랑하는 사이였어요. 그러니까 그 사람, 그런대로 좋은 남편이었어요. 한데 병이 나아서 건강해지니까 나가서 술 먹고 돌아다니며 못된 짓 하다가 그만 얼어 죽었어요. 그러니 당신이 내 남편을 죽인 거예요." 여러분은 어떻게 생각하십니까? 병든 때에는 그런대로 괜찮은 남편이었는데, 건강해지고 나니까 그 모양이 돼서 아내에게 폭언을 할 뿐만 아니라, 온갖 못된 짓을 다 하다가 마침내는 그렇게 죽었다, 이것입니다.

이 목사님의 간증은 이렇습니다. 사람이 떡으로만 사는 것이 아닌데, 그에게 말씀을 주고, 그에게 성령의 역사를 주고, 그래서 예수를 믿도록 했어야 됐는데, 예수를 믿으라는 말 한마디를 하지 않았던 게 문제였다고요. 그저 이렇게 잘 돌보면 은연중에 마음으로 믿고 주님 앞에 나올 줄 알았는데, 아니었던 것입니다. 말씀을 전하지 않았고, 예수를 믿으라는 말 한마디를 하지 않은 것을 목사님이 그렇게 후회하더라, 이것입니다.

기독교는 말씀의 종교입니다. 말씀은 계시의 사건입니다. 들리는 말만이 아닙니다. 그래서 성경은 처음부터 말씀합니다. 하나님께서는 말씀으로 천지를 창조하셨다고요. 말씀은 창조의 힘이요, 생명력입니다. 이것을 잊지 말아야 합니다. 하나님께서는 말씀으로 천지를 창조하셨고, 선지자들의 입을 통하여 계속 말씀하셨고, 마침내는 예수 그리스도께서 '말씀이 육신이 되어' 우리 가운데 오십니다. 말씀의 본체로 오셔서 말씀을 증거하십니다. 그리고 계속 말씀하십니다. 말씀은 적극적입니다. 말씀은 행동적입니다. 말씀은 효과적입니다. 말씀은 창조적입니다. 말씀으로 천지가 창조되고, 말씀으로 질서가 유지되고, 말씀으로 역사가 다스려지고, 말씀으로 사람이 구원을 받습니다. 말씀의 종교, 이것이 바로 기독교의 본체입니다.

이스라엘 백성들이 애굽에서 나와 홍해를 건너 광야로 들어가 40년 동안 방랑생활을 합니다. 이 홍해를 가리켜 사도 바울은 고린도전서 10장에서 '바다의 세례'라고 말합니다. 이스라엘 백성은 바다 밑으로 들어가서 광야로 나아갑니다. 그러니 홍해는 옛 생활의 무덤인 셈입니다. 새 생활의 출발점입니다. 그러니 '바다의 세례'란 이에 대한 아주 깊은 해석입니다. 그리고 광야생활의 특징 가운데 하나가 만나를 먹은 것입니다. 영원한 수수께끼입니다. 신비로운 일입니다. 많은 사람들이 이것을 과학적으로 증명해보려고 애썼습니다. 여러 가지 설명과 해석이 있습니다. 하지만 이것은 우리가 알 수 있는 성격의 문제가 아닙니다. '하늘에서 만나라고 하는 떡 가루가 내려왔다. 그것도 밤중에, 새벽에 내려오고, 아침에 나가서 사람들이 걸어다가 이걸 가지고 빵을 만들어 먹었다.' 40년 동안 광야생활을 하는 동안 이스라엘 백성들은 농사를 짓지 않았습니다. 하나님께서 농사를 짓지 말라고 이르셨기 때문입니다. 그래 그들은 하늘에서 내려오는 떡을 가지고 먹고 살았습니다. 그런 다음 비로소 요단강을 건너서 가안 땅으로 들어갈 수 있었습니다. 그러니까 그들이 가나안 땅으로 들어갈 때 만나는 끝난 것입니다.

하늘로부터 내려온 떡, 여기에는 상징적이고 예표적인 중요한 의미가 있습니다. 오늘본문은 누누이 이 성격을 말씀해줍니다. 이 양식은 하늘로부터 오는 것입니다. 하늘로부터 왔다는 것이 중요합니다. 우리가 먹고 사는 모든 양식도 실은 다 하늘로부터 온 것입니다. 왜요? 비가 와야 되니까요. 햇빛이 있어야 되니까요. 그러니까 다 하늘로부터 오는 것입니다. 비가 있어야 양식이 있습니다. 7년만 비가 안 와보십시오. 어느 땅이든지 다 사막이 되고 맙니다. 그런고로 비는 중요합니다. 가끔은 비가 좀 지나치게 내려서 홍수가 나기도 합니다마는, 절대 비가 많이 왔다고 불평해서는 안 됩니다. 비는 생명수입니다. 비가 내려서 지하수가 되고, 우리가 그걸 길어서 마시는 것입니다. 그러니까 우리는 하늘로부터 내려오는 신비로운 약식을 먹으면서 살아가는 것입니다. 우리가 먹는 모든 양식이 땅에서 자란 것 같아도 따지고 보면 결국 햇빛을 먹고 자란 것입니다. 모든 양식은 햇빛과 함께 자랍니다.

언젠가 잡지에서 참 신비롭다고 생각되는 기사를 읽은 적이 있습니다. 과일은 맛이 있을 때도 있고, 없을 때도 있습니다. 똑같은 과일인데도 맛이 있기도 하고, 없기도 합니다. 그럼 어떤 때 맛이 있고, 어떤 때 맛이 없습니까? 햇빛을 많이 받은 과일이 맛있습니까? 아닙니다. 그렇지 않습니다. 문제는 햇빛에 있는 것이 아닙니다. 물론 햇빛은 햇빛대로 필요합니다. 햇빛을 받는 과일의 입장에서는 일조의 차이가 있어야 됩니다. 밤에는 춥고, 낮에는 더워야 합니다. 이런 일조의 차이로 말미암아 그 과일 안에 있는 분자가 추위와 더위를 반복하여 겪으면서 좋은 맛을 내는 과일이 되는 것입니다. 아주 상식적인 이야기지만, 너무나 신기하지 않습니까. 그러니까 과일도 고생을 좀 해야 좋은 과일이 되더라, 이것입니다. 사람도 그렇습니다. 좀 특별하고 극단적인 경험이 있어야 합니다. 순탄한 경험은 아무 의미가 없습니다. 다양한 경험을 하면서 인간이, 인격이 변화되어가는 것입니다. 우리가 땅에서 양식을 얻는 것 같지만, 사실 양식은 하늘로부터 오는 것입니다.

또한 일용할 양식입니다. 하나님께서는 어찌 보면 좀 인색하신 것 같기도 합니다. 이왕 주시려거든 일 년 먹을 것을 한번에 다 주셔서 아예 쌓아놓고 마음 편히 먹게 해주시면 좋겠는데, 날마다 거두어들여야 되게 하셨습니다. 게다가 조금만 많이 거둬들이면 남은 게 다 썩어버립니다. 다음날 먹을 수가 없습니다. 그저 어김없이 날마다 거둬들이게 하셨습니다. 더 재미있는 것은 안식일이 되면 이스라엘 백성이 일을 하지 않게 하시려고 그 전날에 평소의 배로 거둬들일 수 있도록 하셨습니다. 그렇게 거둬들인 것은 안식일이 되어도 썩지 않았습니다. 참 오묘하지 않습니까. 하여튼 모든 사람이 날마다 양식을 거두어 먹도록 하셨다, 이것입니다. 일용할 양식, 참 중요하지 않습니까. 일용할 양식을 날마다, 날마다 거둬들인다, 그렇게 산다…… 이것이 생명의 근원입니다.

하나님께서는 우리를 계속 하나님과 하나님의 은총을 의지하여 살아가도록 만드셨습니다. 우리가 '일용할 양식'이라고 합니다마는, 날마다 새로운 음식을 만들어 먹어야 됩니다. 요새도 우리가 잘 아는 바와 같이 음식을 날마다 만들어 먹어야 신선하고 좋은데, 게을러 빠져서 냉장고를 들락날락 하는 동안 다 좋지 않게 된 음식을 먹고 삽니다. 그러다 병드는 것입니다. '일용할 양식'이 중요합니다.

그런데 만일 일 년을 하루라고 생각한다면 해마다 하나님께서 양식을 주셔야 됩니다. 해마다 풍년을 주셔야 우리가 먹고 삽니다. 이것이 일용할 양식입니다. 계속적으로 하나님의 은총을 입고야 살아갈 수 있다는 이것이 얼마나 귀한 일입니까. 날마다 먹어야 되는데, 가끔 어떤 분들은 이런 이야기를 합니다. 날마다 시장에 나가서 장을 봐다가 음식을 만들고, 설거지하고 하다보니 '아이고, 한 달에 한 번 먹으면 안 되나? 그런 방법이 없을까?' 하고 생각하게 된다는 것입니다. 아닙니다. 그러면 살 재미가 없습니다. 먹는 재미가 얼마나 좋은 것인데요? 그래서 계속 먹도록, 계속 먹어야 살도록 만들어주신 것입니다. 일용할 양식, 참 신비로운 의미입니다.

그런가 하면 이 양식은 '충분한' 양식입니다. '만족한' 양식이 아닙니다. 우리는 인간적인 욕망으로 조금이라도 더 가지고 싶고, 더 잘 먹고 싶어 합니다. 하지만 하나님께서는 그런 것, 원하지 않으십니다. **Sufficient Bread**, 충분한 양식입니다. 만나는 충분한 양식이었지, 만족한 양식은 아니었습니다. 하나님께서는 우리가 만족하기보다는 충분한 데에서 만족하기를 바라십니다.

그런고로 하나님께서 하늘로부터 주시는 양식에 대한 감사의 마음이 있어야 합니다. 겸손한 마음으로 이 은혜를 받아 들여야 됩니다. 사실 알고 보면 이 양식의 문제는 우주적인 사건입니다. 사람이 떡으로만 사는 것이 아닙니다. 오늘본문인 신명기서가 말씀하고, 또 예수님께서 광야에서 시험을 받으실 때에 이 말씀을 인용하십니다. '사람이 떡으로만 사는 것이 아니라, 하나님의 모든 말씀으로 사는 것이니라.' 사람이 말씀으로 사느냐, 떡으로 사느냐? 심각한 문제입니다. 칼 마르크스는 이렇게 말했습니다. '사람의 문제는 물질이요, 물질의 문제는 빵이다. 그런고로 빵을 주어 모두가 똑같이 빵을 먹게 되면 모든 사람의 마음이 똑같아질 것이다. 착해질 것이다.' 하지만 아니었습니다. 사람이 빵으로 사는 것이 아니거든요. 이것이 공산주의의 결정적 실패입니다. 성경은 말씀합니다. '사람은 하나님께서 주시는 말씀으로 산다.' 영적 존재의 생명을 먼저 말씀합니다. 깊이 생각해야 합니다. 이거 우주적인 사건입니다. 예수님께서 광야에서 40일 동안 금식하십니다. 그러고 나서 사탄의 시험을 받으십니다. 사탄이 말합니다. '돌로 떡을 만들어 먹으라.' 마귀의 시험을 받을 때 다시 한 번 생각합시다. 40일 금식하신 그 절박한 시간에도 예수님께서는 말씀하셨습니다. '사람이 떡으로만 사는 것이 아니요, 하나님의 말씀으로 산다.' 잊지 말아야 합니다. 어떤 가난에도, 어떤 절절한 형편에도 말씀이 먼저입니다.

다들 아시겠지만, 저는 1963년도에 미국으로 공부하러 갔습니다. 그때 미시간 주의 유니온 벨이라는 곳에서 부활절 휴가를 보낸 적이 있습니다. 그때 그 모레비안 교파의 목사님 댁에서 일주일을 지냈는데, 참 좋은 경험을 했습니다. 그들이 매우 철저하게 지키는 것이 있습니다. 식사할 때마다 옆에 성경책을 놓고 말씀 한 절을 읽는 것입니다. 아무리 바빠도 빠트리지 않습니다. 그때그때 지정해놓은 말씀이 다 있습니다. 그렇게 성경을 읽고 나서야 식사를 시작합니다. 성경을 읽지 않고는 절대 식사를 못합니다. 제가 그걸 이런 생각을 했습니다. '아, 참 이거 모레비안 교파, 이분들 참 철저한, 정말 훌륭한 신앙의 사람들이구나!' 말씀이 먼저입니다. 밥보다 말씀이 먼저입니다. 우리는 세상을 떠날 때에도 오직 말씀에 의지해야 합니다. 사람이 떡으로만 사는 것이 아닙니다. 경제 문제가 아닙니다.

'문제는 말씀이다. 말씀으로 산다.' 사람은 말씀으로 산다는 것을 꼭 잊지 말아야 합니다.

빌리 그레이엄 목사님은 지금 97세쯤 되셨는데, 일생을 통틀어 아침마다 먼저 시편을 다섯 편씩 읽고 하루를 시작하신다고 합니다. 시편이 150편이거든요. 다섯 편씩 읽으면 한 달이면 다 읽습니다. 왜요? 하나님과 나와의 관계를 정립하기 위해서, 하나님과 나와의 관계를 바로 하기 위해서 시편 다섯 편을 읽는 것입니다. 그리고 바로 이어서 잠언 한 장을 읽는다는 것입니다. 잠언은 모두 30장이거든요. 한 장씩 읽으면 한 달이면 다 읽습니다. 그것은 또 왜입니까? 사람과의 관계를 바로하기 위해서 잠언을 읽는다는 것입니다. 그가 간증하기를, 자기는 일생동안 하루도 빠짐없이 아침마다 시편 다섯 편과 잠언 한 장을 읽고, 그런 다음 나머지 성경을 본다는 것입니다. 중요한 이야기입니다.

제가 잘 아는 친구 목사가 한 분이 있는데, 먼저 세상을 떠났습니다. 생전에 몇 번 수술을 받았습니다. 그렇게 몸이 좀 불편할 때 저를 만났습니다. 그때가 한 80됐을 때입니다. 만나니까 이런 이야기를 하더라고요. "곽 목사, 내가 요새 성경만 보거든. 아무래도 얼마 안 남은 것 같아서 텔레비전도 보지 않고, 신문도 보지 않고, 그저 시간과 건강이 허락하는 대로 앉아서 하루 종일 성경을 본다네." 아, 그거 참 좋더라고요. 성경을 그렇게 많이 하루 종일 읽어봤더니, 한 평생 목사로 살아왔는데도 성경에 그렇게 좋은 말씀이 많은 줄 몰랐다고 하는 것입니다. 이제 나이 80이 돼서 죽음을 앞두고 성경을 읽어보았더니 구구절절이 너무나 귀한 말씀이더라, 이것입니다. 진작 좀 이랬더라면 지난날 훨씬 더 설교를 잘했을 것 같다는 것입니다. 우리가 잘 아는 맥아더 장군은 최일선에서도 성경 한 장을 읽지 않고는 절대 잠자리에 들지 않았다고 합니다.

하루도 빠지지 않으니 '일용할' 양식입니다. '한꺼번에 많이'는 중요하지 않습니다. 아침마다, 저녁마다 하늘의 양식을 받아야 합니다. 이 양식이 아니면 내가 바로 살 수가 없기 때문입니다. 이 양식이 아니면 오늘은 내가 승리할 수 없기 때문입니다. 하늘로부터 오는 이 양식을 받고, 이 말씀에 깊이 들어갈 때 비로소 중생의 역사가 이루어집니다. 성화의 역사가 이루어집니다. 나를 향한 하나님의 사랑을 또 확인 하게 됩니다. 성경을 읽을 때마다 가장 중요한 것은 '내가 너를 사랑하노라!' 하는 말씀이 들려와야 한다는 것입니다.

칼 바르트는 말합니다. '하나님의 말씀이 성경 안에서 나를 기다린다.' 성경을 읽어야 말씀을 만날 것 아닙니까. 성경을 읽어야 하나님의 말씀을 접할 수 있습니다. 말씀의 핵심은 이것입니다. '내가 너를 사랑하노라!' 그 음성이 들릴 때까지 그런 마음으로 읽어야 합니다. 일용할 양식입니다. 너무 많이 보려고 하지도 말고, 너무 욕심을 부리지도 말고, 그저 날마다 일용할 양식을 먹듯이 하나님의 말씀을 읽어 나가면, 말씀을 읽는 가운데 하나님께서 나를 향하신 약속의 나라, 하늘나라가 보일 것입니다. 하늘 문이 열리는 것을 볼 수 있을 것입니다. 그리고 언젠가 우리가 세상을 떠나 하나님 앞에 갈 때에도 이 말씀을 기억하며, 내가 한평생 외우던 말씀, 내가 사랑하던 그 말씀을 마음으로 외우면서 갈 것입니다. 말씀으로 말미암아 구원을 받았고, 말씀의 길을 인도받아서 주님 앞에 나아갈 것입니다.   △

주의 길을 예비하라

요한이 요단 강 부근 각처에 와서 죄 사함을 받게
하는 회개의 세례를 전파하니 선지자 이사야의 책에
쓴 바 광야에서 외치는 자의 소리가 있어 이르되 너
희는 주의 길을 준비하라 그의 오실 길을 곧게 하라
모든 골짜기가 메워지고 모든 산과 작은 산이 낮아지
고 굽은 것이 곧아지고 험한 길이 평탄하여질 것이요
모든 육체가 하나님의 구원하심을 보리라 함과 같으
니라 요한이 세례 받으러 나아오는 무리에게 이르되
독사의 자식들아 누가 너희에게 일러 장차 올 진노를
피하라 하더냐 그러므로 회개에 합당한 열매를 맺고
속으로 아브라함이 우리 조상이라 말하지 말라 내가
너희에게 이르노니 하나님이 능히 이 돌들로도 아브
라함의 자손이 되게 하시리라 이미 도끼가 나무 뿌리
에 놓였으니 좋은 열매 맺지 아니하는 나무마다 찍혀
불에 던져지리라

(누가복음 3 : 3 - 9)

주의 길을 예비하라

지금 우리는 추운 겨울을 지나가고 있습니다. 점점 더 추워질 것입니다. 그러나 농사일을 하는 사람들은 벌써 내년 봄을 생각하며 겨울 동안 그 봄에 농사할 일을 준비합니다. 여러분, 농사해보셨습니까? 저는 농촌 태생이라 농사에 대한 경험이 많습니다. 농사를 잘하는 사람은 겨울 동안 봄을 위해 많은 것을 부지런히 준비합니다. 농사라면 역시 씨 뿌리는 일이 중요합니다. 좋은 씨를 뿌려야 합니다. 가장 좋은 씨를 뿌려야 합니다. 그러나 그보다 먼저 해야 될 일은 옥토를 마련하는 것입니다. 먼저 질 좋은 토양을 준비하지 못하면 그 귀한 종자는 다 버리게 됩니다. 그 유명한 '씨 뿌리는 비유'를 생각해보십시오. 분명히 좋은 종자입니다. 이것은 복음입니다. '생명의 복음, 좋은 종자가 있지마는, 이 종자를 길가와 같은 마음, 돌짝밭과 같은 마음, 가시덤불과 같은 마음에 뿌리면 제대로 거둘 수가 없다. 종자가 싹이 날 수 없고, 열매를 맺을 수 없기 때문이다.' 예수님께서 농사의 이치에 빗대시어 이렇게 귀한 말씀을 우리에게 주셨습니다. 그런고로 종자도 중요하지만, 그 다음으로 중요한 것은 옥토입니다. 옥토와 같은 마음, 옥토와 같은 인격이 준비되어야 이 귀한 종자가, 이 복음이 생명력을 나타낼 수 있다, 이것입니다. 예수님 말씀입니다. 그 옛날, 예수님께서 오시기 6백 년 전에 선지자 예레미야는 이렇게 외쳤습니다. '너희는 묵은 땅을 갈고 가시덤불 속에 파종하지 마라.' 이 얼마나 절절하고 귀한 말씀입니까.

'인간은 생각하는 갈대다.' 유명한 파스칼의 말입니다. 역시 사람은 갈대처럼 약합니다. 그러나 생각을 하기 때문에 거기에 인간의 고귀함이 있는 것입니다. 생각하는 갈대, 이 생각에 문제가 있습니다. 생각의 가장 무서운 병은 생각의 습관입니다. 생각하고 행동합니다. 행동이 반복됩니다. 반복되면 습관이 됩니다. 습관이 되면 문화가 됩니다. 그 다음에는 성품이 됩니다. 그 다음에는 운명이 됩니다. 그리고 세계관이 됩니다. 이렇게 되면 고치기 어렵습니다. 문제의 심각성이 여기에 있습니다. 이 모든 변화는 자연현상입니다. 다시 말하면 무의식적으로 이루어진다는 것입니다. 생각하고 말하고 행동하고 반복되고 성품화되는 것, 생각하고 하는 일이 아닙니다. 자연스럽게 이루어지고, 무의식적으로 이루어집니다. 그러면서 고정관념화되고, 자기도 모르게 자기 철학, 자기 고집에 빠지게 됩니다. 이것이 가장 무서운 일입니다.

제임스 오툴의 저서에 「변화를 이끌어 가기」라는 유명한 책이 있습니다. 이 책에서 그는 사람들이 변화되는 과정을 무려 33가지로 설명합니다. 일일이 설명을 드리지는 않겠습니다. 가장 중요한 것은 사람은 변화가 올 때 그 변화로 말미암은 불이익을 먼저 생각하기 때문에 변화하기를 싫어한다는 점입니다. 변화함으로써 손해를 볼 수 있을 것 같으니까 변화를 싫어하는 것입니다. 또 하나는 습관의 불균형을 이루는 것입니다. 지금까지 살아온 생활에서 새로운 변화가 생기면 그것과 낡은 것 사이에 부조화가 이루어지면서 여러 가지 어려운 일이 생기리라고 미리 걱정을 하는 것입니다. 그러면 변화할 수가 없습니다. 더 중요한 것은 이런 변화의 마지막 종착점, 마지막 목적지에 대한 불안입니다. '이렇게 변화하면 반드시 잘 될 것인가? 이렇게 하면 반드시 성공할 것인가?' 그러니까 보장받을 수가 없는 것입니다. 그래서 변화하기를 싫어하는 것입니다. '낡은 것이 좋아. 살던 대로 사는 것이 좋아.' 이런 고정관념에 빠지게 된다는 것입니다.

세례 요한은 그래서 예수님보다 6개월 먼저 왔습니다. 그리고 광야에서 외칩니다. "주의 길을 예비하라!" 생각이 먼저라는 말입니다. 경험이 먼저가 아닙니다. 생각 없이 경험에 부딪히면 사실상 그것은 경험도 아닙니다. 그냥 사건일 뿐입니다. 그것이 내게 들어와서 사건이 되고, 철학이 되고, 내 인생이 되려면 생각이 먼저 가야 합니다. 생각 없이 경험하는 것은 경험이 아닙니다. 그것은 동물적인 반사일 뿐입니다. 사람은 생각하고 경험하면서 또 생각을 하게 되는데, 생각이 먼저 가야 됩니다.

제가 예전에 목회할 때 교회 가까이에 볼링장이 있었습니다. 그래서 건강을 위해 운동을 하기는 해야겠어서 무슨 운동을 할까 하다가 볼링을 치기로 하였습니다. 한 20년 열심히 쳤습니다. 그 결과로 실력이 꽤나 늘어서 3백 점을 무려 12번을 하게까지 되었습니다. 볼링을 하는 사람들은 이게 무슨 말인지 아실 것입니다. 3백 점은 Perfect game을 의미합니다. 누구나 한 번쯤은 꼭 해보고 싶어하는 것입니다. 그 정도로 제가 볼링을 아주 잘했습니다. 심지어 프로선수들하고도 볼링을 쳐봤으니까요. 우리 부목사님들하고도 같이 볼링을 쳐보는데, 젊은 분들인데도 3백 점 치는 사람은 아무도 없습니다. 그래 그분들이 저한테 물어봅니다. "목사님, 저희는 왜 잘 안 될까요? 우리는 젊고 힘도 있는데, 왜 안 될까요?" 그러면 제가 간단하게 답합니다. "공부해라!" 그리고 제가 볼링교본 한 권을 사서 줍니다. "먼저 공부부터 해라. 공부하고 쳐야지, 공부도 하지 않고 멍청하게 몸부터 움직인다고 되는 줄 아느냐? 그런 일은 세상에 없어. 공부가 먼저다.” 무엇입니까? 예비해야 한다는 것입니다. 생각이 먼저 가야 되는 것입니다. 공부해야 됩니다. 그리고 사건을 만나야지, 공부 없이는 안 되는 것입니다. 제가 그런 분들 많이 만나봅니다. 상담도 받고요. 결혼해가지고 살다가 “아, 이거 이럴 줄 몰랐습니다!” 하는 것입니다. 그래 가만히 듣다가 “그럴 줄 몰랐소?” 하면 몰랐다고 답합니다. 그러니 공부해야지요. 결혼도 공부해야 됩니다. 남자라는 것이 어떤 동물인지 알아야 합니다. 공부한 다음 결혼해야지요. 여자는 도대체 뭘 좋아하는지 알고 결혼해야지요. 무턱대고 결혼부터 먼저 해놓으니까 새로운 경험에서 오는 충격으로부터 벗어나지 못하는 것입니다.

생각이 먼저 가야 됩니다. 놀랍게도 예수님께서 세상에 오시기 전에 신학자들이 공통적으로 이렇게 말했습니다. ‘하나님께서는 예수님이 오시기 전에 벌써 길을 닦아놓으셨다. 미리 준비를 시키신 것이다. 로마정치, 헬라 철학, 히브리 종교, 이 세 가지를 다 준비해놓으시고, 그 다음에 예수님께서 오셨고, 복음이 전파된 것이다.’ 아주 공통적으로 다 인정하는 바입니다. 그런고로 성경을 봅니다. 헤롯의 정치적 고집 때문에 헤롯은 예수님을 영접할 수가 없었습니다. 예수를 만나고 싶어 했고, 예수를 두려워했습니다. 그러나 예수를 영접할 수는 없었습니다. 정치적 고집 때문입니다. 그런가 하면 바리새교인의 위선, 그 고정화된 위선적 자세가 예수님을 영접할 수 없게 했습니다. 제사장들은 자기들이 오랫동안 누려온 기득권을 포기할 수가 없어서 결국은 예수를 십자가에 못박을 수밖에 없었다, 이것입니다. 무슨 의미합니까? 동방박사들이 와서 메시아 예수님께서 오셨다는 소식을 알려주지 않았습니까. 또 그 메시아 예수님이 베들레헴에서 나시리라는 것까지도 알고 있었습니다. 한데도 예수님을 영접할 생각을 하지 않았습니다. 그리고 아기 예수를 죽일 생각을 합니다. 왜 그래야 했겠습니까? 기득권을 버리지 못했기 때문입니다. 그 마음이 돌짝밭이고, 가시밭이었기 때문이다, 이것입니다. 그런고로 이렇게 외칩니다. "회개하라. 회개하라. 깨끗한 마음으로, 마음을 비워가지고 예수님을 맞이하라." 사실 이것은 대단히 중요한 신학적 문제입니다. 온전한 회개 없이 그리스도를 영접하면 이상한 현상이 일어납니다.

한국교회에서도 두 가지가 있습니다. 하나가 무속적 기독교입니다. 예수를 믿기는 믿는데, 무당기가 덜 빠진 것입니다. 제가 제일 싫어하는 것이 무엇인지 아십니까? 결혼날짜를 어디서 정해가지고 와서 저보고 주례해달라는 것입니다. 꼭 어디 가서 묻고 다닙니다. 좋은 게 좋은 거지 뭐, 하면서요. 여기서도 좋고, 저기서도 좋고……이게 도대체 무슨 짓입니까. 저한테 결혼주례를 부탁하실 때는 그런 식으로 날짜를 정해오지 마십시오. 어디서 날짜를 딱 받아와서 반드시 그날 그 시간에 해야 한다는 사람은 수상한 사람입니다. 이것이 무속적 기독교입니다. 무당기가 많은 것입니다.

제가 언젠가 서교동교회에 가서 부흥회를 한 일이 있었습니다. 하도 시끄러운 아주머니가 있어서 그 교회 담임목사님께 물어보았더니 하시는 말씀이 그 아주머니 못 말린답니다. 3년 전까지 이 서교동 일대에서 유명한 무당이었답니다. 그런 사람이 어찌어찌 예수를 믿게 되어 저렇게 새벽기도에 나오는데, 그때마다 찬물로 목욕재계를 하고 소복을 입고 나온답니다. 아주 열심입니다. 기도에도 열심입니다. 그 목사님 해석이 참 재미있습니다. "아직 무당기가 덜 빠져서 시끄러우면 정신이 들고, 조용하면 잡니다." 자세히 보니까 정말 그렇습니다. 찬송 부를 때도 열심이고, 기도할 때도 열심입니다. 한데 정작 설교시간이 되면 잠드는 것입니다. 이것이 무당입니다. 교회 나오는 무당입니다. 여기에 문제가 있습니다. 그러니까 깨끗하게 비워가지고 예수를 믿어야지, 무당 더하기 예수라니, 이게 말이 됩니까.

그런가 하면, 같은 말인데, 혼합주의라는 것도 있습니다. 여러 가지가 한데 섞여서 돌아가는 것입니다. 기독교, 불교, 유교를 혼합합니다. 소위 지성인들 가운데 이런 교인이 많습니다. "기독교, 좋은 종교지요." 이래가면서 성경도 보고, 불경도 보고, 주역도 보고, 사서삼경도 봅니다. 그러면서 딴에는 지성인이라고 자부하는 것입니다. 하지만 거기에는 구원이 없습니다. 대개 보니까 마지막 죽기 전에 가서야 통탄하더라고요. 그런 걸 제가 많이 보았습니다. 무언가 공부 좀 한답시고 열심을 내다가 잘못 간 것입니다. 이것저것 막 하다가 종국에는 가진 것이 아무것도 없게 되는 것입니다. 마지막 세상 떠날 때 그렇게 후회하는 사람 많이 보았습니다. 여러분, 혼합주의 따위 깨끗이 버려야 합니다. 그리고 단순한 마음으로 회개하고 예수를 믿어야 됩니다. 깨끗이 부정하고, 예수를 믿어야 합니다. 골짜기를 매워야 합니다. 산봉우리를 낮추어야 합니다. 겸손해야 됩니다. 아주 겸비(謙卑)해야 합니다.

그런가 하면 굽은 것을 곧게 해야 합니다. 정직해야 하고, 순순해야 합니다. 어린아이들이 참 유치하지마는, 어느 책에서는 이렇게 말합니다. '어른들한테는 없는데, 어린아이한테는 있는 것이 세 가지가 있다. 첫째가 맑은 눈동자다.' 어린아이들의 눈동자, 정말 깨끗하지 않습니까. '또 하나는 깨끗한 피부다.' 아무리 피부미용을 해도 아이들의 피부는 못 따라갑니다. '세 번째는 무서울 만큼 확실한 기억력이다.' 아이들은 한번 들으면 절대 안 잊어버립니다. 이 순수함, 그래서 예수님 말씀하십니다. "어린아이와 같아야 천국에 간다." 어린아이와 같은 순수한 마음, 그리고 단순한 마음을 가져야 합니다. 마치 성경에 나오는 마리아처럼, 또 가버나움의 백부장처럼 "오직 말씀으로만 하소서!" 하고 말씀을 깨끗하게 받아들이는 순수함 말입니다.

오늘본문은 상징적으로 중요한 말씀을 합니다. "그의 오실 길을 곧게 하라(4절)." 첩경을 곧게 하라, 이것입니다. '호도스 트리부스', 첩경입니다. 아주 특별한 말입니다. 군사용어입니다. 요샛말로 하면 하이웨이입니다. 고속도로입니다. 운전하시는 분들은 많이 경험할 것입니다. 저도, 요새는 그런 일이 많지 않습니다마는, 옛날 비포장 도로가 많을 때 차를 타고 다니면 덜컹덜컹하고 펑크도 많이 나고, 아주 힘들었습니다. 그러다가 고속도로가 딱 나타나면 얼마나 좋은지, 그냥 쫙 달릴 수 있으니까요. 여러분의 마음속에 고속도로를 만들어야 됩니다. 주님께서 오실 수 있는 하이웨이, 고속도로가 있어야 합니다. '주님을 모시기 위해서 내 마음속에 고속도로를 준비하라!' 이것이 세례 요한의 외침입니다. 그래서 골짜기를 메워야 합니다. 탄식도 원망도 자괴감도 열등의식도 다 버리고, 깨끗한 마음으로, 순수한 마음으로 주님을 만나야 한다는 말입니다.

몇 년 전에 참 특별하고 은혜로운 기회가 있었습니다. 미국에서 달나라에 갔다온 어윈 대령을 만난 일입니다. 제가 어떤 다른 손님을 만나려고 간 곳에 마침 어윈 대령이 있었습니다. 그분도 역시 누구 다른 손님을 만나려고 왔는데, 그 손님이 좀 늦게 온 것입니다. 그래서 나하고 둘이서 한 시간을 얘기했습니다. 좋은 기회였습니다. 많은 이야기를 들었습니다. 가장 충격적인 것은 달나라에 가서 불과 몇 시간 여행을 하고 돌아왔는데, 그거 하나 준비하기 위해서 3년이나 걸렸다는 이야기였습니다. 그 3년 동안 어윈 대령은 집에도 한번 가보지 못했답니다. 먹는 것, 자는 것, 생각하는 것은 물론이고 술담배도 못하고 철저하게 훈련만 받은 것입니다. 그렇게 몸과 마음까지 단련을 받고 나서야 달나라에 갈 수 있었다는 것입니다. 여러분은 얼마나 준비하셨습니까? 준비한 만큼 은혜 받을 것입니다. 예비한 만큼 은혜 받을 것입니다.

이제 한 가지 심각한 말씀을 드립니다. 우리가 준비하지 못할 때 하나님께서는 우리를 사랑하시기 때문에 우리로 하여금 친히 준비를 시키십니다. 이 사실을 칼 바르트는 in-breaking이라는 말로 표현했습니다. '하나님께서 우리에게 오실 때에는 파괴하며 들어오신다. 내 마음을 부수고 들어오신다. 역사 속에 부수고 들어오신다.' 하나님께서는 우리 마음을 준비시키십니다. 때로는 멀쩡하게 건강한 사람이 병들기도 하고, 잘나가던 사업이 실패하기도 하고, 여러 가지 어려움이 있는 듯하지만, 하나님께서는 나를 하나님의 사람 되게 하시기 위해서 준비시키십니다. 이것이 바로 은총의 계기입니다. 잊지 말아야 합니다.

언젠가 어떤 집사님이 제게 이런 이야기를 합니다. 자기는 집사지만, 성경을 한번도 읽어본 일이 없고, 새벽기도에도 나가본 일이 없다는 것입니다. 한번도 진실하게 기도한 것 같지가 않답니다. 그래도 집사라는 말을 듣고 살았는데, 어찌어찌 일이 잘못되어가지고 그만 감옥에 들어갔답니다. 그래 3개월을 수감돼 있었습니다. 그동안 그분이 감옥에서 부흥회를 했다고 하더라고요. "제가 사람 됐습니다. 처음으로 그리스도인이 됐습니다." 이렇게 고백합니다. 내가 준비하지 못할 때 하나님께서는 나를 준비시키신다는 것을 잊지 마십시오. 하나님께서 원하시는 작품을 만들어낼 것입니다. 이것이 바로 은총의 계기입니다. 주의 길을 예비하라! 큰 고난과 절박성이라고 하는 특혜를 누리게 될 것입니다. 역사의 현장에서 주께서 우리 한 사람 한 사람의 마음의 문을 두드리십니다. '주의 길을 예비하라. 첩경을 곧게 하라. 깨끗한 마음으로 주님을 기다리라.' 그리하여 바르게 주님을 영접하게 될 것입니다. △

구주성탄의 마음

너희 안에 이 마음을 품으라 곧 그리스도 예수의 마음이니 그는 근본 하나님의 본체시나 하나님과 동등됨을 취할 것으로 여기지 아니하시고 오히려 자기를 비워 종의 형체를 가지사 사람들과 같이 되셨고 사람의 모양으로 나타나사 자기를 낮추시고 죽기까지 복종하셨으니 곧 십자가에 죽으심이라 이러므로 하나님이 그를 지극히 높여 모든 이름 위에 뛰어난 이름을 주사 하늘에 있는 자들과 땅에 있는 자들과 땅 아래에 있는 자들로 모든 무릎을 예수의 이름에 꿇게 하시고 모든 입으로 예수 그리스도를 주라 시인하여 하나님 아버지께 영광을 돌리게 하셨느니라

(빌립보서 2 : 5 - 11)

구주성탄의 마음

유대 사람들에게 전해 내려오는 특별한 전설이 하나 있습니다. 하나님께서 우주를 창조하시기 전에 천사들을 먼저 지으시고, 그 천사들과 함께 대화를 나누셨다는 것입니다. 하나님께서 천사들에게 물으셨습니다. "내가 세상을 창조하고, 가장 으뜸이 되는 피조물로 인간을 하나님의 형상으로 창조하려 하는데, 너희들의 생각은 어떠냐?" 그러자 천사들 가운데서 '거룩한 천사'라는 이름의 천사가 대답합니다. "인간을 창조하지 마십시오. 그들은 온갖 더러운 행위로 세상을 아주 망쳐버릴 것입니다. 그런고로 사람을 만들지 마십시오." 이 말을 듣고 이번에는 '빛의 천사'가 말합니다. "인간을 창조하지 마십시오. 그들은 온갖 어둠으로 하나님께서 창조하신 세상을 다 망쳐버릴 것입니다." 세 번째로 '사랑의 천사'가 이렇게 말합니다. "인간을 창조하십시오. 그럼 때로 어두워지기도 하고, 불의하기도 하고, 더러워지기도 할 것입니다. 그래도 인간들은 온갖 혼돈과 고난 속에서 하나님의 사랑을 알고, 하나님을 찬양하게 될 것입니다." 그래서 하나님께서는 인간을 창조하셨다는 이야기입니다. 이스라엘 사람들에게 전해 내려오는 이 이야기 속에는 많은 신학적 의미가 담겨 있습니다.

성탄입니다. 성탄은 형식이 중요한 것이 아니라, 그 내용, 그 의미, 그 뜻, 그 마음이 중요합니다. 이 성탄의 마음을 알고, 읽고, 느끼고, 깨닫고, 감격하고, 이 감격 속에서 새로운 성탄의 마음으로 중생해가는 것이 성탄의 의미라고 생각합니다. 성탄의 메시지는 여러분이 너무나 잘 압니다. 하늘에는 영광, 땅에는 평화! 이것이 성탄의 메시지입니다. 그러나 하늘에는 영광이, 땅에는 평화가 있기 위해서는 땅의 말구유에 아기 예수께서 탄생하셔야 합니다. 실은 거기에서부터 십자가가 이루어지는 것입니다. 거기에서부터 거룩한 희생이 이루어지고 이것은 뭘 의미하느냐? 성탄의 마음은 구체적이고 현실적인, 좀 더 나아가서는 창조적인 사랑을 말하는 것입니다. 사랑의 속성을 말하는 것입니다. 우리가 성탄에서 잊어서는 안 될 메시지가 있으니, 그것이 바로 요한복음 3장 16절입니다. 여러분이 너무나 잘 아는 말씀 아닙니까. "하나님이 세상을 이처럼 사랑하사 독생자를 주셨으니……" 이것이 베들레헴 사건으로 이어지는 것입니다. 이것이 성탄입니다.

예전에 제가 미국에서 공부할 때 기독교 복음의 본질이 무엇인가 하는 문제로 신학자들과 함께 토론을 한 적이 있습니다. 이런 이야기, 저런 이야기 하다가 어떤 교수가 이런 말을 했습니다. "아무래도 복음의 핵심은 하나님이 우리를 사랑하신다는 데에 있습니다. 그 사랑 속에 생명력이 있고, 창조가 있고, 변화가 있고, 구원이 있는 것입니다. 그럼 하나님께서 우리를 사랑하신다는 증거는 무엇입니까? 그 메시지의 가장 핵심은 무엇입니까? 그러니까 'only-begotten Son', 독생자를 주신 것입니다. 이것이 하나님의 사랑의 결정체입니다." 그래 제가 가만히 있지 않고 한마디 물었습니다. "당신들은 그 독생자가 무슨 말이라고 생각합니까?" 그랬더니 교수들이 이 말 저 말 하다가 이렇게 답했습니다. "가장 사랑한다는 것입니다. 내 목숨보다도 더 깊이 사랑한다는 뜻입니다." 그래서 제가 그랬습니다. "그것 가지고는 안 됩니다. 제 생각에는 우리 할머니께서 독생자의 의미를 가장 잘 아시는 것 같습니다." 그러면서 제 가정 이야기를 좀 했습니다.

제가 어렸을 때에는 가정에서 식사를 할 때면 한 번씩 돌아가면서 대표기도를 했습니다. 하루는 할아버지가 기도하시고, 그 다음에는 할머니가 하시고, 아버지가 하시고, 어머니가 하시고…… 이렇게 돌아가면서 식사기도를 하다가 할머니 차례가 오면 저는 어린나이에 지레 걱정이 됩니다. '아이고, 또 식사 전에 울음바다가 되겠구나.' 왜요? 우리 할머니는 꼭 이렇게 기도하시거든요. "하나밖에 없는 외아들을 주시고……" 이러면서 "으으으……" 하고 울기 시작하십니다. 외아들 말만 나오면 그만 가슴이 뜨거워져서 우시는 것입니다. 그래 한참을 우시다가 겨우 기도를 끝내십니다. 그래서 할머니만 기도를 시작하시면 제가 속으로 생각합니다. '오늘 또 우시겠구나!' 할머니가 왜 이렇게 독생자라는 말에, 외아들이라는 말에 감격하시느냐 하면, 저희 아버지가 4대독자이기 때문입니다. 곽씨 가문의 자손이 독자로 이어가는데, 할머니가 우리 아버지를 못 낳으셨으면 그냥 쫓겨나시는 것입니다. 옛날에는 이럴 경우 가차 없이 쫓겨났습니다. 그런데 아들을, 그것도 4대독자를 낳으셨거든요. 그러니 그때 우리 할머니가 얼마나 기쁘셨겠습니까. 이것이 독생자입니다. "우리를 위하여 그 아들을 주시고……" 하기가 무섭게 "으으으……" 하고 할머니가 우시는 것입니다. 그 감격! 독생자를 주시고— 이것이 성경계시의 핵심입니다. "세상을 이처럼 사랑하사 독생자를 주셨으니……" 바로 이것이 성탄의 의미요, 성탄의 상징이요, 성탄의 결정입니다.

하나님께서 우리를 얼마나 사랑하시는지를 알고 싶다면 우리를 위해 독생자를 주신 그 성탄의 깊은 뜻을 알고, 그 신비한 의미를 알아야 할 것입니다. 읽어야 하고, 느껴야 하고, 체험해야 하고, 그 속에서 우리 자신도 성탄의 마음으로 바뀌어야 합니다. 빌립보서 2장 5절은 말씀합니다. "너희 안에 이 마음을 품으라 곧 그리스도 예수의 마음이니." 그렇습니다. 이 마음, 곧 이 성탄의 마음이 우리의 마음이 되어야 하는 것입니다. 여기에서 사랑의 능력이 무엇인지, 사랑의 본체가 무엇인지, 사랑의 지혜가 무엇인지, 그리고 그 신비로운 것이 어디에 있는지를 알게 되는 것입니다. 사랑이란 무엇입니까? 이것은 심판이 아닙니다. 이것은 저주가 아닙니다. 사랑은 끝까지 사랑입니다. 오직 사랑만이 생명의 능력이 있습니다. 그래서 사랑은 느끼는 자의 것입니다. 아는 자의 것입니다. 아무리 큰 사랑을 받아도 사랑의 뜻을 모르는 자에게는 사랑이 없습니다. 사랑의 커뮤니케이션, 사랑의 소통에 문제가 있는 것입니다. "내가 너를 사랑한다!" 저가 사랑을 알아야지요. 우리가 어린아이들을 품에 안고 "내가 너를 사랑한다!" 하면서 토닥여주고, 쓰다듬어주고, 어루만져주지 않습니까. 이 속에서 아이들은 사랑을 느낍니다. 사랑을 압니다, 조금이나마. 그래서 행복한 것입니다. 그래서 건강한 것입니다. 하나님께서는 우리를 사랑하시는데, 이 사랑을 내가 알아야 하지 않겠습니까. 모르면 아무 소용이 없습니다. 아는 만큼만 사랑의 능력과 효력이 있기 때문입니다. 사랑을 깨달아야 합니다. 그런고로 오늘 우리가 성탄절을 지나면서 성탄의 마음, 성탄의 뜻을 깊이 깨닫고, 깊이 느껴야 하겠습니다.

그러면 이 성탄이 지시하고 계시해주신 하나님의 사랑의 본체는 무엇입니까? 오늘본문 6절, 7절은 말씀합니다. "그는 근본 하나님의 본체시나 하나님과 동등됨을 취할 것으로 여기지 아니하시고 오히려 자기를 비워……" 에케노센, 유명한 말입니다. 기독론에서 이 한 단어에 굉장히 중요한 의미가 있습니다. 자기를 비웠다! 예수님께서는 하나님과 동등된 분이시지만, 땅에 오셔서 자기존재를 비우셨습니다. "동등됨을 취할 것으로 여기지 아니하시고 오히려 자기를 비워……" 에케노센은 empty, 비운다는 뜻입니다. 있지만 없습니다. 알지만 모릅니다. 할 수 있지만 할 수 없습니다. 이것이 사랑입니다. 할 말 많습니다. 하지만 안 합니다. 사랑하는 자는 그것이 보이지 않습니다.

중요한 예가 있습니다. 집을 나갔던 탕자가 아주 비참한 거지신세가 되어가지고 돌아왔습니다. 이 탕자를 맞이하는 아버지를 보십시오. 그는 아들에게 단 한마디의 비판도 하지 않습니다. 모든 비판은 율법입니다. 오직 칭찬만이 은혜입니다. 이 아버지는 아들이 돌아왔을 때 "왜 집을 나갔느냐? 그동안 어떻게 살았느냐? 왜 돌아왔느냐?" 하고 묻지 않습니다. 그저 이렇게 말할 뿐입니다. "나는 기쁘다!" 이 관계를 잊지 마십시오. 상대방을 향해 잘났느니 못났느니, 소망이 있느니 없느니, 사람이 됐느니 못됐느니 하고 비판하는 것은 사랑이 아닙니다. 사랑은 딱 한 가지입니다. "나는 기쁘다!" 그래서 제가 결혼주례를 할 때마다 꼭 한마디 하는 것이 있습니다. "너희들 사랑하는 가운데 I Love You, You Love Me, 하고 서로 사랑한다는 말 많이 하겠지만, 나는 그거 별로 중요하게 생각 안 한다. 이제부터 한평생을 살면서 해야 할 말이 있다. 이것이다. 나는 행복하다. I'm So happy because of you. 너 때문에 행복하다. 너를 보니 행복하고, 너와 함께하니 행복하고, 너와 함께 밥을 먹으니 행복하고……

하여튼 너 때문에 나는 행복하다." 이것이 사랑입니다. 사랑이라는 이름으로 사람을 괴롭히는 일이 얼마나 많습니까. 참된 사랑은 그런 것이 아닙니다. 뿐만 아니라, 사랑은 상대방의 허물에 대해서 기억하는 바가 없습니다. 이 탕자, 나쁜 아들입니다. 아버지는 이 아들이 지금 무엇 때문에 돌아왔는지도 모릅니다. 실은 배가 고파서 온 것입니다. 회개하고 온 것 같지도 않습니다. 굶어죽게 생겼으니까 허위단심 기어들어온 것 아니겠습니까. 제가 이 아버지였다면 할 말이 많습니다. "뭣 하러 왔느냐?" 안 그렇습니까. 하지만 이 탕자의 아버지는 그런 것이 눈에 보이지 않습니다. 아무 비판도 없습니다. 오직 이 말뿐입니다. "나는 행복하다!"

우리 예수님께서 하신 말씀을 보십시오. "한 양이 우리에서 떠나 방황했다. 목자가 고생 끝에 그 양을 찾아서 어깨에 둘러메고 돌아오면서 '나는 기쁘다. 잃어버렸던 양을 찾았노라!' 했다." 여기서도 양을 향해서 할 말이 있습니다. "왜 너는 도망을 갔느냐? 왜 너는 길을 잃었느냐?" 그러나 목자는 그럴 마음이 없습니다. "나는 양을 찾았노라!" 그저 이 행복만이 있을 뿐입니다. 그 안이 다 비어버렸습니다. 그 모든 복잡한 것을 흔적도 없이 다 잊어버렸습니다. 이것이 사랑입니다. 그래서 오늘본문은 말씀합니다. "오히려 자기를 비워……(7절)" 스스로 비웠습니다. 능력을 비웠습니다. 지혜를 비웠습니다. 비판을 비웠습니다. 율법을 다 지워버렸습니다. 그리고 사랑합니다. 이것이 사랑입니다. 물어보고 싶습니다. 얼마나 잊었습니까? 다 잊은 줄 알았는데, 아닙니다. 여전히 기억하고 있습니다. 다 용서했다고 했는데, 다시 부부싸움을 시작하면 그 잊은 줄 알았던 것이 또 나옵니다. 그때, 그때…… 이러고 말입니다. 그러면 잊은 게 아니지요. 비운 게 아니지요. 비워야 합니다. 다 깨끗이 비우는 것입니다. 아니, 비워지는 것입니다. 사랑하고 나면 그런 것이 다 생각도 나지 않습니다. 이것이 사랑입니다.

그런가 하면 또 말씀합니다. "종의 형체를 가지사………(7절)" 행동적입니다. 사람이 되었다, 이것입니다. 말씀이 육신이 되었다, 이것입니다. 여기에 굉장히 중요한 의미가 있습니다. 그래서 사람의 모양으로 우리 가운데 오십니다. 우리와 함께하십니다. 임마누엘 하십니다.

예전에 목회할 때 제가 어느 성탄절 전날, 크리스마스이브에 이런 생각을 해보았습니다. '내일이 성탄이다. 이번에는 특별히 아주 귀한 일을 해보고 싶다. 가장 어려운 사람이 누구일까? 한번 방문해서 선물을 건네주고 싶다.' 그래 일부러 수소문을 하여 조그만 선물을 준비해서 여기저기 방문을 하였습니다. 그런데 특별히 어느 해인가는 이 성남에 청계천에서 살던 분들이 왔습니다. 형편이 어려운 분들입니다. 복개공사 때문에 청계천 주변에 살던 분들이 다 내몰린 것입니다. 그분들이 소개되어 찾아온 곳이 성남입니다. 그래서 이곳의 산기슭에 움막집들을 짓고 옹기종기 모여 살기 시작했습니다. 그때 그곳을 방문해서 보면 다들 병들고 가난한 분들이었는데, 그 가운데에서도 부부가 둘 다 시각장애인인 가정이 제일 어려웠습니다. 그런 분들이 마을을 이루고 모여 살았습니다. 그래 제가 그분들을 좀 돕겠다는 생각으로 연탄과 쌀을 구해서 보내드렸습니다. 그성탄 뒤로도 쌀가게, 연탄가게에 부탁해서 그분들이 필요한 만큼 쌀과 연탄을 계속 보내드리도록 했습니다. 그분들이 그걸 받아가지고 살면서 늘 고마워했습니다. 어느 해 성탄절 전야에 제가 거기를 방문했습니다. 조그만 움막 속에 들어가 함께 둘러앉아 얘기를 나누면서 보니까 사는 게 정말 어렵습디다. 그래 제가 물었습니다. "특별히 뭐 어려운 일은 없습니까?" 그러니까 그들이 말합니다. "목사님께서 보내주신 쌀도 있고, 연탄도 있으니까 얼어 죽지는 않고 먹고 삽니다. 그건 괜찮습니다. 그런데 문제가 하나 있습니다. 연탄을 갈아야 할 때 구멍을 맞출 수가 없습니다. 저희 같은 시각장애인에게는 아주 어려운 일입니다." "아, 그렇습니까?" 그래서 제가 그들을 위한 아파트를 하나 지어주었습니다. 지금도 있습니다. 이름이 소망아파트입니다. 그때 그분들이 했던 말 가운데 제 가슴 깊이 들어온 말이 있습니다. "목사님, 여러 해 동안 연탄과 쌀을 보내주신 것 잘 알고 있습니다. 하지만 오늘은 이렇게 직접 찾아와주시니 정말 감사합니다." 맞습니다. 제가 이걸 못했던 것입니다. 찾아와주시니…… 이것이 사랑입니다. 여러분은 부모님께 효도하십니까? 전화질 좀 그만하십시오. 전화 한 통으로 효도가 되는 줄로 착각하지 마십시오. 찾아가야 됩니다. 찾아가서 만나 뵙고 손을 잡아드리는 것이 사랑입니다. 하나님께서 사람이 되시어 우리를 직접 찾아오셨습니다. 우리 가운데 오셔서 임마누엘 하십니다. 이것이 사랑이라고, 사랑은 이런 것이라고 우리에게 계시해주신 것입니다.

유명한 이야기가 있지요? 러시아의 문호 톨스토이가 어느 날 목욕을 하고 집에 돌아가는 길이었습니다. 방금 목욕을 했으니 손이 얼마나 깨끗하겠습니까. 한데 바로 그 순간 문둥병자를 만났습니다. 자꾸 도와달라고 매달리는데, 주머니에 돈이 없습니다. 그래 지금은 돈이 없다고 말해도 문둥병자는 톨스토이의 말을 믿지 않고 거듭 애걸합니다. "그러지 마시고 좀 도와주세요!" 그러자 톨스토이가 방금 목욕을 해서 깨끗한 손을 불쑥 내밀어 문둥병자의 손을 덥석 마주잡고 악수를 합니다. "형제여, 미안하네! 진짜 돈이 없네!" 그랬더니 그 문둥병자가 밝은 얼굴로 이러는 것입니다. "아, 선생님은 저를 형제라고 불러주셨습니다. 이것만 가지고도 저는 만족합니다." 그러면서 그 문둥병자가 감격해서 돌아갔다는 것입니다. 그렇습니다. 사랑은 행동입니다. 사랑은 자기희생입니다. 그리고 직접 찾아와 만나는 것입니다. 함께하는 것입니다.

그뿐 아니라, 오늘본문은 더욱 중요한 말씀을 합니다. "죽기까지 복종하셨으니 곧 십자가에 죽으심이라(8절)." 대신 고난당하시고, 대신 죽으시는 것입니다. 차원이 높습니다. 대신 죽는 사랑, 대신 손해보는 사랑, 대신 누명을 쓰는 사랑이 진정한 사랑입니다. 다시 말하면 상대방의 잘못을 자신이 책임지는 것입니다. 책임을 저에게 돌리는 것이 아닙니다. 남이 져야 할 책임을 내가 지는 것입니다. 남이 받아야 할 저주를 내가 받는 것입니다. 예수님께서는 그리고 십자가에 죽으셨습니다. 이것이 사랑입니다. 성경은 우리에게 분명하게 계시해줍니다. 이것이 사랑이라고요.

요한복음 10장에서 예수님 친히 말씀하십니다. '내 목숨을 스스로 버리노라.' 성탄을 통해서 성탄의 마음을 알아야 하고, 그 깊은 사랑을 깨달아야 합니다. 그래 다시 한 번 감격하게 될 때 사랑에 응답하는 자세가 됩니다. 그 엄청난 사랑에 감격하면서 그 사랑에 응답하는 크리스마스에 사랑의 계시를 바로 알고, 깨닫고, 감격하고, 어느 사이에 나에 대한 모든 생각이 다 지워지고, 성탄의 마음으로 거듭나고, 성탄의 마음으로 돌아가는 것입니다. 그럴 때에 그 사랑의 역사 속에 기적이 있습니다. 하나님께서 그를 지극히 높이시어 모든 이름 위에 뛰어난 이름을 주셨습니다. 이것이 성탄의 기적입니다. 성탄의 마음입니다. 성탄을 맞이하여 우리가 가지고 있는 사랑의 의미를 다시 한 번 정리하고 중생하는 귀한 역사가 나타나기를 바랍니다.   △

오직 마음을 새롭게

그러므로 형제들아 내가 하나님의 모든 자비하심
으로 너희를 권하노니 너희 몸을 하나님이 기뻐하시
는 거룩한 산 제물로 드리라 이는 너희가 드릴 영적
예배니라 너희는 이 세대를 본받지 말고 오직 마음을
새롭게 함으로 변화를 받아 하나님의 선하시고 기뻐
하시고 온전하신 뜻이 무엇인지 분별하도록 하라
(로마서 12 : 1 - 2)

오직 마음을 새롭게

옛날 남북전쟁 때 미국은 국가의 장래가 불투명했습니다. 그렇다보니 내일에 대한 희망을 잃어버리고 방황하는 청년들이 많았습니다. 어느 날 길버트 그린이라는 청년이 백악관을 방문하여 아브라함 링컨 대통령을 만났습니다. 그 자리에서 이 청년은 대통령을 향해 당돌하게 물었습니다. "이러다 미국이 끝장나는 것 아닐까요?" 아브라함 링컨이 조용히 대답했습니다. "내가 청년시절의 어느 날 한적한 시골을 방문한 적이 있다네. 그때 청명한 밤하늘을 바라보니 마침 무수한 별똥들이 떨어지고 있었네. 몹시 두려웠다네. 그것들이 내 머리에 떨어질 것 같기도 하고, 이러다가 별똥을 맞아 지구가 부서지는 것은 아닌가 하고 걱정이 되어서 말이네. 그래 너무나 무서워서 벌벌 떨고 있는데, 한 노인이 내게 다가와 이렇게 말해주었네. 저 유성을 보면서 두려워하지 말고, 그보다 더 높은 곳에서 반짝이는 아름다운 별들을 보면서 꿈과 희망을 가지라고. 내 머리에 떨어지는 별똥만 보지 말고, 그 별똥 뒤에 있는 반짝이는 별을 보고 희망을 가지라고. 그때 그 노인의 말을 나는 일생동안 잊을 수 없어 마음에 고이 담아두고 있다네."

신학자인 폴 틸리히의 저서에 「흔들리는 터전(The Shaking of the Foundations)」이라는 책이 있습니다. 이 책에서 그는 유명한 '시간에 대한 신학'을 말합니다. '시간은 그 자체 안에서 모든 것을 소멸한다. 시간과 함께 모든 것은 소멸된다. 그럼에도 불구하고 영원을 품고 있다. 과거에서 현재로, 현재에서 미래로, 오늘 현재라고 하는 것은 과거가 될 것이고, 오늘 미래라고 하는 것은 현재가 될 것이다. 계속 이어지는 영원한 시간의 연속을 보게 된다. 시간은 알 수 없는 감추어진 미래를 향해서 가고 있다.' 미래는 감추어져 있습니다. 신비로운 것입니다. 아무도 예측하지 못합니다. 그렇다고 절망할 필요는 없습니다. 하나님의 드높은 섭리 속에서 우리는 살아간다고 폴 틸리히는 말합니다. 시간을 따라 모든 것은 변합니다. 하지만 우리는 조급해서, 또 그 변화가 마음에 안 들어서 좀 더 빨리 변하기를 바랍니다. 좀 더 빠른 변화가 있었으면 하는 것입니다. 그래서 모든 사람들이 "변화! 변화! 변화!" 하고 촉구합니다. 그러나 한 가지 알아야 할 것이 있습니다. 변화에 대한 보장은 없다는 것입니다. 이 변화 뒤에 더 나은 일이 있다는 것을 누가 보장합니까? 연세 많이 드신 분들은 기억할 것입니다. "못살겠다. 갈아보자." 이런 구호를 외치던 때가 있었습니다. "못살겠다. 갈아보자." 갈아봤더니 어땠습니까? 변화가 우리에게 꼭 아름다운 결과를 준다는 보장은 없습니다. 그런데도 우리는 막연하게 변화만 촉구합니다.

　　오늘본문은 우리에게 귀중한 진리를 말씀해줍니다. 세상이 변화하기를 바라지 말고 자신이 먼저 변화해야 한다는 것입니다. 환경이 아닌 나 자신, 세상이 아닌 나 자신, 다른 사람이나 이웃이 아닌 바로 내가 변화해야 한다는 것입니다. 그래야 변화가 있지, 세상이 달라진다고 저절로 변화가 되는 것은 아닙니다. 그런 것은 기대할 바가 못됩니다. 물질이 아니라, 영의 세계입니다. 육체가 아니라, 인격의 세계입니다. 사회의 문제가 아니라, 나 자신의 문제입니다.

　　제가 목회를 하면서 중요한 경험을 한 일이 있습니다. 어떤 의사의 부인이 대학 다니는 딸 둘을 거느리고 사는데, 몸이 아주 약하고 매사에 좀 신경질적입니다. 한데 그 남편이 바람을 피웁니다. 웬 여대생과 딴 살림을 차려서 동거생활을 하고 있는 것입니다. 기가 막힌 일 아닙니까. 그래 그 부인이 "세상에 이럴 수가 있나요?" 하고 저한테 와서 하소연을 합니다. 남편을 가리켜 천하에 타락한 못된 인간 어쩌고 하며 비난을 해댑니다. 그 소리를 한참 듣다가 제가 이렇게 말했습니다. "글쎄요. 다 좋은데, 욕은 이제 그만하시고, 우리 한번 기도해봅시다. 원인이 어디에 있는지, 도대체 무엇부터 잘못됐는지, 앞으로 며칠 동안 열심히 기도하시고, 그 다음에 다시 만납시다." 그리고 돌려보냈습니다. 그런데 딸들이 견디다 못해서 호소합니다. "아버지가 나빠요. 어머니, 이혼하세요. 우리 딸 둘이 잘 모실 테니까 우리 셋이서 오순도순 재미있게 살아요. 아버지는 젊은 여자하고 살라고 내버려두고, 우리끼리 재미있게 살아요." 그 소리를 듣고 어머니가 하는 말입니다. "아니다. 너희들은 모른다. 부부 사이란 아무도 모른다. 오직 우리 둘만이 안다. 너희 아버지가 저렇게 된 것은 나 때문이다. 내가 몸이 아파서 신경질적이지 않니? 내가 생각해도 세상에 누가 나 같은 마누라하고 살겠니? 하룬들 집에 들어와 있고 싶겠니? 너희 아버지가 밖으로 나간 것은 너희 아버지 잘못이 아니다. 내 잘못이다." 그러면서 눈물을 흘리는 것입니다. 그랬더니 딸들이 아버지한테 달려가서 어머니의 말을 전했습니다. "어머니가 말씀하는데, 일이 이렇게 된 것은 자기 잘못이라고 하십니다." 아버지가 딸의 말을 가만히 듣더니 이렇게 말합니다. "아니다. 사실은 내가 죽일 놈이다. 내가 잘못했다." 그래서 다시 이 가정이 화목해졌다는 이야기입니다.

변화의 가장 중요한 기본은 나 자신이요, 내 마음가짐입니다.

그 속에 변화가 있습니다. 세상이 변하기를 바라지 마십시오. 내가 변하기 전에는 그대로일 것입니다. 나 자신이, 내 자세가, 내 심령이 변화되는 가운데 새로운 역사가 이루어집니다. 그래서 다윗은 시편 51편 10절에서 이렇게 간구합니다. "하나님이여 내 속에 정한 마음을 창조하시고 내 안에 정직한 영을 새롭게 하소서." 그렇습니다. 창조적인 역사라야 합니다. 인간의 수양이 아니요, 교양이 아닙니다. 하나님의 능력으로 이루어지는 재창조의 역사입니다. 그 같은 역사가 있을 때에만 변화가 있습니다.

오늘본문은 이것을 구체적으로 좀 더 확실하게 말씀합니다. "산 제물로 드리라……(1절)" 제물, 산제사를 드리라는 것입니다. 온전한 제사입니다. 제사에는 몇 가지 조건이 있습니다. 첫째, 제물이 온전한 것이라야 됩니다. 병든 것은 안 됩니다. 조금이라도 흠이 있으면 안 됩니다. 깨끗한 제물이라야 합니다. 온전한 것을 제물로 드려야 합니다. 일부분을 드리는 것이 아니라, 전체를 드려야 합니다. 생명을 드리는 것입니다. 뿐만 아니라, 이것은 양의 문제가 아닙니다. 크기의 문제도 아닙니다. 양과 소는 되고 비둘기는 안 되는 것이 아닙니다. 제물이 커야만 되는 것이 아니다, 이것입니다. 문제는 질입니다. 정결함의 문제입니다. 하나님께서는 우리의 정성과 우리의 중심을 보십니다. 그래서 제물은 정결한 것이어야 합니다. 중심을 드리는 것입니다. 그래서 제물은 죽은 것, 썩은 것은 안 됩니다. 그런 것은 하나님께 영광이 되지 않습니다. 제물은 반드시 살아 있는 것이라야 됩니다. 생생하게 살아있고, 깨끗한 것이어야 합니다. 살아 있는 것을 죽여서 드리는 것입니다. 이미 죽은 것을 하나님께 드리겠다고 하면 안 됩니다. 살아 있는 것을 죽여서 드리는 것이 제물입니다. 이것이 제물의 본뜻입니다.

그뿐 아니라, 제물은 다 태워버리는 것입니다. 깨끗하게 흔적이 없어져야 합니다. "산 제물로 드리라!" 깨끗이 드려서 흔적도, 기억도, 느낌도 없는 제사가 되어야 합니다. 살아 있는 것을 죽여서 하나님 앞에 그 생명을 드리는 것이 제물입니다. 제물로서 최고의 표본이 바로 십자가입니다. 살아 계신 예수님께서 십자가에 못박히십니다. 그리고 만민을 위한 속죄의 제물이 되십니다. 이것이 제물의 본체입니다. 예수 그리스도의 생명이 십자가 위에서 제물로 하나님께 바쳐지는 것입니다. 이 제사를 생각해보십시오. 이 놀라운 역사를 생각해보십시오. 이것이 최고입니다. 이것이 본체입니다. 이것이 원리입니다. 잊지 말아야 합니다. 영적 예배입니다. 합당한 예배입니다. 예배가 본래 그런 뜻입니다. 여기서 '로기 케이스 라투리야'라는 말이 대단히 중요합니다. 합리적 예배입니다. 합당한 예배입니다. 예배라는 말은 헬라어로 '하나님 앞에 드린다, 섬긴다'라는 말입니다. 온전한 섬김을 의미합니다. 마음을 새롭게 하여 섬길 때 하나님의 귀한 역사가 나타납니다. 마음이 먼저입니다.

언젠가 북한에 갔을 때 저는 북한의 농업을 위해서 애를 많이 쓰시는 한 장로님을 만난 적이 있습니다. 그분은 좋은 옥수수종자를 많이 가지고 가서 여러 곳에 심어놓고 키우느라 애를 많이 쓰셨습니다. 그분을 평양에서 만났는데, 제 손을 잡고 눈물을 흘립니다. 이렇게 좋은 종자를 가져다가 좋은 땅에 뿌려놓고 이것이 잘 자라서 튼실한 옥수수가 되는가 보자 했더니, 웬걸요? 마지막에 이삭이 나오지를 않더랍니다. 땅 기운이 모자라는 것입니다. 그래 장로님이 눈물을 흘리면서 이렇게 말하는 걸 제가 들었습니다. "사람이 저주를 받으니까 땅도 저주를 받아서 농사가 되질 않습니다.” 여러분, 이걸 아셔야 됩니다. 가정에서 화초를 가꾸시지요? 유명한 이야기가 있습니다. 부부싸움을 하고 화초를 만지면 화초가 죽습니다.

요새 재미있는 TV 프로그램이 하나 있습니다. 아마 여러분도 보셨을 텐데, 의미심장합니다. ‘나쁜 개는 없다. 나쁜 사람이 있다.’ 여러분, 세상에 나쁜 개는 없습니다. 사람이 나빠서 개를 나쁘게 만든 것입니다. 그러니까 개가 사나워졌으면 그 주인이 회개해야 됩니다. 이걸 알아야 됩니다. 아무리 나쁜 개도 전문기술자가 가서 보면 벌써 딱 꼬리를 내리고 조용해지는 모습을 볼 수 있습니다. 사람이 나빠서 개도 나빠진 것입니다. 회개하십시오. 보통 문제가 아닙니다. 이 세상 모든 일의 문제를 나 자신에게서 찾아야 합니다. 원인은 나 자신에게 있습니다. 그 깊은 곳에, 그 마음속에 있다는 말입니다. 그런고로 이런 말입니다. ‘합리적인 예배를 드리라. 섬기라. 재물이 되라. 죽어라.’ 죽는 만큼 삽니다. 깨끗이 죽는 만큼 새로운 생명은 나타나게 되는 것입니다.

갈라디아서 2장 20절에 여러분이 잘 아는 말씀이 있지 않습니까. “내가 그리스도와 함께 십자가에 못 박혔나니 그런즉 이제는 내가 사는 것이 아니요 오직 내 안에 그리스도께서 사시는 것이라……” 예배가 무엇입니까? 순간순간 십자가에 못박힌 것을 확인하는 것입니다. ‘나는 이미 죽었다. 예수님께서 십자가에 못박히신 그 순간 나는 죽었다. 십자가를 바라볼 때마다 나는 죽었다.’ 죽음을 확인하는 것입니다. 그 역사 뒤에 새로운 역사가 이루어집니다. 빌립보서 2장 5절에서 사도 바울은 말합니다. “너희 안에 이 마음을 품으라 곧 그리스도 예수의 마음이니.” 그리스도의 마음에서 창조적인 역사는 이루어지는 것입니다. 우리는 다 같이 지금 세상이 달라지기를 바라고, 정치가 달라지고 경제가 달라지기를 바랍니다. 하지만 아닙니다. 무릎을 꿇고 다시 생각해보십시오. 나부터 달라져야 됩니다. 내 마음이 달라져야 됩니다. 내 심령이 중생해야 합니다. 그럴 때 비로소 우리가 온전히 그리스도와 함께 십자가에 못박혀 죽어버리고 새사람으로, 그리스도로, 그리스도의 마음으로 태어날 수 있습니다. 거기에 새로운 역사가 있습니다. 새해는 분명 새해가 될 것입니다. 아니, 그에게만 새해가 될 것입니다. △

너는 이제 가라

모세가 여호와께 아뢰되 오 주여 나는 본래 말을 잘 하지 못하는 자니이다 주께서 주의 종에게 명령하신 후에도 역시 그러하니 나는 입이 뻣뻣하고 혀가 둔한 자니이다 여호와께서 그에게 이르시되 누가 사람의 입을 지었느냐 누가 말 못하는 자나 못 듣는 자나 눈 밝은 자나 맹인이 되게 하였느냐 나 여호와가 아니냐 이제 가라 내가 네 입과 함께 있어서 할 말을 가르치리라 모세가 이르되 오 주여 보낼 만한 자를 보내소서 여호와께서 모세를 향하여 노하여 이르시되 레위 사람 네 형 아론이 있지 아니하냐 그가 말 잘 하는 것을 내가 아노라 그가 너를 만나러 나오나니 그가 너를 볼 때에 그의 마음에 기쁨이 있을 것이라 너는 그에게 말하고 그의 입에 할 말을 주라 내가 네 입과 그의 입에 함께 있어서 너희들이 행할 일을 가르치리라 그가 너를 대신하여 백성에게 말할 것이니 그는 네 입을 대신할 것이요 너는 그에게 하나님 같이 되리라 너는 이 지팡이를 손에 잡고 이것으로 이적을 행할지니라

(출애굽기 4 : 10 – 17)

너는 이제 가라

수도사 성 안토니가 산에 올라가 3년 동안 기도했다는 기록이 있습니다. 기도제목은 딱 하나였습니다. '하나님께서는 누구시며, 나는 무엇입니까?' 이 기도제목을 가지고 3년을 기도했다는 일화가 전해져오고 있습니다. 종교개혁자 칼뱅은 말합니다. '하나님에 대한 지식이 없이는 자기 자신에 대한 지식도 없다.' 누구든 하나님을 만날 때까지는 자기가 누구인지를 알 수 없습니다. 인간의 존재는 하나님에 대한 지식 안에서 성립되는 것입니다. 아우구스티누스는 말합니다. '내가 하나님을 만날 때까지는 나는 아무것도 아니었습니다.' 정말 아무것도 아닙니다. 이걸 우리가 알아야 합니다. 하나님을 알고, 하나님의 그 큰 능력, 그 큰 지혜, 그 놀라운 섭리를 알고, 그 속에 있는 나를 발견할 때 비로소 나 자신을 알게 된다는 말씀입니다.

하버드대학에는 성인발달연구소라는 것이 있습니다. 여기에서 40세 이후 30년, 그러니까 70세까지의 사람들의 생활양식과 의식을 연구해서 보고서를 내놓았습니다. 이 기간을 가리켜서 'Hot Age', 또는 'Third Age', 또는 'Changing Course'라고 말합니다. 40부터 인생의 전환이 이루어진다, 이것입니다. 그리고 이제 70까지 살아가게 되겠는데, 이때 가져야 할 의식이 무엇입니까? 종합적으로 말하면 이렇습니다. 첫째, 나이 들어가는 것에 대해서 고정관념을 버리라는 것입니다. '늙어가는 것이 아니다. 익어가는 것이다. 잃어버리는 것보다 얻는 것이 더 많다. 할 수 없는 일들이 많지만, 할 수 있는 일은 더 많다.' 이런 생각을 해야 한다고 말합니다. 또 하나는 스스로 놓아버리는 법을 배워야 한다는 것입니다. '빼앗기는 것이 아니고 버리는 것이다.' 이걸 잊지 말아야 합니다. 할 수 없어서 못하는 것이 아닙니다. 내가 하지 않는 것입니다. 빼앗기는 것이 아닙니다. 내가 스스로 버리는 것입니다. 왜요? '더 큰 것을 얻기 위해서 우리는 버리는 연습을 해야 되고, 그런 능력이 있어야 한다. 그리고 무엇보다 중요한 것은 내면적 세계의 정체성을 새롭게 발견하고, 스스로 내면 세계에 충실한 인간이 되어야 한다.' 그래서 묻습니다. '어떤 사람이 되고 싶으냐? 어떤 사람으로 끝내고 싶으냐?' 이렇게 스스로 물어가면서 남은 생을 살아가야 한다고 정리합니다.

오늘본문에 모세가 나옵니다. 그의 생은 3단계로 나눕니다. 처음에는 애굽 바로의 궁전에서 공주의 아들, 그 명예로운 귀족으로 40년을 삽니다. 그리고 광야로 나와서 목자로 양을 치면서 또 40년을 삽니다. 그리고 이스라엘 백성을 인도하여 그 어려운 고난의 길을 걸으면서 또 다시 40년, 그래서 40년, 40년, 40년을 살았는데, 오늘본문에서처럼 애굽에서 40년, 광야에서 40년, 하여 지금 모세의 나이 80입니다. 그리고 이제야 하나님의 음성을 듣습니다. 어쩌면 좀 더 젊었을 때, 좀 더 무엇을 많이 할 수 있을 때, 좀 더 밝은 총명이 있을 때 하나님의 음성을 들었더라면 더 큰 일을 할 수 있지 않았을까 싶습니다. 그러나 하나님께서는 그렇게 하지 않으셨습니다. 하필이면 80세나 된 모세를 부르십니다. 호렙산 기슭에서 그는 하나님을 만납니다. 하나님께서는 놀랍게도 80이 된 노년 모세에게 귀중한 사명을 맡기십니다. 이스라엘을 구원하라고요. 상식적으로는 이렇다 하게 뭘 할 수 있는 나이가 아니지 않습니까. 그러나 인생의 모든 의지가 끝나는 이 순간에 하나님께서는 모세를 불러 하나님의 사람으로, 이스라엘의 지도자로 세우십니다. "이스라엘을 구원하라!" 모세의 입장에서 보면 말도 안 되는 일입니다. 도저히 있을 수 없는 일입니다. 그러나 하나님께서는 강하고 확실하게 말씀하십니다. "이제 너는 가라!" 이 '이제'라는 말의 뜻을 깊이 생각해보십시오. 애굽에서 40년, 광야의 목자로 40년입니다. 이런 경험과 경륜을 가졌는데, 이제 나이 80이 된 몸으로 가라고 하시다니요? 이 시간과 이 시점이 아주 중요합니다. "이제 가라!" 말씀하십니다.

하나님의 역사는 종종 우리 인간의 생각으로는 불만스럽게 느껴질 때가 많습니다. '하나님께서는 왜 이런 것을 심판하지 않으시는가?' 하는 생각이 들 때가 있습니다. 성경을 볼 때도 그런 생각이 좀 드는데, 그럴 때마다 생각나는 것이 있습니다. 제가 어렸을 때 많이 듣던 이야기입니다. 가만히 보면 이상하게 말썽을 부리는 사람이 시골 어느 마을에나 있습니다. 술도 많이 마시고, 좌충우돌로 아무하고나 막 싸우는 불량배가 있는 것입니다. 기운 없는 노인들이 어떻게 하겠습니까. 대책이 없습니다. 그때마다 어른들이 조용하게 하는 말씀이 있습니다. "저 남산의 호랑이는 뭘 먹고 사나?" 생각해보면 일리 있는 얘기입니다. "저 호랑이는 뭘 먹고 사나? 저런 것 좀 잡아먹지 않고?" 참 무서운 말입니다. 하나님께서 하시는 일, 심판은 너무나 더딥니다. 하나님의 시계는 너무나 더디게 돌아갑니다. 이 연자맷돌이 너무나 천천히 돌아서 흡사 돌지 않는 것처럼 느껴집니다. 그러나 계속 보드랍게 돌아갑니다. 그렇습니다. 연자맷돌은 천천히 돌지마는, 정확하게 갈아버립니다. 하나님의 심판이 너무나 더디게 느껴질 때가 많습니다. 하나님께서 이 사람들의 죄악을 심판하실 때 그냥 끝내지 않으시고 무려 120년 뒤에야 노아에게 방주를 만들라고 시키십니다. 무얼 말합니까? 말없는 말이 있습니다. 120년이라는 유예기간을 주신 것입니다. 그 사이에 회개하고, 그 사이에 돌아오기를 바라는 간절한 하나님의 뜻이 거기에 있는 것입니다. 하나님의 인내가 있는 것입니다.

하나님께서 구원하시는 방법도 그렇습니다. 좀 즉각적으로 구원하시면 좋겠는데, 당장 하나님의 역사가 나타나면 좋겠는데, 그렇지가 않습니다. 하나님께서 이스라엘을 구원하시는 역사를 보십시오. 이스라엘 백성들이 애굽에 가서 고생을 했는데, 430년 뒤에야 구원의 역사를 이루십니다. 하나님의 뜻입니다. 하나님의 역사는 이런 것입니다. 뿐만이 아닙니다. 하나님께서 직접 하시면 좋겠는데, 그렇지가 않습니다. 노아의 홍수 때처럼요. 조금 확실하게 하나님께서 벼락을 치시든지, 홍수를 내시든지, 아니면 지진을 내시든지 해서 끝내버리셨으면 좋겠는데, 아닌 것입니다. 하나님의 귀한 역사 그 대부분은 나약한 사람을 통해서 이루어집니다. 선지자를 부르시어 역사하십니다. 하나님의 사람들을 통해서, 그들의 희생을 통해서 조용하게 구원의 역사를 이루십니다. 마침내 예수 그리스도께서 오셔서 십자가에 돌아가십니다. 구원의 역사를 이루신 것입니다. 하나님께서는 그러하십니다. 하나님께서는 때로는 단 한 사람을 통해서, 때로는 여러 사람들의 큰 희생을 통해서 구원의 역사를 조용하게 이루어가십니다.

오늘도 하나님께서 모세를 부르십니다. 모세는 보통사람입니다. 별로 잘난 사람도 아니고, 말도 잘 못하는 사람입니다. 여기서 '혀가 뻣뻣하여'라는 말을 원문으로 잘 살펴보면 '말더듬이'라는 뜻입니다. 말을 더듬었습니다. 말 더듬는 고충, 여러분은 아십니까? 제가 이 이야기를 할 때 믿지 않는 분들이 많습니다. 제가 어렸을 때 말을 많이 더듬었습니다. 나중에 목사가 되어서도 말을 더듬었습니다. 그래 저는 '내가 이대로 목사가 될 수 있나?' 하는 고민까지 했습니다. 그만큼 많이 더듬었습니다. 지금도 기억합니다. 어렸을 때 언젠가 아버지께서 저한테 이렇게 말씀하셨습니다. "저 약방에 가서 아스피린 사와라." 그 돈을 받아가지고 약방에 가서 문을 열었습니다. 약사 아저씨가 나와서 "무슨 약을 주랴?" 할 때 "아스피린 주세요!" 해야 되는데, '아'자가 입 밖으로 안 나오는 것입니다. 그래 "아아아, 아아아아아………" 하다가 그냥 울면서 돌아왔습니다. 아스피린의 '아'자가 안 나와서 약을 못 사가지고 왔던 사람이 바로 저입니다. 그러니 어떻게 목사가 되겠습니까. 사실은 책도 많이 읽었고, 피나는 노력을 했습니다. 제가 말을 더듬어서 고생했다는 이야기를 믿는 분들이 많지 않은데, 여러분, 그냥 믿으십시오. 저는 모세의 혀가 뻣뻣했다는 성경말씀이 실감이 납니다. 오죽하면 그런 말씀이 있을까요? 그러니까 하나님께서 말씀하십니다. "네 형이 말 잘하는 걸 내가 안다. 너 대신 말을 하는 동반자로 세워줄 테니까 걱정하지 말고 가라." 말 못하는 사람을 시키셔서 하나님의 역사를 이루십니다. 한 직업인입니다. 40년 동안 목자생활을 했습니다. 양을 쫓아다니는 생활입니다. 유목민의 생활입니다. 그는 수도사가 아닙니다. 그뿐 아니라, 그는 주인입니다. 한데도 끝끝내 말을 못하고 있습니다. 하나님 앞에 감히 "저는 애굽에 못갑니다. 저는 애굽에서 사람을 죽인 몸입니다. 애굽 쪽에서 볼 때 저는 배신자입니다. 그런고로 저는 애굽에 갈 수가 없습니다. 바로 왕 앞에 나타날 수가 없습니다!" 하고 말씀드려야 되는데, 못합니다. 끝내 "못 갑니다!"라는 말만 합니다.

사실은 속으로 이렇게 말했을 것입니다. "저는 애굽에서 사람을 죽인 살인자입니다. 그런고로 다시 애굽에 들어갈 수가 없습니다!" 그런 사람입니다.

또한 너무나 오랫동안, 무려 40년 동안이나 패배의식과 좌절의식에 젖어 살았던 사람입니다. 무슨 생각을 가질 수도 없습니다. 이스라엘의 구원, 이스라엘의 영광은 꿈에도 생각할 수 없는 정도의 인간이 되었다는 말입니다. 이렇게 초라한 모세를 하나님께서 부르십니다. 그리고 하필이면 이 사람을 통하여 구원의 역사를 이루고자 하십니다. 귀중한 사명을 주십니다. 특별히 오늘본문 10절에 절절한 말씀이 있습니다. "여호와께 아뢰되 오 주여 나는 본래 말을 잘 하지 못하는 자니이다 주께서 주의 종에게 명령하신 후에도 역시 그러하니……" 그러니까 이런 말입니다. '제가 주님을 만났습니다. 하지만 만나자마자 확 달라졌다면 몰라도, 여전히 그러합니다. 주님을 만났고, 주의 음성을 들었지만, 저는 달라진 게 없습니다. 저는 하나님의 사람으로 부름을 받았다고 하지마는, 저는 달라진 것이 없습니다. 역시 그러합니다. 그런데 제가 어떻게 이 귀중한 역사를 할 수 있겠습니까.' 심지어 그는 이렇게 사양합니다. "오 주여 보낼 만한 사람을 보내소서(13절)." 이 모세의 심정을 여러 모로 보아서 충분히 이해할 만합니다. 그러나 하나님께서는 말씀하십니다. "너는 이제 가라. 단 내가 너와 함께하느니라." 딱 한마디입니다. "가라. 네 손에 있는 것이 무엇이냐?" "예, 지팡이입니다. 얼마나 오랫동안 들고 다닌 막대기인지 모릅니다마는, 목자의 지팡이가 여기 있습니다." "그것 가지고 가라. 그것 가지고 이적을 행하라. 양을 몰던 지팡이, 그 말라빠진 나무 막대기 하나를 들고 이스라엘 앞으로 가라." 하나님께서는 이렇게 명령하십니다. 말이 부족하다고 할 때에 형을 동반하게 해주시겠다고 하십니다. "지팡이를 들고 가라!" 사실로 모세를 가만히 살펴보면 그는 이 지팡이로 말미암아 비로소 모세가 됩니다. 이 지팡이로 바로 왕 앞에서 이적을 행하고, 이 지팡이로 홍해를 갈라서 이스라엘 백성을 건너게 하고, 이 지팡이로 반석을 쳐서 물을 냅니다. 그런데 어느 순간 이 지팡이를 잘못 사용해서 모세는 가나안에 못 들어갑니다. 이것이 모세의 일생입니다. 가만히 보면 지팡이와 모세와의 관계, 목자로서 양을 몰던 지팡이를 가지고 이스라엘 백성을 인도하는데, 여기에 하나님께서 함께하십니다. 모세의 지팡이는 정말로 귀중한 지팡이가 되고, 마지막에 와서 솔로몬 성전에 올라갈 때 그것이, 여러분 아시는 대로, 법궤 안에 들어가는 귀중한 유물이 됩니다. 아무튼 모세는 압니다. 잘 알고 있습니다. 자기의 약점을 다 알고 있습니다. 그러나 하나님께서는 모세를 부르시고 명령하십니다. "이제 가라. 이제 너는 가라."

작가 톰 모리스가 「성공을 향한 습관」이라는 유명한 책을 썼습니다. 이 책에서 그는 이렇게 말합니다. '우리는 무슨 일을 하든지 자기가 하고 있는 일의 의미를 알아야 한다. 아주 높은 의미, 추상적 의미, 아니, 영원한 의미를 알아야 한다. 사건은 중요하지 않다. 사건이 가진 의미, 그 이미지화가 중요하다. 그 다음으로는 나 자신이 소중하다는 것을 알아야 한다. 하나님의 뜻 앞에 쓰이는 존재라는 것을 알아야 한다. 쓰이기만 하면 어떤 역사든지 이룰 수 있다. 나 자신은 중요한 것이 아니다. 하나님의 손에 쓰인다고 하는 것을 잊지 말아야 하고, 이 사실에 집중하고, 그리고 과정을 즐겨라. 후속 결과를 걱정하지 마라.' 중요한 이야기입니다. '하나님, 이렇게 되면 그 다음은 어떻게 될까요? 그 다음, 그 다음은 어떻게 될까요?' 거기까지 생각하지 마십시오. 오늘 내가 할 일을 했으면 끝난 것입니다. 우리는 많은 사람들이 그 다음 후속결과를 인간적으로 잘해보려고 하다가 다 망가지는 것을 흔히 봅니다. 씨를 뿌렸으면 나게 하시는 이는 하나님이십니다. 후속 결과를 걱정하지 말 것입니다.

모세가 할 일은 여기까지입니다. 자기 할 일을 했으면 그만입니다. 그 다음은 모세가 걱정할 문제가 아닙니다. 다만 하나님께서는 모세가 전적으로 순종하기를 원하십니다. 하지만 모세는 당장 주어진 능력을 확인하고 싶은 것입니다. 번쩍, 하고 뭔가 능력이 보였으면 좋겠는데, 하나님께서는 아무것도 보여주지 않으십니다. 그리고 말씀하십니다. "너, 40년 동안 들고 다니던 지팡이 있지 않느냐? 그 지팡이를 손에 들고 가라." 이제 모세는 어찌해야 되겠습니까? 하나님께서 모세에게 원하시는 것은 오직 깨끗한 순종입니다. 오직 겸손한 마음입니다. 모세가 순종할 때마다 하나님의 능력이 현장에서 나타납니다. 며칠 전, 몇 시간 전에도 그 능력은 눈에 보이지 않았습니다. 순종할 때마다 능력의 현장이 나타납니다. 그래서 하나님께서는 말씀하십니다. "이제 가라. 이제 너는 가라." 그는 늙은 사람입니다. 인간으로 말하면 세상을 다 산 사람입니다. 그런 그가 하나님의 음성을 들었습니다. 분명히 내가 예수를 믿었습니다. 그러나 달라진 것이 없습니다. 아니, 달라질 것 같지도 않습니다. 그러나 하나님께서는 오늘도 우리에게 말씀하십니다. "이제 너는 가라. 깨끗한 마음으로 믿고 순종하라. 내가 너와 함께함이니라. 순종하라. 순종한 다음에 나의 능력이 너와 함께할 것이니라. 모든 책임은 내가 질 것이니라. 너는 이제 가라." △

신앙인의 성공비결

　　나는 참포도나무요 내 아버지는 농부라 무릇 내게
붙어 있어 열매를 맺지 아니하는 가지는 아버지께서
그것을 제거해 버리시고 무릇 열매를 맺는 가지는 더
열매를 맺게 하려 하여 그것을 깨끗하게 하시느니라
너희는 내가 일러준 말로 이미 깨끗하여졌으니 내 안
에 거하라 나도 너희 안에 거하리라 가지가 포도나무
에 붙어 있지 아니하면 스스로 열매를 맺을 수 없음
같이 너희도 내 안에 있지 아니하면 그러하리라 나는
포도나무요 너희는 가지라 그가 내 안에, 내가 그 안
에 거하면 사람이 열매를 많이 맺나니 나를 떠나서는
너희가 아무 것도 할 수 없음이라 사람이 내 안에 거
하지 아니하면 가지처럼 밖에 버려져 마르나니 사람
들이 그것을 모아다가 불에 던져 사르느니라 너희가
내 안에 거하고 내 말이 너희 안에 거하면 무엇이든
지 원하는 대로 구하라 그리하면 이루리라 너희가 열
매를 많이 맺으면 내 아버지께서 영광을 받으실 것이
요 너희는 내 제자가 되리라 아버지께서 나를 사랑하
신 것 같이 나도 너희를 사랑하였으니 나의 사랑 안
에 거하라 내가 아버지의 계명을 지켜 그의 사랑 안
에 거하는 것 같이 너희도 내 계명을 지키면 내 사랑
안에 거하리라

(요한복음 15 : 1 – 10)

신앙인의 성공비결

　요즈음「Stabilitas」라고, 페터 제발트의 유명한 베스트셀러가 있습니다. 제목을 번역하면 '정주'라는 말입니다. 좀 어렵지요? 대단히 많은 사람들에게 깊은 감동과 교훈을 주고 있습니다. 첫째로 정주란 감속하라는 명령입니다. 너무 빨리 가지 말라는 것이지요. 너무 빨리 결단하지도 말고, 너무 빨리 절망하지도 말고, 정주하라는 것입니다. 그러니까 감속명령입니다. 우리가 엄청 빠른 속도로 발전하고 있는 과학기술에 편승해가지고 도대체 어디까지 가는지도 모르고 열심히 달리고 있다, 이것입니다. 그래서 잠깐 속도를 멈추라는 감속명령을 자신에게 내려야 하는 것입니다. '너무 서두르지 말자.' 둘째로 정주란, 같은 말인데, 검증입니다. 내가 지금 바로 가고 있는지를 스스로 물어야 한다, 이것입니다. 잠깐 멈추어 서서 '내가 지금 어디를 향해서 가고 있나?' 하고 최종목적을 재진단하라는 것이지요. 내가 누구를 만나든, 어떤 사업을 하든 '도대체 궁극목적이 무엇인가? 그래서 어쩌자는 이야기인가?' 하고 그 마지막 목적, 그 종착점을 다시 검증해야 되는 것입니다. 이런 유명한 말이 있습니다. '방법이 잘못된 일은 없다. 목적이 잘못돼서 실패하는 것이다.' 목적을 다시 한 번 물어봐야 한다는 이야기입니다.

　또 정주는 의무나 구속을 수용하고 받아들여야 한다는 것을 의미합니다. 바른 길로 가기 위해서 바른 목적을 세우면 감당해야 할 의무가 있습니다. 또 자기가 원치 않는 일도 해야 합니다. 그것을 받아들일 줄 아는 것이 이 세대를 바로 사는 지혜다, 이것입니다. 인생을 가장 슬프게 만드는 것이 무엇이겠습니까? 바로 성공이 무엇인지도 모르면서 성공 지향적으로 사는 것입니다. '그 많은 세월을 내가 이것을 위해 수고했던가? 이것을 위해 그렇게 몸부림 쳤던가?' 그만큼 우리는 성공이 무엇인지를 모릅니다. 그저 막연하게 그것이 성공인 줄 알고 거기에 몰두하고 있다는 것이지요. 무엇보다도 실패를 할 때 그 실패의 원인을 모른다는 것이 문제입니다. 실패의 아픔은 있는데, 실패의 원인은 알 수 없습니다. 이것이 문제입니다. 또 실패의 원인을 좀 압니다. 무엇이 잘못됐다는 걸 왜 모르겠습니까. 양심이 말해주고, 그리스도인들은 성령께서 말씀해주십니다. 문제는 그 실패의 원인을 스스로 인정하지 않는다는 것입니다. 인간의 불행이 이에서 말미암는다, 이것입니다.

오늘본문 5절에는 두고두고 생각해야 될 귀중한 말씀이 있습니다. 예수님께서 직접 하신 말씀입니다. "나를 떠나서는 너희가 아무것도 할 수 없음이라." 주님을 떠나서는 우리가 아무것도 할 수 없다는 것, 인정하십니까? 이렇게 생각하고 살아왔습니까? 주님을 떠나서는 아무것도 할 수 없습니다. 아니, 된 일도 없고, 이룬 것도 없습니다. 주님 말씀입니다. 주님을 떠나서는 아무것도 할 수 없음을 인정하고, 이것을 우리의 신앙고백으로 삼아야 한다는 말씀입니다.

일반적으로 실패의 원인 가운데 많이 생각할 수 있는 것은 자본의 부족입니다. 자본이 넉넉하고야 일이 되지 않습니까. 자본의 부족, 지식의 부족, 기술의 부족, 경험의 부족이 모두 실패의 원인들로 주로 열거됩니다. 그러나 이때 한 가지 잊은 것이 있습니다. 상식을 떠난 것, 더 크게는 양심을 버린 것이 실패의 원인이라고 생각할 줄 아는 인간이 되어야 한다는 점입니다. 손익계산만 하지, 양심을 버린 데 대한 가책이 없다는 말입니다. 그래서 세상이 이처럼 어지러운 것입니다. 이것이 모든 사람을 불행하게 만듭니다. 스스로 진리를 떠났고, 진실을 잃어버렸다는 사실을 인정하지 않는다는 것입니다. 이것이 바로 세상이 이렇듯 어지러워지는 까닭입니다.

성공한다면 그 성공이란 또 무엇입니까? 물론 지식이 있고, 능력이 있고, 정력이 있고, 노력이 있고, 다 있겠지요. 또 협력도 있고요. 하지만 가장 중요한 것이 하나 있으니, 바로 소속입니다. 요새 정치하는 분들 가만히 보니까 자기가 어디에 속해야 되는가 하는 문제를 놓고 줄서기 하느라 바쁩니다. 우리는 양심의 줄을 바로 서야 됩니다. 인격의 줄을 바로 서야 됩니다. 어디에 줄을 맞추느냐, 하는 것을 철학적으로 말할 때는 belonging, 소속감이라고 합니다. 내가 어디에 속해 있는가? 내가 자유인인 것 같지만, 사실은 자유인이 아니거든요. 어딘가 모르게 속해 있잖아요? 지금까지 배워온 지식에, 내 경험에, 내 사회적 관계에 다 소속되어 있다는 말씀입니다. 여기서 벗어날 수가 없습니다. '내가 어디 속했느냐? 어떤 소속으로 살아왔느냐?' 이것이 내 운명을 결정합니다.

요새 많은 분들이 사람의 마음을 끌고 가는 힘에 대해서 연구를 합니다. 두 가지인데, 이것이 세상을 어지럽힌다고들 합니다. 하나가 진화론이고, 또 하나가 잘못된 인도주의입니다. 한참 생각해봐야 됩니다. 많은 사람들이 다 덮어두고 있어서 잘 모르시지요? 인간을 가장 비참하게 했던 일, 수백만 명의 사람들을 가차 없이 죽인 일입니다. 아프리카 흑인들을 함부로 잡아다가 자기들 마음대로 노예로 팔아먹은 일입니다. 예를 들어 남미의 잉카문화를 생각해보십시오. 백인들이 쳐들어가서 가차 없이 수백만 명을 죽여버리지 않았습니까. 그렇게 학살을 자행하면서 저들은 무엇을 생각했을까요? 그들 사상의 뿌리 깊은 곳에 있었던 것이 바로 진화론입니다. 진화론이 무엇입니까? 모든 생물이 저 미생물로부터 시작해서 유인원으로, 그리고 인간으로 진화해왔다는 것 아닙니까. 이것이 진화의 과정이라는 것입니다. 그러니까 백인이 생각할 때 자기네는 높이 진화한 것이고, 황인종들은 조금만 진화한 것이고, 흑인들은 거의 진화를 못해서 동물과 비슷한 수준이고…… 뭐 이런 것 아니겠습니까. 그리하여 백인들이 어디까지 갔는 줄 아십니까? 아프리카 흑인들을 잡아다가 동물원에 집어넣고 침판지, 고릴라와 같이 있게 해놓고는 그걸 구경했습니다. 왜요? 흑인은 사람도 아니고 동물도 아닌, 그 사이에 있는 중간존재라는 것이지요. 이것이 진화론적 발상입니다. 이 진화의 과정에서 이루어지는 것은 언제나 하나를 죽이고 다른 하나가 사는 것입니다. 저를 죽여야 내가 삽니다. 이것이 진화론입니다. 약육강식입니다. 그래서 가차 없이 사람을 죽였고, 동물을 죽였고, 세상을 불살랐습니다. 이렇게 해서 오늘까지 온 것입니다. 이 죄악의 깊은 곳에는 진화론이 있습니다.

지금도 인종차별은 물론이고, 가만히 보면 우리 마음속에 묘한 것이 하나 있잖아요? 양반의식 말입니다. 종자가 다르다, 이것입니다. 우리 아버지도 저를 가르치시면서 제가 어렸을 때 이런저런 성들을 대주시더라고요. 무슨 성, 무슨 성, 무슨 성…… 그러시면서 "저건 상놈이니까 친하게 지내지 마라!" 하시더라고요. 요새도 보니까 그런 사람들이 정치도 하고 그러더라고요. 많이 달라졌지만, 옛날사람들은 다 그랬습니다. 이것이 마음속 깊이 들어 있거든요. 이것은 덜 진화됐고, 저것은 좀 더 진화됐고…… 상상해보십시오. 인종차별 아닙니까. 인간의 참 무서운 측면입니다. 그래서 우리 마음 깊은 곳에 있는 진화론적 사상을 뿌리 뽑아야 합니다. 사람은 다 똑같습니다. 다를 바가 하나도 없는데, 다르게 생각하려고 합니다. 이것이 진화론적 방법입니다. 저걸 죽여야 내가 산다고 생각합니다. 이것이 진화론의 방법론입니다. 그런고로 오늘도 이 생존경쟁으로 세상을 보는 이 진화론적 발상이 우리 마음속에 깊이 뿌리박고 있어서 이걸 빼내버리기 전에는 온전한 자유함이 없습니다.

또 한 가지는 그릇된 인도주의입니다. 사람은 누구나 다 인도주의적으로 대해야 한다는 것입니다. 한데 문제가 있습니다. 요새 미국을 보십시오. 부모가 자기 자녀들에게 예수 믿으라는 말을 못한다고 합니다. 제가 일본의 어느 목사님한테서 직접들은 이야기입니다. 그분은 아들이 둘 있는데, 아주 반기독교적인 말썽꾸러기입니다. 아주 소문이 났습니다. 그래 제가 한마디 해주었지요. "아, 그거 어렸을 때부터 성경을 가르쳐서 하나님 말씀대로 인도해야지, 왜 그렇게 하지 않으셨소?" 그랬더니 그 목사님 대답이 이랬습니다. "여기서 그건 인권침해입니다." 아이들은 저절로 자라도록 내버려둬야지, 왜 거기다가 예수 믿으라는 말을 하고, 교회에 나가라는 말을 하느냐, 이것입니다. 그릇된 인도주의입니다. 그러다보니 요새 인도주의라는 이름으로 이런 사람도 용납하고, 저런 사람도 용납합니다. 아닙니다. 그러다가는 마지막에 강아지까지 용납하게 되지 않겠습니까. 세상에 무슨 이런 인도주의가 다 있느냐, 이것입니다. 그릇된 인도주의의 잘못된 낭만적인 생각이 우리 마음속에 있는 것입니다. 그래서 결국은 이 세상을 이렇게 어지럽히고 있다, 이것입니다. 이것이 사람 마음속에 뿌리박은 것입니다.

그래서 예수님께서는 말씀하십니다. "나를 떠나서는 아무것도 할 수 없느니라. 너희가 내게 속하고, 나로부터 말씀을 받아야 비로소 사람이 되고, 세계가 되고, 화평이 되고, 성공이 될 수 있다." 여러분, 세상에 부자 되는 것이 성공이 아니라는 것 정도는 아시지요? 이제는 출세도 성공이 아니라는 것도 아시지요? 소유는 아무것도 아닙니다. 결코 성공이 아닙니다. 그럼 진정한 성공이란 무엇입니까? 그리스도께 붙어 있어서 그리스도로 말미암은 열매를 맺는 것입니다. 이것이 성공입니다. 그리스도께로부터 생명력을 얻고, 그리스도께로부터 진리를 받고, 그리스도께로부터 기쁨을 얻고, 그것이 열매를 맺어서 인격이 되고, 사업이 될 때, 이것이 바로 성공입니다.

이것을 오늘 예수님께서는 포도나무 비유로 말씀하십니다. 포도나무가 열매 맺기 위해서는 그 가지가 햇빛을 쬐어야 합니다. 그리고 뿌리로부터 계속 수분과 진액을 받아야 합니다. 하지만 가장 중요한 것은 이 가지가 나무에 붙어 있어야 한다는 것입니다. 가지가 나무에 붙어 있을 때에는 햇빛이 고마운 것이지만, 가지가 나무에 붙어 있지 않으면 햇빛은 나무를 말리는 구실을 합니다. 그 고마운 햇빛이 나뭇가지를 죽여버리는 것입니다. 그러니까 포도나무가지는 반드시 포도나무에 붙어 있어야 합니다. 문제는 얼마나 붙어 있느냐, 얼마나 완전하게 붙어 있느냐, 하는 것입니다. 가지는 나무에 붙어 있어야 합니다. 이것이 소속성입니다. 우리가 아무리 어렵고 괴로워도 정신을 똑바로 차리고 내 소속은 그리스도요, 내 소속의 본질은 하늘나라임을 잊지 말아야 합니다. 그리고 계속적으로 진액을 받아야 합니다. 참 옳은 말씀입니다. 나뭇가지가 나무에 붙어 있어서 계속 진액을 받아야 나뭇가지에 잎이 피고, 꽃이 핍니다. 참 신기하지 않습니까. 뿌리에서부터 진액이 올라가서 이 같은 귀한 역사가 이루어지는데, 가장 중요한 것은 나뭇가지가 나무에 붙어 있어야 된다는 것입니다. 그리고 계속 진액을 받아야 합니다. 이것을 예수님께서 친히 말씀하셨습니다. "내 말이 너희 안에 거하면 너희가 내게 붙어 있어서 나로부터 계속 내 말이……" 로고스가 아니고 레마타입니다. 말씀입니다. 예수님께서 하신 말씀들이 그 마음속에 계속 살아 있으면 귀한 열매를 맺는 것입니다.

제가 인천에서 한 14년 목회했습니다마는, 목회하는 가운데 참 마음 아프고 슬픈 경험을 한 적이 있습니다. 교회 성가대를 몇 년 동안 지휘하고 있는 선생님이 있었습니다. 고등학교 음악교사를 하면서 성가대 지휘를 했는데, 잘 하셨습니다. 그러다가 얼마 뒤에 무슨 사업을 한다고 사표를 내고 나갔습니다. 그래도 교회는 나와야 될 것 같은데, 그 길로 교회도 안 나오더라고요. '왜 안 나올까?' 궁금했습니다. 몇 달 뒤 밤 10시에 제가 야간 신학강의를 하고 집에 돌아가다가 길에서 그분을 만났습니다. 그동안 피아노 가게를 열어서 피아노를 팔면서 살았다는 것입니다. 자기 가게 앞에서 저를 딱 만난 것입니다. 벌겋게 술에 취한 얼굴로 혀 꼬부라진 소리를 합니다. "아, 목사님. 반갑습니다." 그래 제가 "어째서 이 모양이 됐소?" 했더니 그때 그가 고백한 말입니다. "저는 믿음이 시원치 않은 사람입니다. 제가 음악을 해서 성가지휘도 하고 했지마는, 교회에 가서 그저 목사님 말씀을 들을 때 시간마다 은혜를 받고 감격하지는 못했습니다. 그래도 주일마다 그렇게 하나님의 말씀을 듣고 지낼 때는 제가 제 인격을 추스를 수 있었고, 죄악에 빠지지 않을 수 있었는데, 그때 교회에 발길을 딱 끊고 보니 불과 몇 달 지나지 않아 제가 벌써 술집에 앉아 있는 것입니다. 그래서 제가 이 모양이 됐습니다!" 그러면서 제 손을 붙잡고는 엉엉 우는 것이었습니다.

여러분, 교회에 나올 때마다 은혜 받는 것은 아닙니다. 때로는 공치는 날도 있겠지요. 졸다 가는 날도 있고요. 그래도 나오십시오. 나오고 안 나오고는 다릅니다. 여기에 일 년만 빠지면 다 술집에 가 있을 것입니다. 이걸 알아야 합니다. 시험에 빠집니다. 계속 말씀을 공급 받아야 합니다. 듣고 잊어버리고, 또 듣고 잊어버려도, 또 실천하지 못해서 가책을 느껴도 계속해서 듣고 또 듣고 해야 합니다. 말씀의 진액을 계속 받아야 우리 영혼이 삽니다. 도덕성도 삽니다. 사업도 삽니다. 이걸 알아야 합니다. 이것이 신앙고백입니다. "너희가 나를 떠나서는 아무것도 할 수 없느니라!" 하나님의 말씀을 계속 들어야 됩니다. 계속 수용해야 됩니다. 계속 믿음을 확인해야 됩니다. 열심히 거듭거듭 하나님 앞에 헌신해야 됩니다. 열심히 거듭거듭 내 마음을 주님께 바치고, 내 사업을 주님께 바치고, 내 운명을 주님께 바치면서 하나님의 사람으로 성장하게 되는 것입니다.

오늘본문에는 더욱 신비로운 말씀이 있습니다. "열매를 맺지 아니하는 가지는 아버지께서 그것을 제거해 버리시고 무릇 열매를 맺는 가지는 더 열매를 맺게 하려 하여 그것을 깨끗하게 하시느니라(2절)." 아주 중요한 말씀입니다. 심판은 여기에 있습니다. 열매 맺지 않는 가지는 끊어버리시고, 열매 맺는 가지는 더 많은 열매를 맺게 하시는 것입니다. 하나님께서 하시는 일입니다. 작은 열매라도 맺으면 그 가능성을 보시고 주께서는 더 많이 열매 맺게 하시기 위하여 그 가지를 깨끗케 하십니다. 지금이라도 다시 시작해보십시오. 그러면 주께서 힘을 주시고, 용기를 주시고, 지혜를 주시고, 은총을 주셔서 큰 열매를 맺도록 해주실 것입니다. 이것이 복음입니다.

　요한복음 15장 16절에는 더 귀한 말씀이 있습니다. "너희가 나를 택한 것이 아니요 내가 너희를 택하여 세웠나니 너희로 가서 열매를 맺게 하고……" 여러분, 내가 주님을 선택했다고 생각하지 마십시오. 주님께서 나를 선택하셨습니다. 그리고 놓지 않으십니다. 주님께서 나를 선택하셨고, 오늘에 이르렀습니다. 조그마한 열매라도 맺으십시오. 그러면 더 큰 열매를 맺도록 여러분을 깨끗케 하실 것입니다. 선택된 자신을 확인하십시오. 그리스도께 붙어 있는 나 자신을 확인하십시오. 그리고 여러분이 그리스도께 소속되어 있음을 재확인하십시오. 그리 할 때 여러분은 나의 나됨의 본체를 알게 될 것입니다. 그리고 나도 모르게 상상도 할 수 없을 만큼의 귀한 열매를, 성공이라고 하는 열매를, 하나님께 영광 돌리는 열매를 맺게 될 것입니다. 예수님께서 말씀하십니다. "나는 포도나무요, 너희는 가지다!" 다시 한 번 깊이 묵상하면서 나의 정체를 확인해야 하겠습니다.　△

이 사람의 믿음

하루는 가르치실 때에 갈릴리의 각 마을과 유대와 예루살렘에서 온 바리새인과 율법교사들이 앉았는데 병을 고치는 주의 능력이 예수와 함께 하더라 한 중풍병자를 사람들이 침상에 메고 와서 예수 앞에 들여 놓고자 하였으나 무리 때문에 메고 들어갈 길을 얻지 못한지라 지붕에 올라가 기와를 벗기고 병자를 침상 째 무리 가운데로 예수 앞에 달아 내리니 예수께서 그들의 믿음을 보시고 이르시되 이 사람아 네 죄 사함을 받았느니라 하시니 서기관과 바리새인들이 생각하여 이르되 이 신성모독 하는 자가 누구냐 오직 하나님 외에 누가 능히 죄를 사하겠느냐 예수께서 그 생각을 아시고 대답하여 이르시되 너희 마음에 무슨 생각을 하느냐 네 죄 사함을 받았느니라 하는 말과 일어나 걸어가라 하는 말이 어느 것이 쉽겠느냐 그러나 인자가 땅에서 죄를 사하는 권세가 있는 줄을 너희로 알게 하리라 하시고 중풍병자에게 말씀하시되 내가 네게 이르노니 일어나 네 침상을 가지고 집으로 가라 하시매 그 사람이 그들 앞에서 곧 일어나 그 누웠던 것을 가지고 하나님께 영광을 돌리며 자기 집으로 돌아가니 모든 사람이 놀라 하나님께 영광을 돌리며 심히 두려워하여 이르되 오늘 우리가 놀라운 일을 보았다 하니라

(누가복음 5 : 17 - 26)

이 사람의 믿음

한 20여 년 전에 이스라엘의 랍비들 가운데서도 아주 높은 지도 자급에 있는 중요한 인물 두 분을 초청한 적이 있습니다. 한 분은 뉴욕에 있는 New York Jewish Seminary에서 온 유명한 교수였고, 또한 분은 예루살렘에서 온 철저하게 보수주의적인 이스라엘 학자요 랍비였습니다. 그래 그 두 랍비와 한국의 목사님들 한 3백 명이 함께 이틀 동안 한국교회를 위해 중요한 목회세미나를 열었습니다. 맨 마지막 시간에 자유토론이 있었습니다. 이러저러한 평이한 질문들을 하고 대답을 하게 되었는데, 어느 목사님이 이렇게 질문했습니다. "가만히 보니 이스라엘 사람들은 참 자녀교육을 잘하는 것 같습니다. 우리가 알고 있는 대로 노벨상을 받는 사람의 60퍼센트가 이스라엘 사람이라고 합니다. 그렇게 훌륭한 예술가, 과학자 들을 양성하는 이스라엘 교육의 근본이 가정교육에 있다고 하던데, 그 이스라엘 사람들의 가정교육의 핵심이 무엇입니까?" 그랬더니 그 랍비가 빙그레 웃으면서 이런 대답을 합니다. "복잡할 것 하나도 없습니다. 가정교육은 딱 한마디면 됩니다. 아이들한테 거짓말하지 않는 것입니다. 아이들한테 거짓말을 가르치지 마세요." 아주 중요한 이야기입니다. 사랑하는 어머니에게 배신당한 상처는 일생동안 치료할 수 없습니다. 이 얼마나 절절한 이야기입니까. 어렸을 때에 진실을 배워야 됩니다. 어머니의 말은 다 옳은 이야기고, 아버지의 말은 다 진실한 것이고…… 이렇게 아이들이 마음속으로 어머니를 믿고, 아버지를 믿어야 합니다. 이 믿음을 아이들한테 심어줘야 된다는 것입니다. 이 믿음이 무너지면 인격도 무너지고, 모든 말과 모든 교훈이 다 공중분해된다는 것입니다. 그렇습니다. 믿음입니다. 얼마나 믿느냐? 얼마나 믿는 사람으로 만들었느냐? 얼마나 믿음을 심어주었느냐? 이것이 가정교육의 근본이라고 랍비가 말하는 것을 듣고 제가 깜짝 놀랐습니다.

오늘본문 가운데에도 있습니다마는, 예수님께서 말씀하시는 가운데 가만히 보면 계속해서 믿음을 강조하십니다. "네 믿는 대로 되리라." '네가 네 병을 고친다'가 아니고, '네 믿음대로 되리라' 하고 말씀하시면서 이적을 행하셨습니다. 그 이적을 행하는 근본요소가 믿음입니다. '네 믿음대로, 네 믿음의 그릇대로 되리라. 네 믿음이 크다.' '메가 스피스티스'라는 말입니다. 메가톤급 믿음입니다. 믿음을 이렇게 높이 칭찬하십니다. 어떤 때는 제자들에게 "적게 믿는 자여 어찌 의심하느냐?" 하십니다. 풍랑이 좀 있고, 바람이 있다고 해서 호들갑을 떨고 죽느니 사느니 하는 걸 보고 "적게 믿는 자여 어찌 의심하느냐?" 말씀하십니다. 오늘본문에는 더욱 특별한 의미가 하나 있습니다. '저들'의 믿음을 보십니다. 한 사람이 아닙니다. 지금까지는 늘 그의 믿음을 보시고, 그 여자의 믿음을 보시고 말씀하셨지만, 오늘본문에서는 '저들'의 믿음을 보셨습니다. 집단적입니다. 함께 가진 그 믿음을 보시고 예수님께서 중풍병자를 치유하셨다는 이야기가 오늘본문에 있습니다.

종교개혁자 마르틴 루터는 말합니다. '그저 뭐니 뭐니 해도 오직 은혜로 구원받는다. 오직 믿음으로 구원받는다. 우리의 의로, 우리의 선행으로 구원받는 것이 아니다.' 이것을 철저히 강조한 것이 종교개혁 아니겠습니까. 오직 믿음으로, 오직 은혜로…… 그런데 이 은혜가 무엇입니까? 은혜를 받아들일 수 있는 것은 믿음이거든요. 믿음이라고 하는 그릇으로 은혜를 받는다, 이것입니다. 좀 더 나아가서는 이 은혜의 그릇, 믿음마저도 하나님께서 주시는 선물이다, 이것입니다. 하나님의 절대구원의 역사입니다. 우리에게 능력을 더하시고, 이 은혜를 받도록 그릇을 준비해주십니다. 이것이 바로 믿음입니다. 믿음만큼, 믿음의 그릇만큼 은혜를 받게 될 것이라고 종교개혁자는 말합니다.

오늘본문의 사건은 너무나 중요합니다. 마태, 마가, 누가, 이 세 공관복음에 다 기록되어 있는 사건입니다. 세 복음이 다 같이 이 사건을 취급합니다. 그런데 마가복음 2장에 보면 가버나움이라고 지명이 나옵니다. 여기 본문에는 그게 나타나지 않습니다마는, 어쨌든 가버나움은 예수님의 고향이고, 예수님께서 많은 능력을 행하신 거리입니다. 그런데 그 가버나움에 중풍병자가 있었다, 이것입니다. 오늘 이 이야기는 굉장히 드라마틱합니다. 어찌 이렇게 사건이 진행되었는지, 그 연유는 설명이 없으니까 알기 어렵습니다마는, 충분히 짐작할 수 있습니다. 이 사람이 예수님께 나아옵니다. 소문을 듣고 나온 것입니다. 이것은 분명합니다. 소문을 듣는 것, 아주 주의해야 합니다. 좋은 소문을 듣고, 소문 속에 있는 진실을 들을 줄 알아야 합니다. 요새 우리는 너무나 정보가 많고, 너무나 소문이 많습니다. 수많은 이야깃거리가 있습니다. 그 속에서 무엇이 사실이며, 무엇이 진실인지 알아들을 줄 알아야 합니다. 좋은 소문을 놓치면 정말 일생의 불행입니다. 말 한마디가 얼마나 중요합니까. 그 한마디로 말미암아 내 운명이 바뀝니다. 이런 의미에서 소문을 주의해서 들어야 되고, 잘 새겨서 들어야 되고, 소문 속에 있는 하나님의 음성을 들어야 됩니다. 소문 속에 있는 하나님의 부름을 듣는 영적 지각이 필요한 것입니다.

이 사람들은 어떻게 해서든지 예수님에 대한 소문을 들었습니다. 그리고 예수님께 가려고 하는데, 짐작컨대 이 중풍병자는 부자인 것 같습니다. 상당히 지체가 높은 사람입니다. 그래서 예수님께 모시고 가야 되느냐, 아니면 예수님을 모셔 와야 되느냐, 하는 상황이거든요. 그런데 이 사람에게 요만큼의 믿음이 시작됩니다. '내가 가야지. 예수님께 오시라 가시라 해서는 안 되지.' 그리고 회당장 야이로가 예수님께 와서 자기 딸이 죽어간다고 아룁니다. "저희 집으로 가시지요." 초청입니다. 또 백부장 같은 사람도 주님 앞에 와서 아룁니다. 예수님께서 "내가 너희 집에 가마!" 하시니 "아이고, 그러실 것 없습니다!" 합니다. 초청하는 것입니다. 그도 지체가 높은 사람입니다. 얼마든지 예수님께 "오셔서 병을 고쳐주세요!" 할 수 있는데도 그리해서는 안 된다고 생각했습니다. '내가 가야 한다!' 이것이 중요합니다. '그분을 모셔 올 것이 아니라, 내가 예수님께로 가야 한다!' 이렇게 생각한 것입니다. 그런데 몹시 몸이 아팠던 것 같습니다. 이래도 아프고, 저래도 아프고, 쑤시고 해서 결국은 침상을 들고 갑니다. 침상이란 침대입니다. 침대를 통째 들고 가는 것입니다. 이 사람, 부자입니다. 장정 네 사람이 침대를 들고 예수님께로 갑니다. 이 장면을 가만히 생각해보십시오. 왜 예수님께 사람을 보내어 "오셔서 치료해주세요!" 하지 않은 것일까요? 또 이 사람이 "내가 가리라!" 하면서 갈 수 없는 처지기 때문에 침상을 통째 둘러메고 간 것입니다. 예수님께 가까이 가는 그의 이동수단이 이것밖에 없었습니다. 그래 가서 보니까 사람들이 너무 많습니다. 들어갈 수가 없습니다. 그래서 지붕을 뚫었습니다.

이스라엘 사람들의 옛날 지붕은 평토장을 해서 뚜껑처럼 문을 열 수 있게 되어 있습니다. 그 지붕을 뚫었으니 얼마나 많은 먼지가 쏟아졌겠는지 짐작이 갑니다. 그래 지붕을 뚫고, 침상 네 귀를 메서 밑으로 쭉 달아 내렸습니다. 상상을 해보십시오. 이 장면을 그림으로 그려놓은 것을 봐도 아주 가관입니다. 그냥 쭉 내립니다. 그래서 예수님 앞에 딱 침상이 놓입니다. 이 장면을 예수님께서 보신 것입니다. 왜 이렇게 했을까요? 많은 사연이 있습니다. 예수님께서 깊이 이해하시고, 저들의 믿음을 보셨습니다. 한 사람이 아닙니다. 적어도 네 사람이 데리고 왔다면 환자까지 모두 다섯 사람 아닙니까. 저들의 믿음이 아주 중요합니다. 여기서 본인이 이렇게 하겠다고 해도 주변사람이 아니라고 그러면 안 됩니다. 이 사람은 참 귀중한 사람입니다. 여러 동료를 얻었습니다. 여러 친구를 얻었습니다. 여러 협력자를 얻었습니다. 이 협력자를 얻었다고 하는 정도의 믿음 말입니다. 나만이 아니고 여러 사람이 함께해서 예수님께 가까이 가려고 하는 그 마음이 아주 귀중합니다.

제가 다른 교회에 가서 부흥회를 인도하고 다닐 때 더러 은근히 자랑하는 것이 하나 있습니다. 우리 교회에서는 어느 예배에서도 맨 앞에서부터 사람들이 앉습니다. 그러다보니 서로 맨 앞자리를 다투는데, 그 자리에 앉으려면 예배가 시작하기 한참 전에 와야 합니다. 보통 다른 교회에서는 앞자리는 비어 있고, 다들 뒤에만 앉습니다. 그래서 찬송 부르는 동안 "앞으로 나오세요! 나오세요!" 하면서 사람들을 앞자리로 유도합니다. 하지만 우리 교회에서는 앞으로 나오라고 하는 말 안 합니다. 맨 앞에서부터 앉는 것이 왜 중요합니까?

성경에 있습니다. "가까이 하여 말씀을 듣는 것이 우매자의 제사보다 낫다." 죄송하지만, 앞자리 놔두고 뒤에 앉는 사람은 수상한 사람입니다. 자리가 모자라다면 하는 수 없는 일이지만, 여기까지 와가지고 굳이 뒤에 가서 앉는 것은 무슨 심보입니까? 아니, 그 멀리서 이 추운 날 아침에 기껏 여기까지 와놓고는 굳이 뒷전에 앉을 이유가 무엇이냐, 이것입니다. 그것은 경건이 아닙니다. 가까이 가야지요. 우리가 주님 앞에 가까이 가는 마음으로 말입니다. 보다 더 가까이! 이것이 믿음입니다.

오늘 이 중풍병자가 예수님께 가까이 가기 위해서 지붕을 뚫었습니다. 여기에 견준다면 우리는 너무나 허술합니다. 가까이 가서 예수님 앞에 딱 내려놓는 것입니다. 예수님께서는 이 사람들을 보시고 아무 말씀도 없으십니다. 다만 가까이 온 것 하나만 보십니다. 저들의 믿음을 보시는 것입니다. 한 사람이 아닙니다. 여러 사람이 협력한 것입니다. 이 사람들 가운데 누구 하나만 반대해도 이것은 안 될 일입니다. 이 협력하는 마음이 너무나 귀합니다. 같이하는 마음입니다. 이 교회에 나오는 것도 같이 하잖아요? 때로는 조금 게으르고 싶다가도 다른 사람들이 자꾸 권면하고 같이 하면 나오게 되는 것이거든요. 협력하는 믿음, 협력이 필요합니다.

그리고 오늘본문에서 결정적인 것은 예수님의 말씀입니다. 환자를 딱 보고 하시는 말씀입니다. 일어나라, 건강해져라 하지 않으셨습니다. 딱 한마디, 이렇게 이르셨습니다. "이 사람아 네 죄 사함을 받았느니라……(20절)" 죄를 말씀하십니다. 죄 사함을 받았다, 이것입니다. 그 순간 주변에 있던 사람들, 바리새교인들, 서기관들, 그 당당한 종교지도자들이 이렇게 수군수군 비평합니다. "참담하도다!

하나님 외에 누가 죄를 사하시겠느냐? 사죄권(赦罪權)이란 하나님께만 있는 것 아니냐? 저들이 용서한다고 하지만, 그것은 사죄가 아니라 용서일 뿐이다. 그걸 가지고 하나님 앞에 죄가 없어지는 것이 아니다. 아무리 화해하고 용서해도 안 된다. 하나님과 나와의 관계니까 나는 여전히 하나님 앞에 죄인이다. 하나님만이 죄를 사하실 수 있다." 예수님께서 그들의 속을 다 아시고 말씀하십니다. "네 죄 사함을 받았느니라 하는 말과 일어나 걸어가라 하는 말이 어느 것이 쉽겠느냐(23절)." 이 말씀에 깊은 의미가 있습니다. 지금 이 사람의 병은 죄와 관계가 있습니다. 요한복음 9장을 보십시오. 나면서부터 소경된 사람이 있는데, 이것이 누구의 죄 때문이냐고 제자들이 예수님께 여쭈어봅니다. 이때 예수님께서는 이렇게 말씀하십니다. "이 사람이나 그 부모의 죄로 인한 것이 아니라 그에게서 하나님이 하시는 일을 나타내고자 하심이라(3절)."

　　이 병이라는 것에는 두 가지가 있습니다. 하나는 죄와 관계가 있습니다. 또 하나는 죄와는 관계가 없지만, 이것을 통하여 하나님의 큰 영광을 드러내고, 하나님의 큰 역사를 이루시기 위한 것입니다. 오늘본문에 나오는 병은 죄와 관계가 있습니다. 그래서 이 사람의 병은 죄 사함을 받아야 나을 수 있는 병입니다. 죄 때문에 생긴 병이니까요. 그런데 중요한 것은 예수님께서 이렇게 말씀하실 때 이 사람이 어떤 심정이었는가 하는 것입니다. 어떻겠습니까? 그는 자기가 스스로 죄인인 것을 압니다. 자기가 죄 때문에 병에 걸렸다는 사실을 아는 것입니다. 하지만 아무리 그렇다 하더라도 누군가가 이걸 지적하면 마음이 불편해집니다. 나는 나를 죄인이라고 생각해도 남이 나를 죄인이라고 하면 불편한 것입니다. 나는 내가 약한 것을 압니다. 내가 무식한 것도 압니다. 그러나 다른 사람이 나를 무식하다고 하면 참을 수 없습니다. 바로 이 병자가 지금 많은 사람들 앞에서 간접적으로 죄인의 심판을 받는 것입니다. 예수님께서 말씀하십니다. "네 죄가 사함 받았느니라. 네가 병든 것은 네 죄 때문이니라." 이 말씀을 이 사람은 조용하게 참고 받아들입니다.

오늘 이 사람은 단 한마디도 말이 없습니다. 그저 침상에 누워 있을 뿐입니다. 이 사람은 침묵 속에서 신앙을 고백하고 있는 것입니다. 진정한 회개를 하고 있는 것입니다. 다른 사람들이 나더러 내가 실수했다고 지적하고, 나도 내가 잘못했다는 것을 알고, 또 그 잘못을 고백하기는 쉽습니다. 다른 사람들이 다 나더러 내가 무식하다고 말하고, 나도 내가 무식하다는 것을 알고, 또 그 무식을 고백하기는 쉽습니다. 하지만 남들이 나더러 내가 유식하다고 하고, 내가 잘났다고 하고, 내가 깨끗하다고 하는 중에 내가 혼자서 "아닙니다. 나는 죄인입니다!" 하고 고백하기는 어려운 일입니다. 참으로 어려운 일입니다. 많은 바리새교인들과 서기관들이 얼마나 잘난 사람들입니까. 게다가 많은 사람들이 지켜보고 있습니다. 그 가운데에서 자기가 자기 죄를 인정하고 있습니다. '내 죄 때문에 내가 병들었습니다.' 이것을 인정하는 것 자체가 엄청난 믿음의 결과입니다. 이 얼마나 귀한 믿음입니까.

제가 목회생활 하면서 많은 학자들도 만나고, 특별히 재산이 많은 사람들도 여럿 만나보았습니다. 그리고 헤어질 때마다 목사가 무슨 말을 하겠습니까? 어떤 경우에는 헤어질 때 악수하면서 꼭 한마디 합니다. "교회 나오세요. 예수 믿으세요." 그 말을 꼭 하는 것이 목사의 습관입니다. 그래서 제가 생전 처음 본 사람에게도 "예수 믿으세요!" 하잖아요? 그런데 그 가운데 몇 번이나 제 마음을 참 깊이 감동시킨 분이 계십니다. 그분이 조용히 제 귀에 대고 하는 말입니다. "저는 죄가 너무 많거든요. 부끄러워서 못 나갑니다. 교회 나가야 될 줄 알지만, 부끄러워서 못나갑니다." 어떤 사람은 아주 점잖게 말합니다. "제가 나가면 목사님 교회까지 좋지 않은 말을 들을까봐 못갑니다." 내가 죄인임을 고백하면서 좌우주변을 살펴야 되겠습니까. 남들이 뭐라고 하든, 어떤 비판을 하든 상관할 필요가 없습니다. 하나님과 나와의 관계만 생각하면 됩니다. 이 사람은 생각합니다. '나는 죄인입니다. 내 죄 때문에 내가 병들었습니다. 이걸 내가 알고 있습니다.' 그리고 이것을 공개적으로 인정합니다. 그때에 예수님께서 "네 믿음이 너를 구원했다!" 하십니다. 이 얼마나 귀한 말씀입니까. 사죄권을 행사하신 것입니다. 하나님의 아들 되심을 나타내신 것입니다. 예수님께서 그의 병을 이렇게 죄의 문제로 돌리시고, 사죄권을 선포하시는 그 순간, 이 사람은 말이 없습니다. 그대로 받아들이고 있는 것입니다. 자신이 죄인 됨을 인정하고, 예수께서 하나님의 아들 되심을 인정하고, 예수님께서 죄 사함의 권세를 가지신 것을 인정하는 것입니다. 완전한 신앙입니다. 내가 죄인임을 알고, 그리스도께서 하나님의 아들이심을 믿는 바로 그 순간 주께서 그를 크게 칭찬하십니다. 그 믿음을 보시고 "네 죄 사함을 받았느니라!" 하십니다. 굉장한 말씀 아닙니까. "인자가 땅에서 죄 사함의 권세가 있는 것을 너희로 알게 하리라. 걸어가라!" 그 순간 병자가 침상을 들고 밖으로 나가고, 하나님께 영광을 돌렸습니다. 이 사람의 믿음, 주님께 가까이 가는 믿음, 협력자와 함께하는 믿음, 동시에 내가 죄인 됨을 깨끗하게 인정하는 믿음, 그리고 주께서 내 죄를 사하실 것을 믿는 믿음, 이 신앙고백 속에 주께서 복을 더하십니다. "네 죄 사함을 받았느니라. 상을 들고 걸어가라. 네가 믿는 대로 되리라." 엄청난 복음입니다. △

복 있는 자의 정체의식

복 있는 사람은 악인들의 꾀를 따르지 아니하며 죄인들의 길에 서지 아니하며 오만한 자들의 자리에 앉지 아니하고 오직 여호와의 율법을 즐거워하여 그의 율법을 주야로 묵상하는도다 그는 시냇가에 심은 나무가 철을 따라 열매를 맺으며 그 잎사귀가 마르지 아니함 같으니 그가 하는 모든 일이 다 형통하리로다 악인들은 그렇지 아니함이여 오직 바람에 나는 겨와 같도다 그러므로 악인들은 심판을 견디지 못하며 죄인들이 의인들의 모임에 들지 못하리로다 무릇 의인들의 길은 여호와께서 인정하시나 악인들의 길은 망하리로다

(시편 1 : 1 - 6)

복 있는 자의 정체의식

　종교개혁자 마르틴 루터의 설교집에 나오는 다음과 같은 재미있는 이야기가 있습니다. 어느 날 악마의 괴수 사탄이 자기 부하들을 데리고 바야흐로 세상 사람들을 미혹하기 위해서 파송되는 그 순간에 졸개들에게 훈계를 하고 있었습니다. 그러다가 그 사탄이 문득 이런 질문을 했답니다. "어떻게 해야 많은 사람들을 지옥으로 끌어올 수 있을까?" 그러자 악마들 가운데 하나가 나서서 이렇게 대답합니다. "저는 돌아다니면서 '하나님은 안 계시다! 하나님은 안 계시다!' 하고 소문을 내겠습니다." 이에 사탄이 말합니다. "그 방법은 오래전부터 써본 거야. 그 방법으론 안 되더라." 또 다른 악마가 말합니다. "저는 돌아다니면서 지옥이 없다고 소문을 내겠습니다." 그랬더니 사탄이 빙그레 웃으면서 말합니다. "그러지 않아도 사람들은 지옥을 안 믿어." 또 다른 악마가 말합니다. "저는 많은 사람들에게 고통을 주겠습니다. 아주 견딜 수 없는 고통을 주도록 하겠습니다." 그랬더니 사탄이 하는 말입니다. "그렇게 하면 순교한다고 좋아하고, 예수의 이름으로 고난당한다고 더 기뻐한단다. 그러니까 그건 안 되지." "그러면 어떡하면 좋겠습니까?" 그러자 사탄이 마지막으로 하는 말입니다. "이렇게 말해라. '서두르지 마라. 천천히 예수를 믿어라. 시간은 얼마든지 있다.' 그래야 많은 사람들을 지옥으로 데려갈 수 있을 거다." 많은 것을 생각하게 하는 좋은 예화입니다.

　오늘 본문은 찬찬히 깊이 읽어야 합니다. 여기에는 어떻게 하면 복을 받는다는 말씀이 없습니다. 또한 기복적인 이야기도 없습니다.

'이렇게 하면 복을 받는다. 저렇게 하면 복을 받는다.' 이런 말씀 자체가 없습니다. 이것이 오늘본문의 특징입니다. 예로부터 우리민족은 오복을 늘 말해왔습니다. 역시 어떻게 하면 복 받는다는 말은 없습니다. 다만 다섯 가지 복의 상태를 말하고 있을 뿐입니다. 수(壽), 부(富), 강녕(康寧), 유호덕(攸好德), 고종명(考終命). 이 오복(伍福)을 제가 아주 어렸을 때부터 외웠습니다. 말 그대로 다섯 가지 복입니다. 첫째, 오래 사는 것이 복입니다. 둘째, 부유하게 사는 것이 복입니다. 셋째, 건강하게 사는 것이 복입니다. 넷째, 덕을 즐기는 것이 복입니다. 이것이 중요합니다. 덕이 있어야 복이 있는 것입니다. 덕을 즐기는 유호덕, 이것이 복입니다. 그리고 마지막 다섯째 복이 중요합니다. 명대로 살다가 귀하게 죽는 것입니다. 잘못 죽으면 복된 일이 아닙니다. 개처럼 죽으면 개입니다. 또 내가 죽는 장소가 중요합니다. 어디에서 어떤 모양으로 죽느냐, 하는 것이 대단히 중요합니다. 저는 목사이기에 임종을 많이 보았는데, '과연 이분은 복된 사람이구나!' 하고 생각하게 되는 경우가 있습니다. 그럴 때면 깊이 감격합니다.

　여러분, 무엇이 복이겠습니까? 돈은 많은데 건강은 없다면 복일 수 없습니다. 건강은 있는데 지식이 없으면 그것도 복이 아닙니다. 지식은 있는데 명예가 없다면 그것도 복이 아닙니다. 명예는 있는데 덕이 없다면 그 또한 복일 수 없습니다. 어떻게 살아야 복이며, 어떤 사람이 복된 사람인지 깊이 생각해야 합니다. 오늘본문은 복 있는 사람을 말씀합니다. 어떻게 하면 복 받느냐가 아니고, 복된 사람은 이러이러하다고 말씀하는 것입니다. 벌써 복을 받은 사람의 정체는 무엇인지를 말씀해주고 있는 것입니다. 여러분, 스스로 내가 복된 사람인가를 한번 물어보시기 바랍니다.

　오늘본문은 부정적인 것과 긍정적인 것을 나눠서 말씀하고 있습니다. 먼저 1절은 말씀합니다. "악인들의 꾀를 따르지 하니하며 죄인들의 길에 서지 아니하며 오만한 자들의 자리에 앉지 아니하고." 여기서 따른다는 말은 walk, 걸어간다는 뜻입니다. 그리고 서다는 stand이고, 앉는다는 sit down입니다. 그러니까 walk, stand, sit down, 이 세 가지가 중요합니다. '악인의 꾀를 쫓아다닌다.' 걸음걸이가 잘못됐습니다. 방향이 잘못됐습니다. 복된 사람이 아닙니다. '죄인의 길에 서지 않는다.' 선다, stand, 무엇입니까? 죄인의 길에 가까이 가서 서성거릴 필요가 없다, 이것입니다. 잘못된 길이라면 선뜻 돌아서야지, 왜 가까이 가서 서성댑니까? 그러다가 빠지는 것입니다. 그리고 앉는다는 같이 먹는다는 뜻입니다. 사귀다보면 빠져들어갑니다. '어떻게 걷느냐? 어디에 서 있느냐? 어디에 앉아 있느냐?' 스스로 한번 이렇게 물어야 할 것입니다.

　그렇다면 악인이 악인의 꾀에 빠지는 이유는 무엇입니까? 우리는 흔히 악인의 꾀에 빠져들고는 세상을 탓합니다. 친구를 탓합니다. 누구를 원망합니다. 하지만 깊이 생각해보면 아무도 원망할 것 없습니다. 내가 시험에 빠진 것은 내 마음속에 시험의 요소가 있었기 때문입니다. 이걸 놓쳐서는 안 됩니다. 악인의 꾀에 빠지는 이유? 시험에 빠지는 이유? 그리고 일생을 통해서 후회하는 이유? 이렇게 살아야 하는 이유? 확실한 정체를 우리는 알아야 합니다. 여러분, 가끔 우리는 속았다는 말을 합니다. '속았다. 속인다.' 물론 둘 다 괴로운 일입니다마는, 우선은 속인 사람이 나쁘지요? 하지만 동시에 속은 사람도 나쁜 것입니다. 왜 속았는지를 스스로 물어보십시오. 내 마음 속 깊은 곳에 무엇인가 악이 있었던 것입니다. 욕심이 있었던 것입니다. 그래서 속은 것입니다. 많은 경우 일생을 두고 후회하는 것이 누구한테 속은 일입니다. 하지만 이것은 깊이 회개해야 될 문제입니다. 물론 속이는 자가 나쁩니다. 그러나 속은 자에게도 죄가 있습니다. 왜냐하면 악인의 꾀를 좇았기 때문입니다. 거기에 서 있었거든요. 오만한 자와 함께 했거든요. 그래서 속게 된 것입니다. 이것을 잊지 말아야 합니다.

야고보서 1장 14절에 너무나 확실한 말씀이 있지 않습니까. "오직 각 사람이 시험을 받는 것은 자기 욕심에 끌려 미혹됨이니." 누구도 탓할 것 없습니다. 내 마음속에 깊이 숨어 있는 욕심과 교만이 마침내 이 같은 결과를 만들어낸 것입니다. 그런고로 시험을 받는 것은 자기 욕심에 끌리는 것입니다. 이것을 회개할 줄 알아야 됩니다. 정체를 분명히 해야 되는 것입니다. 욕심이 잉태한즉 죄를 낳고 죄가 장성한즉 사망을 낳는다고 야고보 사도가 말하고 있지 않습니까. 그러면 복된 사람이란 누구입니까? 미혹에 빠지지 않는 사람입니다. 시험에 빠지지 않는 사람입니다. 왜요? 스스로 만족하니까요. 스스로 만족한 사람은 유혹에 빠질 필요가 없습니다. 스스로 충분히 겸손한 사람은 악의 시험에 들지 않습니다. 만족하고 행복한 사람입니다.

제가 1963년, 그 옛날에 미국으로 유학을 갔을 때 이런 재미있는 경험을 한 적이 있습니다. 프린스턴 신학교를 다니고 있을 때입니다. 하루는 은행 지점장인 어느 장로님의 가정에 초청을 받아서 저녁을 같이 먹게 되었습니다. 한데 일이 이상하게 꼬였습니다. 하필이면 그날 밤 그 지점장이 동시에 두 군데에 초대를 받았다는 것입니다. 하나는 부부동반을 해야 되는 곳이고, 또 하나는 혼자 가도 되는 곳이라는 것입니다. 한데 둘 다 피할 수 없는 중요한 자리라는 것이 문제였습니다. 그래 그 지점장이 제게 간곡히 부탁하기를, 자기는 혼자 가도 되는 곳으로 갈 테니, 저더러 자기 집사람하고 부부동반이라야 되는 파티에 자기대신 좀 갔다오면 좋겠다는 것입니다. 그래서 하는 수 없이 제가 팔자에도 없는 남의 마누라를 데리고 부부동반 파티에 갔습니다. 입구에서부터 화려하기 그지없는 굉장한 파티였습니다. 수많은 사람들이 모여 있었습니다. 아시는 분은 아시겠습니다마는, 미국사람들 파티에는 음식이 별로 없습니다. 그저 포도주잔 하나 들고 왔다갔다 하면서 여기서 이 사람 한번 만나고, 저기서 저 사람하고 잠시 얘기하는 식입니다. 그러니까 대화를 잘해야 됩니다. 그래야 그들 사이의 멤버가 될 수 있으니까요. 그래 제가 서툰 영어로 이 사람 저 사람과 어울려 대화를 좀 했습니다마는, 금세 밑천이 바닥나서 더는 할 이야기가 없었습니다. 그러다가 동반으로 간 그 사모님을 제가 이렇게 쳐다보았더니 진주목걸이를 하고 있는 모습이 예쁘고 잘 어울리더라고요. 제가 그걸 두고 한마디 했습니다. "그 진주목걸이가 사모님께 참 잘 어울립니다." Beautiful이라고 했지요. 그랬더니 그 사모님이 빙그레 웃으면서 "Is that so?" 하고 반문하면서 아주 좋아하더라고요. 제가 한마디 더 했습니다. "그런데 자세히 보니 그거 가짜네요?" 그랬더니 그 사모님이 깜짝 놀라서 "How do you know?" 합니다. 어떻게 아느냐, 이것이지요. 저는 진주목걸이를 해본 일도 없고, 사본 일도 없지만, 어쩌다 window shopping을 많이 해서 진짜 가짜를 가릴 줄은 알거든요. 그래 이것은 가짜라고 했더니, 사모님이 또 빙그레 웃으면서 자랑하는 말입니다.

"사실 제 남편이 저한테 크리스마스 날 선물로 준 3천불짜리 좋은 진주목걸이가 있는데, 그것은 너무 예뻐서 집에다 두고, 똑같이 생긴 가짜를 하고 나온 것이랍니다." 그래 제가 많이 생각했습니다. 만일 이 사모님이 은행 지점장 부인이 아니라면 제가 그런 농담을 할 수 있겠습니까? 어느 가난한 여자에게 이렇게 말했다가는 큰일 나지요. 게다가 진짜 진주 목걸이가 없는 사모님이라면 아마 그날 밤 집으로 돌아가 그 부부 대판 싸울 것입니다. 자기가 외국 사람한테까지 망신을 당했다고 싸우지 않겠습니까. 그런데 진짜 진주목걸이가 있거든요. 그러니까 누가 무슨 말을 해도, 외국 사람이 자기더러 목걸이가 가짜라고 지적해도 빙그레 웃고 마는 것입니다.

이것이 행복입니다. 이것이 바로 넉넉함입니다. 이렇게 살면 피곤함이 없습니다. 시험에 빠질 일이 없습니다. 남이 무슨 말을 하든 빙그레 웃으면 되는 것입니다. 유식한 사람더러 무식하다고 해도 화내는 법이 없습니다. 그런데 정말로 무식한 사람에게 무식하다고 했다가는 큰일 납니다. 넉넉함이 있어야 됩니다. 내 마음에 넉넉함이 있으면 시험에 빠질 일이 없습니다. 식사를 할 때 자기가 좋은 음식을 잘 먹고 배가 부르면 그 다음에 아무리 좋은 음식이 또 나온다고 해도 음식으로 말미암아 시험에 빠질 일은 없잖아요? 언제나 배고픈 사람이 시험에 빠지는 것입니다. 그러니 내 마음에 넉넉함이 있어야 됩니다. 디모데전서 6장 6절은 말씀합니다. "자족하는 마음이 있으면 경건은 큰 이익이 되느니라." 스스로 만족하는 마음이 있으면 경건생활에 유익이 된다고 확실하게 말씀하고 있습니다. 그래서 숨겨진 욕심, 그 교만 때문에 시험에 빠지는 것입니다. 이런 욕심이 없는 사람, 넉넉하고 만족함이 있는 사람이 복된 사람입니다. 시험에 빠질 이유가 없는 사람입니다.

그런가하면 오늘본문 2절은 이렇게 긍정적으로 말씀합니다. "오직 여호와의 율법을 즐거워하여……" 여러분, 율법을 즐거워합니까, 무서워합니까? 양심을 즐깁니까, 양심이 두렵습니까? 이걸 알아야 합니다. 양심이란 본디 선을 즐기는 마음입니다. 그런데 일반적으로 양심은 죄지을 때 두근두근하는 마음입니다. 이 두려운 마음이 양심이 되고 말았다는 것입니다. 그래서 여호와의 율법을 즐거워하는 것입니다. 복 받기 위해서 여호와의 율법을 지키는 것이 아닙니다. 기복사상이 아니라는 것입니다. 복 받기 위해서 지키는 것이 아닙니다. 두려운 마음으로 지키는 것도 아닙니다. 벌 받을까봐 무서워 벌벌 떨면서 여호와의 율법을 따르는 것이 아닙니다.

오늘본문이 말씀하는 것은 여호와의 율법을 즐기는 것입니다. 여호와의 율법을 찬양하는 것입니다. 자유의지로 경건이 일상화된 것입니다. 경건이 성품화된 것입니다. 자연스럽게, 즐겁게, 행복한 마음으로 율법을 따른다는 말입니다. 성품화된 경건이 복이라고, 경건이 성품화된 사람이 복된 사람이라고 성경은 말씀합니다. 그리고 주야로 묵상한다고 했습니다. 이 묵상이라는 말에 오해가 많습니다. 묵상이라고 하면 우리는 눈을 딱 감고 속으로 말하는 것을 생각합니다. 그렇지 않습니다. '묵상'은 히브리말로 '하가'입니다. '작은 소리로 읊조린다'는 뜻입니다. 작은 소리로 시를 읊듯이 읊조리는 것입니다. 성경을 조용한 마음으로 읽습니다. 소리를 내서 조용조용히 집중해서 읽습니다. 이것이 묵상입니다. 이것을 즐기는 것입니다. 여호와의 율법을 즐기는 것, 마음 깊은 곳에서 하나님의 마음을, 하나님의 말씀을 묵상하고, 하나님의 생각을 기뻐하고, 하나님의 뜻을 기뻐하고, 하나님의 율법을 즐거워하는 것입니다. 이 사람이 복된 사람입니다.

여러분, 이렇게 일찍 이 자리에 나왔습니다. 즐거운 마음으로 '오늘도 건강하게 해주시고, 교회가 있고, 예배당이 있고, 여기 나와 예배드리니 이 시간이 나한테는 제일 행복한 시간이고, 내가 제일 행복한 사람이다!' 하는 마음으로 나온 사람, 그가 행복한 사람이요, 복된 사람입니다. 그런데 '오늘 내가 교회 안 나가면 여러 사람이 전화 걸 텐데, 그럼 일이 귀찮아질 텐데, 억지로라도 나가야겠다!' 하는 마음으로 나왔다면 얘기가 달라집니다. 또, 혹시라도 벌받을까 싶어서 나왔다면 그는 불행한 사람입니다. 여호와의 율법을 묵상하고 읊조리고, 그래서 이 예배시간이 가장 행복한 시간이라면 그가 진정 행복한 사람이고, 그가 진정 복 받은 사람입니다. 오늘 우리의 말로 하면 '기도 시간이 행복한 사람'입니다. '예배시간이 행복한 사람'입니다. 어떤 분들은 이렇게도 간증합니다. "교회에 들어설 때 오르간 소리가 들려오면 가슴이 시원해져요. 그 시간이 제일 행복해요." 여호와의 율법을 주야로 묵상하며, 그것을 즐기는 사람입니다. 오늘본문은 말씀합니다. "그는 시냇가에 심은 나무가 철을 따라 열매를 맺으며 그 잎사귀가 마르지 아니함 같으니 그가 하는 모든 일이 다 형통하리로다(3절)." 가장 복된 사람, 가장 복된 시간, 가장 복된 마음, 그리고 하나님을 찬양하는 마음, 그리고 '나는 행복하다! 나는 가장 복된 사람이다!' 하는 마음, 그런 복된 사람들이 될 수 있기를 바랍니다. △

성숙지향적 신앙

이로써 우리도 듣던 날부터 너희를 위하여 기도하기를 그치지 아니하고 구하노니 너희로 하여금 모든 신령한 지혜와 총명에 하나님의 뜻을 아는 것으로 채우게 하시고 주께 합당하게 행하여 범사에 기쁘시게 하고 모든 선한 일에 열매를 맺게 하시며 하나님을 아는 것에 자라게 하시고 그의 영광의 힘을 따라 모든 능력으로 능하게 하시며 기쁨으로 모든 견딤과 오래 참음에 이르게 하시고 우리로 하여금 빛 가운데서 성도의 기업의 부분을 얻기에 합당하게 하신 아버지께 감사하게 하시기를 원하노라

(골로새서 1 : 9 - 12)

성숙지향적 신앙

　어떤 목사님이 오늘날 교인들의 신앙의 자세를 아주 소박하고 풍자적인 비유로 분석해놓은 말이 있습니다. 첫째는 '달구지 같은 교인'입니다. 이는 누군가가 끌어주지 않으면 항상 그 자리에 그대로 있는 사람입니다. 둘째는 '연 같은 교인'입니다. 높이 날아가기는 하지만, 어쩌다 줄이 끊어지기라도 하면 어디로 갔는지, 흔적도 없이 사라지고 마는 사람입니다. 셋째가 아주 재미있습니다. '고양이 같은 교인'입니다. 그저 쓰다듬어주기만 하면 좋아하는 사람입니다. 그래 항상 쓰다듬어달라고 합니다. 넷째는 '럭비공 같은 교인'입니다. 언제 어디로 튈지 알 수 없는 불안정한 사람입니다. 다섯째는 '크리스마스 장식 같은 교인'입니다. 불이 켜졌다 꺼졌다 하듯 그저 깜빡깜빡하는 사람입니다. 참 재미있는 비유지요?

　오늘본문에서 사도 바울은 로마 감옥에 갇혀 있습니다. 거기에서 쓴 편지이기 때문에 우리는 이를 옥중서신이라고 부릅니다. 언제 순교할지 알 수 없는 절박한 시간입니다. 그런 곳에서 바울은 이처럼 귀중한 메시지를 우리에게 전해주고 있습니다. 신앙적으로 깊고 신령한 체험에서 우러나오는 아주 깊은 의미가 담긴 메시지입니다. "하나님을 아는 것에 자라게 하시고(10절)." 믿음은 소중합니다. 또 굳세어야 합니다. 하지만 믿음은 또 성장해야 됩니다. 그런 하나님의 뜻을 앎으로써 성장해나가야 한다는 것입니다. 참 중요한 진리입니다. 모든 생명체는 반드시 성장을 필요로 합니다. 성장이 멎으면 죽음입니다. 계속 성장하는 것이 살아 있음의 증거입니다.

이런 재미있는 이야기가 있습니다. 한 여인의 일생에 관한 이야기입니다. 여자의 일생이란 무엇입니까? 간단히 말하면 이렇게 요약할 수 있을 것입니다. 어렸을 때는 아가씨로 출발합니다. 그다음에는 신부가 됩니다. 그다음에는 어머니가 됩니다. 그다음에는 아주머니가 됩니다. 그다음에는 할머니가 됩니다. 의식도 함께 성장합니다. 그래야 합니다. 아가씨는 아가씨로서의 의식이 있고, 어머니는 어머니로서의 신분이 있습니다. 각각 거기에 합당한 의식이 있는 것입니다. 하지만 요새는 할머니라는 말을 듣기 싫어하는 사람이 많은 것 같습니다. 할머니라는 말 자체가 싫은 것입니다. 그런다고 할머니가 아닙니까? 이걸 잊지 말아야 합니다. 그 나이와 그 처지에 합당한 의식구조를 가져야 합니다. 의식과 지식이 함께 가야 합니다. 젊었을 때에는 예쁜 아가씨라는 말을 듣고 좋아했지요. 그러나 이제는 참 인자한 할머니라는 말을 듣고 좋아할 줄 알아야 합니다. 그것이 싫어서 몸부림친다면 온전히 살아남기 어렵습니다. 성장해야 합니다. 더구나 의식이, 생활양식이, 세계관이 성장해서 그리스도 지향적으로, 천국 지향적으로 성장해가야 합니다. 잊지 말아야 합니다. 이것이 인생입니다. 거인이라는 말이 있고, 거물이라는 말이 있습니다. 거인이란 몸집이 크다는 뜻입니다. 몸만 큰 것입니다. 하지만 거물이란 그것과는 뜻이 다릅니다. 키는 작아도 마음이 크고 뜻이 크면 그 사람은 거인이 아니라 거물입니다. 생각이 크다, 이것입니다. 그런 사람을 가리켜 거물이라고 하는 것입니다.

베드로후서 1장 5절에서 예수님의 수제자 베드로가 말합니다. "너희 믿음에 덕을, 덕에 지식을, 지식에 절제를, 절제에 인내를, 인내에 경건을, 경건에 형제 우애를, 형제 우애에 사랑을 더하라." 이렇게 층층이 성장할 것을 강조합니다. 믿음에 덕을, 덕에 지식을…… 믿음은 있는데, 덕이 없습니다. 덕은 있는 듯한데, 지식이 없습니다. 그러면 온전한 성장일 수 없습니다. 이걸 잊지 말아야 합니다. 그래서 믿음은 기본적으로 중요합니다. 그러나 그 다음에는 지식입니다. 높은 지식으로 점점 성장해가야 합니다. 성장의 기본은 지식입니다. 이걸 잊지 말아야 합니다. 믿음은 성장해야 합니다. 성장은 신령한 지식을 의미합니다. 그래서 신령한 지식의 세계가 넓어져야 합니다. 더 깊이 알고, 더 많이 아는 그것이 바로 신앙의 영역임을 잊지 말아야 합니다. 그런데 오늘본문에 나타난 깊은 의미는 하나님께서 자라게 하신다는 것입니다. 하나님께서는 계시의 하나님이십니다. 하나님 스스로 우리로 하여금 알게 하십니다. 알기를 기다리십니다. 어떤 때는 반드시 알도록 하십니다. 그래서 자기중심적인 생각에 빠져 있는 사람을 하나님 중심으로 생각하도록 바꾸어 놓으십니다. 나 하나밖에 생각하지 못하는 사람을 모든 사람을 생각하고, 나아가 그 위에 있는 하나님의 큰 은총을 생각하는 사람으로 하나님께서 재창조해가신다는 것을 잊지 말아야 합니다.

우리에게는 여러 가지 실패도 있고, 성공도 있고, 건강도 있고, 질병도 있습니다. 하여튼 수많은 사건들이 있습니다. 이 모든 사건들을 통하여 하나님께서는 나를 자라게 하십니다. 성장하게 하십니다. 높이 깨닫고, 더 많이 알고, 더 많이 체험할 수 있도록, 그래서 우리 지식의 세계가 넓어지도록, 지식의 세계가 온전해지도록 하나님께서 주도적으로 역사하신다는 것을 잊지 말아야 합니다.

오늘본문의 주제는 하나님께서 우리를 우리가 아는 것 안에서 성숙해가도록 하신다는 것입니다. 믿음이 성장하여 그 지식을 온전케 한다, 이것입니다. 무엇보다 중요한 것은 '하나님을 아는 것에 자라게' 하시며, 우리가 모르던 하나님을 알게 되는 것입니다. 알기 시작하면서 하나님의 능력에 감동하게 하십니다. 하나님의 지혜에 감격하게 하십니다. 그다음에는 하나님의 사랑, 거기에 완전히, 깊이 사로잡히게 됩니다. 능력과 지혜와 사랑…… 여러분은 어디까지 왔습니까? 깊이 생각할 문제 아니겠습니까. 좀 더 많이 알고, 좀 더 많이 깨닫고, 좀 더 깊이 하나님의 세계를 알아가야 합니다. 문제는 그 수준입니다. 하나님의 경륜, 그 오묘한 뜻을 알아야 합니다.

구약성경에 나오는 요셉은 아버지의 사랑을 독차지하고 사는 귀한 소년이었습니다. 하지만 열일곱 살 때 형들의 질투로 애굽에 노예로 팔려갑니다. 열일곱 살 소년이 강제로 집을 떠나게 된 것입니다. 그래 무려 13년 동안이나 노예생활을 합니다. 하지만 요셉은 성실하고 진실하게 살았습니다. 더욱이 하나님의 사람으로서 그 본분을 다하며 올바로 살려고 노력했습니다. 한데도 억울한 누명을 쓰고 감옥에 갇힙니다. 이런 모든 수난을 당하면서 그는 아마도 이렇게 생각했을 것입니다. '내가 왜 이렇게 되어야 하나? 아, 하나님은 어디에 계신가?' 그러나 마침내 요셉은 애굽의 총리대신이 되었습니다. 그리고 자기를 팔아먹었던 형들이 자기 앞에 와서 무릎을 꿇습니다. 그들은 동생을 팔아먹은 죄 때문에 벌벌 떨면서 속으로 '이제는 죽었다!' 하고 걱정하고 고민했습니다. 그때 요셉이 형님들을 위로하는 말이 있습니다. 창세기 45장에는 아주 기가 막히게 감동적이고 절절한 말씀이 있습니다. "당신들이 나를 이 곳에 팔았다고 해서 근심하지 마소서 한탄하지 마소서 하나님이 생명을 구원하시려고 나를 당신들보다 먼저 보내셨나이다(5절)." 팔려온 것이 아니라, 보냄을 받아서 왔다, not sold but sent, 유명한 말입니다. 이어 요셉은 이렇게 다짐합니다. '그런고로 나는 당신들의 자녀들을 기르리이다. 당신들을 용서하고 사랑하리이다.' 이것이 바로 믿음의 성장입니다. 하나님을, 하나님의 큰 뜻을 알고 보니 그런 자질구레한 사항은 아무 문제가 될 수 없습니다. 하나님의 경륜과 섭리를 알게 되었기 때문입니다.

출애굽기를 보면 60만 대군의 이스라엘 백성이 애굽에서 나와 정처 없이 광야로 내몰리지 않습니까. 우선은 북쪽으로 올라갔다가 다음에는 동쪽으로 가야 됩니다. 이것이 정로(正路)입니다. 그러나 하나님께서는 광야 길로 그들을 인도하십니다. 그 길로 가면 앞에 홍해가 나옵니다. 뒤에서는 애굽 군대가 따라옵니다. 문자 그대로 독안에 든 쥐의 신세입니다. 그러니 이제 이스라엘 백성은 어디로 가야 합니까? 여기서 그들은 하나님을 원망합니다. 모세한테 따집니다. "이럴 줄 알았으면 왜 우리를 이리로 인도했느냐?" 이 지경이 되었을 때 비로소 하나님께서 홍해를 활짝 열어주십니다. 그들은 그곳을 육지처럼 두 발로 걸어서 건너게 됩니다. 이것이 하나님의 경륜입니다. "왜 우리를 이 험한 광야 길로 인도하셨습니까? 왜 홍해로 가는 막다른 광야 길로 우리를 인도하셨습니까?" 우선은 이렇게 원망할 수 있지만, 실은 하나님의 경륜이 바로 여기에 있는 것입니다. 하나님께서 뜻하신 바, 계획하신 바가 있는 것입니다. 이런 식으로 하나님께서는 당신을 우리에게 보여주십니다. 하나님께서는 그 높으신 경륜 속에서 우리로 하나님을 알도록 해주십니다.

너무 답답하게 현실에 매이지 마십시오. 하나님의 경륜은 확실하게 우리 속에 있습니다. 하나님을 좀 더 깊이 알고, 좀 더 가까이 알고, 좀 더 확실하게 알아야 합니다. 바로 그 순간 오늘 내가 직면한 현실의 문제들이 다 해결되는 것입니다. 잊지 말아야 합니다. 날마다 하나님을 알아가는 일에 성숙해가야 할 것입니다. 믿음의 사람은 하나님을 알 때 비로소 자기 자신을 알게 됩니다. 내가 얼마나 초라한 존재인지를, 내가 얼마나 하잘것없는 존재인지를 알게 되는 것입니다. 하나님의 그 크신 사랑 앞에서 나는 너무나 부끄러운 존재입니다. 이런 나 자신을 알아야 합니다.

그래서 사도 바울은 로마서 7장 24절에서 이렇게 말씀합니다. "오호라 나는 곤고한 사람이로다 이 사망의 몸에서 누가 나를 건져내랴." 하나님의 크신 은혜와 사랑 앞에 자기가 얼마나 초라한지를 이렇게 고백하는 것입니다. 그리고 그의 유명한 마지막 선언이 있습니다. '이렇게 보잘것없는 나를 구원하시어 하나님의 사람으로 삼아주시고 나를 능하게 하신 하나님(empowering God).' 그 능력 안에 내가 있음을 알게 됩니다. 그래서 유명한 신앙고백을 합니다. '내게 능력 주시는 자 안에서 내가 모든 것을 할 수 있느니라.' 저는 요즘 번역보다 옛날 번역을 더 좋아합니다. 이렇게 되어 있습니다. "내게 능력 주시는 자 안에서 능치 못할 일이 없느니라." 하나님을 알았습니다. 나를 능하게 하시는 하나님이십니다. 그뿐이 아닙니다. 현실의 그 복잡한 모순이 부조리한 것 같지만, 바로 그 현실에서 사명을 알게 되는 것입니다. 하나님을 알고, 나를 알고, 그 다음에는 사명을 아는 것입니다. 내가 무엇을 해야 할 것인지를, 오늘 내가 해야 할 일이 무엇인지를 알게 되는 것입니다. 그리고 깊이 감사하게 됩니다. 미처 모르고 있었는데, 오늘은 깨닫게 되는 것입니다. 이것이 신앙입니다. 내가 이렇게 오늘은 깨달아야 합니다.

가끔 옛날에 배웠던 유행가가 생각납니다. 1970년대에 한상일이 부른 노래입니다. 가사가 이렇습니다. '우리가 울었던 지난날은 이제와 생각하니 사랑이었소. 우리가 미워한 지난날들도 이제와 생각하니 사랑이었소. 우리를 울렸던 비바람도, 우리가 울었던 눈보라도 이제와 생각하니 그것은 사랑이었소.' 참 마음에 드는 내용입니다. 그때는 몰랐는데, 지금 생각하니 그것은 사랑이었습니다. 이걸 깨달아가는 것입니다. 그때는 몰랐지만, 이제 생각하니 그것은 하나님께 버림받은 시간이 아니었습니다. 오히려 하나님의 지극한 사랑을 받는 시간이었습니다. 엄청난 사랑이 나와 함께한 것입니다. 그 현실이 있었음으로 오늘의 내가 있는 것입니다. 하루하루, 순간순간 이렇게 간증해가는 것이 신앙인의 성숙입니다. 하나님을 아는 지식이 크게, 높이, 깊이 성장해가야 합니다. 그 높이와 깊이와 넓이와 길이를 알게 될 때 딱 한마디로 결론을 내릴 수 있습니다. "하나님은 사랑이시다. 하나님은 내게 너무 큰 사랑이시다." 어쩌면 하나님께서는 아우구스티누스의 말대로일 것입니다. '나만 당신의 사랑하는 자인 것처럼 하나님은 우리 모두를 사랑하신다. 하나님은 나를 너무 많이 사랑하신다.' 이렇게 깨달을 때 내 지식의 세계와 내 건강의 세계가 높이 성숙하고 성장해가는 것이라는 말씀입니다.

사도 바울은 옥중에서 이 같은 귀중한 편지를 씁니다. 그리고 기도합니다. 하나님을 아는 지식이 자라게 하시고, 하나님을 아는 그 지식으로 채워주시고, 하나님을 아는 지식 안에서 성장해가게 하시는 그 모습을 위하여 기도하고 있습니다. 성숙한 믿음과 능력이 있고, 기쁨에 충만하게 될 때 어떤 시련도 다 물리칠 수 있습니다.

다 소화할 수 있습니다. 이제쯤은 "하나님은 사랑이시다!" 하고 고백하는 높고 성숙한 믿음을 가져야 할 것입니다.   △

실로암에 가서 씻으라

예수께서 길을 가실 때에 날 때부터 맹인 된 사람을 보신지라 제자들이 물어 이르되 랍비여 이 사람이 맹인으로 난 것이 누구의 죄로 인함이니이까 자기니이까 그의 부모니이까 예수께서 대답하시되 이 사람이나 그 부모의 죄로 인한 것이 아니라 그에게서 하나님이 하시는 일을 나타내고자 하심이라 때가 아직 낮이매 나를 보내신 이의 일을 우리가 하여야 하리라 밤이 오리니 그 때는 아무도 일할 수 없느니라 내가 세상에 있는 동안에는 세상의 빛이로라 이 말씀을 하시고 땅에 침을 뱉어 진흙을 이겨 그의 눈에 바르시고 이르시되 실로암 못에 가서 씻으라 하시니 (실로암은 번역하면 보냄을 받았다는 뜻이라) 이에 가서 씻고 밝은 눈으로 왔더라

(요한복음 9 : 1 - 7)

실로암에 가서 씻으라

　심리학자 마틴 셀리그만(Martin E. P. Seligman)이 쓴 「Family Circle」이라는 책에 다음과 같은 아주 의미 깊은 이야기가 있습니다. 삶을 우울하고 비관적으로 생각하는 사람들한테는 공통점이 있다는 것입니다. 요새 우리 사회에는 우울증이 많고, 또 이로 말미암아 많은 질병들이 나타납니다. 우울증에 걸린 사람들은 그 생각에 몇 가지 공통점이 있습니다. 첫째, 영구성입니다. 지금과 같은 상태가 계속되리라고 믿는 것입니다. 모든 것이 운명적이고, 변화는 없다는 것입니다. 하지만 실제로 변화는 계속되고 있습니다. 한데도 우울증인 사람들은 모든 것을 숙명으로 받아들입니다. 그리고 새로운 기적을 믿지 않습니다. 여러분의 마음속은 어떻습니까? 여러분은 기적을 믿습니까? 상상할 수 없는 일이지만, 또 역사에 한 번도 없었던 일이지만, 오늘 그 일이 있을 수 있다고 믿는 마음이 필요합니다. 기적을 믿는 마음입니다. 하지만 그들은 기적은 없다고, 과거나 현재나 미래나 다 똑같으리라고 생각합니다. 영구성입니다. '이 세상은 이대로 계속 갈 것이다. 그러니까 여기서 끝내자.' 이런 생각입니다. 둘째, 확산성입니다. 모든 일이 다 그렇다고 믿는 것입니다. 영어로는 generalization, 보편화라고 합니다. 하나를 보고 다 아는 것처럼 생각합니다. '여자는 다 그렇다. 남자는 다 그렇다. 사람들은 다 그렇다.' 정말 그렇습니까? 그렇다면 소망은 끊어지고 맙니다. 셋째, 개인성입니다. '다 나 때문이다!' 이런 생각으로 자책을 하는 것입니다. '나는 끝났다. 그런고로 새로운 일이란 없고, 밝은 미래란 이제는 있을 수 없다!' 이렇게 절망하는 순간 우울증에 빠지는 것입니다.

사람들은 언제나 세 가지 질문을 하며 삽니다. '무엇이냐?' '어떻게?' '왜?' 이 세 가지를 물어야 하고, 또 물으며 살아가는 것입니다. 영어로는 what, how, why입니다. 내가 무엇을 할까? 어떻게 할까? 한데 사람들은 이 세 번째 질문, why라고 묻기를 싫어합니다. '결혼을 왜 해야 되느냐?' '오늘 이 일을 내가 왜 해야 되느냐?' 이런 왜라는 물음에 우리는 인색합니다. '무엇'이나 '어떻게'보다 훨씬 더 중요한 것이 '왜'입니다. 곧 목적입니다. 왜 이 일을 해야 되느냐, 이 것입니다. 하지만 그쪽으로는 생각을 잘 하지 않으려 합니다. 그보다 더 하지 않는 질문이 있으니, 바로 이것입니다. '마지막이 어떻게 될 것이냐?' '그 결과는 어떻게 될 것이냐?' '내가 살아가는 생은 어떻게 될 것이냐?' '이 사업은 어떻게 될 것이냐?' 예수님께서는 이 세 상의 끝에 관심을 두시고 우리에게 말씀하십니다. 끝을 생각해야 합니다. '결국 어떻게 될 것이냐?' 이스라엘의 지도자 모세는 어려운 일을 당할 때마다 하나님 앞에 나아가 기도했습니다. 기도의 제목은 이렇습니다. "하나님께서 구속하신 이스라엘 백성에 대하여 어찌하여 진노하시나이까?" '어찌하여'라고 묻고 있는 것입니다. "왜 진노하고 계십니까? 왜 이렇게 되어야 합니까?" 이렇게 하나님 앞에 여쭈었습니다. 그리고 대답을 얻었습니다. 이것이 모세라는 유명한 지도자의 처세였습니다.

오늘본문에는 나면서부터 맹인이 된 사람이 나옵니다. 특별합니다. 멀쩡하게 살다가 어느 순간 시력을 잃은 경우가 아닙니다. 선천적인 맹인입니다. 이 사실을 놓고 저들이 물어봅니다. "이 사람이 나면서부터 맹인이 되었는데, 누구의 죄 때문입니까? 부모입니까,

본인입니까? 무엇 때문입니까?” 여기서 생각해보아야 됩니다. 오늘 이 사건을 있게 한 과거의 원인이 무엇이냐, 하는 것입니다. 먼저 과거가 있었습니다. 그 과거의 결과로 현재가 있습니다. 그리고 이 현재의 결과로 미래가 올 것입니다. 이렇게 생각하는 것이 우리들의 상식입니다. 그래서 언제나 무슨 일이 있을 때마다 ‘누구의 죄 때문입니까? 무엇 때문입니까?’ 하다가 ‘전생에 무슨 죄를 지었나?’ 하는 데에까지 생각이 미치는 것입니다. 자꾸 과거에서부터 생각을 합니다. 과거가 현재를 낳고, 현재가 미래를 낳고…… 이 연속성 속에서 인간은 생각합니다. 구조적으로 생각이 그렇습니다. 과거로부터 현재가 있다, 이것입니다.

그러나 오늘본문은 엄청난 진리를 우리에게 말씀해줍니다. 원인은 과거가 아니고 미래다, 이것입니다. ‘미래의 일을 위하여 현재가 있는 것이다. 오늘 이 현재의 사건은, 아니, 과거까지도 미래에 의해서 해석되어야 한다.’ 철학적으로 엄청난 방향전환입니다. 차원을 바꾸는 귀한 진리입니다. ‘누구의 죄 때문입니까?’ 이는 곧 ‘어떤 과거 때문에 오늘이 있습니까?’ 하는 질문입니다. 오늘본문에서 예수님 대답하십니다. “하나님이 하시는 일을 나타내고자 하심이라(3절).” 무슨 말씀입니까? 하나님께서 하시려는 미래의 일입니다. 앞으로 하나님께서 하실 일을 위하여 오늘 이 사건이 있다, 이것입니다. 엄청난 차원의 귀한 진리입니다. 과거 때문이 아니라는 것입니다. 누구 때문이라는 말이 아닙니다. 죄인이 아니라는 말도 아닙니다. 과거에 원인이 있지 않고, 미래에 원인이 있다는 것입니다.

요한복음 11장 24절에 나사로라는 사람이 나옵니다. 그는 지금 병이 들었습니다. 예수님께서 사랑하시는 제자가 병든 것입니다. 그럼 묻고 싶어집니다. '예수님께서 사랑하시는 사람이 왜 병들었을까?' 성경은 '주님이 사랑하시는 사람'이라고 말씀합니다. 역시 누구 때문이냐고 묻고 싶지 않습니까? 무슨 사건 때문에 이런 저주스러운 일이 있느냐, 하고 묻고 싶은 것입니다. 하지만 예수님께서는 '하나님의 영광을 위하여'라고 대답하십니다. '하나님께서 하고자 하시는 영광을 위하여 저 사람이 병들었고, 저 사람이 죽는 것이다.' 예수님의 귀중한 말씀입니다. 미래적인 것입니다. 하나님의 경륜 속에 있는 것입니다. 특별히 하나님의 아들 예수 그리스도께서 이 땅에 오셔서 만백성을 구원하시는 그 계시적인 사건 속에, 그 섭리 속에 오늘 이 사건이 있다, 이것입니다. 하나님의 영광을 위하여!

그 다음 질문은 이것입니다. '어떻게 하나님의 영광이 나타날 것인가?' 이에 대해서 오늘본문을 깊이 읽어야 합니다. 아주 역설적입니다. 우리 인간들의 생각으로는 어떻습니까? 무엇보다도 먼저 내 일이 잘 되어야지요. 내가 건강해야지요. 그저 내 소원이 이루어지고 만사형통해야 "하나님께 영광! 할렐루야!" 하고 하나님께 영광이 돌아간다고 생각합니다. 일반적인 생각이 그렇습니다. 어쨌거나 내 소원대로 되어야 하는 것입니다. 내 기도가 응답될 때 하나님께 영광이 돌아간다고 생각하는 것입니다. 하지만 오늘본문은 정반대로 말씀합니다. 실제로 정반대입니다. 역경과 실패와 질병, 때로는 절망 속에서 하나님의 영광이 드러납니다.

자기가 자기를 부정하기는 참 어렵습니다. 한마디로 겸손하기가 어려운 것입니다. 좀처럼 생각대로 되지 않습니다. 하지만 예수님께서는 말씀하십니다. "내 제자가 되려면 자기를 부인하고 자기 십자가를 지고 나를 쫓을 것이니라." 자기를 부인한다는 것, 쉬운 일이 아닙니다. 여러분은 자기 스스로를 얼마나 부정해보았습니까? 나는 아무것도 아니라고 얼마나 생각하고 삽니까? 쉽지 않습니다. 자기를 낮추기란 참으로 어려운 일입니다. 하나님의 은총의 계기가 있어야 합니다. 겸손할 수밖에 없는, 자기 욕망을 포기할 수밖에 없는 사건, 그런 확실한 사건 속에서 하나님께서는 나를 낮추시고, 나 스스로 나를 부인하게 만드십니다. 여러분이 어쩌다가 병에 걸렸다고 합시다. 감기 정도 걸려서 기침 좀 하는 사람이 하나님 앞에 회개하는 것 봤습니까? 어떤 때 회개합니까? "아무래도 어렵겠습니다. 저희가 할 일은 다했습니다. 이제는 집으로 돌아가시지요." 이렇게 의사가 말할 때 우리는 비로소 회개하고 목사를 부릅니다. 인간의 힘이 다했을 때, 그 궁극의 상황에서 비로소 자신을 낮추고 하나님을 의지하게 된다는 말입니다. 오늘본문은 특별히 '날 때부터 맹인'이라고 강조합니다. 불가능하다는 뜻입니다. 후천적인 맹인이 아니라 선천적인 맹인이니까 영영 눈을 뜰 수 없는 사람입니다. 눈을 뜨다니, 상상도 못할 일입니다. 하지만 바로 그런 엄청난 사건이 벌어집니다.

제가 20대 초반에 엄청난 일을 경험했습니다. 그때 저는 신학대학 1학년으로, 6·25 전쟁이 아직 끝나지 않았을 때입니다. 전쟁터에서 부상자들이 후방으로 몰려들어왔습니다. 대구에 27육군병원이라고 있었는데, 학교를 병원으로 개조하여 사용했습니다. 그 병원에서 제가 보조군목으로 일했습니다. 그래 이 병동 저 병동을 돌아다니면서 살펴보는데, 부상자들이 여기도 있고, 저기도 있고 만원이었습니다. 그 부상자들을 밤마다 돌아다니면서 한 사람씩 전부 다 만나서 위로하고, 또 위해서 기도해주었습니다. 놀라운 것이 있었습니다.

부상자들 가운데에는 가볍게 다친 사람들이 있었습니다. 예를 들면, 팔이나 다리만 조금 다친 사람들입니다. 그런 경상자들만 따로 모아 둔 데에 들어가 보면 한마디로 난장판입니다. 술 마시고, 도박하고, 담배 피우고…… 병실이 그야말로 엉망진창입니다. 거기에 가서는 도저히 전도할 수가 없습니다. 간절한 마음으로 기도조차 할 수 없습니다.

그런가 하면 생명이 경각에 달린 중상자들만 모아둔 곳도 있었습니다. 고생이 막심한 분들입니다. 그 병실에 가면 아주 조용합니다. 그래 한 사람 한 사람 만나보면 저를 맞이하는 자세부터가 다릅니다. 그때 제가 20대 초반의 젊은 나이였는데, 십자가 배지를 받들고 거기를 들어갔습니다. 그럼 그들이 제 손을 붙잡고 간청합니다. "목사님, 기도해주세요!" "목사님, 성경책 읽어주세요!" 그 마음이 참 간절합니다. 저를 붙잡고 그 자리를 떠나지 못하게 합니다. 그리고 간절하게 도와달라고 부르짖습니다. 제가 그 두 병실을 견주어보면서 이런 생각을 했습니다. '아무래도 조금만 불행한 사람은 예수를 믿기 어렵겠구나! 많이 불행한 사람이라야 마음을 열고 주님을 영접하겠구나!' 참 뼈아픈 체험이었습니다. 인간은 자기가 자기를 부정하고, 인간으로서는 여기가 끝이라고 생각할 때 비로소 하나님을 향하여 마음을 엽니다. 이것이 인간의 참모습입니다. 이것이 인간의 실존입니다.

또 중요한 일은 예수님을 만나야 한다는 것입니다. 절박한 현실만 가지고는 안 됩니다. 예수 그리스도를 만나고, 예수를 영접해야 됩니다. Total acceptance, 전적으로 예수님을 수용해야 합니다. 성경에는 다음과 같은 귀중한 사건이 나옵니다. 가버나움의 한 백부장

이야기입니다. 그는 로마군인입니다. 그런 그가 예수님 앞에 나아가 무릎을 꿇었습니다. 왜요? 사랑하는 자기 하인이 병들어 죽게 생겼거든요. "예수님, 제가 사랑하는 이 하인을 고쳐주세요!" 또한 회당장 야이로의 이야기도 있습니다. 사랑하는 자기 외동딸이 12살인데, 지금 죽어가고 있습니다. 회당장은 지체가 아주 높은 사람입니다. 교만한 사람이지요. 그러나 꼼짝 못하고 예수님 앞에 나아가 무릎을 꿇었습니다. "제 딸이 병들었나이다!" 예수를 만나야 합니다. 예수께로 가서 마음을 열어야 합니다. 예수께로 가서 무릎을 꿇어야 합니다. 이것이 중요합니다.

또 하나님께서 하시는 일을 나타내고자 하실 때, 예수님을 만났을 때 중요한 것은 예수님을 받아들이는 믿음이 있어야 된다는 것입니다. 믿음이라는 그릇이 있어야 됩니다. 이 그릇이 중요합니다. 하나님의 일을 나타내고자 하면 믿음이 있어야 합니다. 오늘본문에서 나면서부터 맹인인 사람이 예수님을 만납니다. 아주 특별한 만남입니다. 그 순간 사람들이 시비를 겁니다. "이 사람이 맹인으로 난 것이 본인의 죄 때문입니까, 부모의 죄 때문입니까?" 맹인은 시각이 없는 데 비해 청각이 상대적으로 많이 발달되어 있습니다. 그 순간 사람들이 말하는 소리, 다 들었을 것입니다. "누구의 죄 때문입니까? 본인 죄 때문입니까, 부모의 죄 때문입니까?" 이렇게 시비를 벌이는 소리를 다 들었을 것입니다. 그러니까 이 사람은 지금 잘 참고 있는 것입니다. 왜요? 늘 들어온 소리니까요. 누구의 죄 때문이냐는 그 참을 수 없는 굴욕을 잘 참았습니다. '사람들이 무슨 말을 하건 나하고는 상관이 없다.' 이렇게 생각하면서 참았습니다. 온유, 겸손했던 것입니다. 이것이 첫째 믿음입니다.

한데 예수님의 치료방법이 참 이상합니다. 침을 흙과 섞어서 그것을 눈에 가져다 바르셨습니다. 장님의 눈은 눈이 아닙니까? 먼지만 들어가도 아프고 괴로울 텐데, 진흙을 바르다니요? 참 이상한 처방입니다. 그리고 예수님께서는 딱 한마디를 하십니다. "실로암 못에 가서 씻으라!" 여기서 눈여겨볼 점이 있습니다. 이 말씀 다음에 "그러면 네가 눈을 뜨리라!" 하는 말씀이 없다는 사실입니다. 그저 실로암에 가서 씻으라는 말씀뿐입니다. 하지만 이 맹인은 예수님의 말씀을 믿었습니다. 그래 지팡이를 짚고 실로암까지 걸어갑니다. 그 연못이 지금도 있습니다. 한 5리 길로, 꽤 먼 거리입니다. 맹인의 걸음으로는 적어도 한 시간 반 이상 걸립니다. 그런 먼 거리를 지팡이를 짚고 어정어정 걸어서 갑니다. 이 맹인, 그렇게 걸어가면서 무슨 생각을 했겠습니까? 저는 상상해봅니다. '아, 오늘 일진 사납다. 내가 지금 이게 뭐 하는 짓인가? 정말 가야 되나? 아니면 말아야 되나?' 이러지 않았겠습니까. 그러나 그는 갑니다. '가서 씻으라면 씻으면 되지. 토를 달지 말자. 그러면 어떻게 되느냐고 묻지도 말자.'

하나님께서 아브라함에게 말씀하십니다. "부모와 친척과 함께 고향을 떠나라. 그리고 내가 지시하는 땅으로 가라." 성경은 분명히 말씀합니다. 갈 바를 알지 못하고 갔다고요. 가라고 하시면 가면 되지, 어디로 가야 하는지는 왜 묻습니까? 그러면 어떻게 되는지는 왜 묻습니까? 그냥 가면 되는 것입니다. 오늘 이 사람에게는 바로 이 귀한 믿음이 있었습니다. 의심이 많았겠지요. 갈등도 있었겠지요. 하지만 우선은 순종하고 보는 것입니다. 이것이 믿음입니다. 실로암까지 가서, 그 아무도 없는 데에서 자기 손으로 자기 눈을 씻었습니다. 한데 눈이 번쩍 뜨이는 것입니다. 얼마나 놀랐겠습니까. 그때부터 그는 '나를 눈뜨게 한 사람이 누굴까?' 하고 예수님을 만나고 싶어 했습니다. 그래서 예수님을 만났습니다. 그러고 나서 그가 하는 말입니다. "주여, 제가 주님을 만나고 싶습니다." "내가 그다." "아, 그러십니까?" 이 장면을 볼 수 있습니다. 나면서부터 40년 동안 맹인으로, 또 걸인으로 비참하게 살았습니다. 그야말로 잃어버린 40년입니다. 하지만 그 40년이 계기가 되어서 오늘 그는 예수님을 직접 개인적으로 가깝게 만났습니다. 고난이 은총의 계기가 된 것입니다. 주님을 만났고, 주님의 은총을 경험했습니다. 하나님의 일, 하나님의 영광이 드러나는 사건입니다.

여러분, 잊지 말아야 합니다. 내게도 답답하고 괴로운 일이 있습니다. 그러나 기적은 있습니다. 반드시 있습니다. 주님께로 가고, 주님을 만나고, 주의 말씀에 깨끗이 순종할 때 기적은 있습니다. 그리하여 하나님의 영광이 드러납니다. 그래서 하나님의 영광이 드러나는 그 영광 속에 사는 것이 그리스도인의 모습입니다.   △

종이 듣겠나이다 하라

아이 사무엘이 엘리 앞에서 여호와를 섬길 때에는 여호와의 말씀이 희귀하여 이상이 흔히 보이지 않았더라 엘리의 눈이 점점 어두워 가서 잘 보지 못하는 그 때에 그가 자기 처소에 누웠고 하나님의 등불은 아직 꺼지지 아니하였으며 사무엘은 하나님의 궤 있는 여호와의 전 안에 누웠더니 여호와께서 사무엘을 부르시는지라 그가 대답하되 내가 여기 있나이다 하고 엘리에게로 달려가서 이르되 당신이 나를 부르셨기로 내가 여기 있나이다 하니 그가 이르되 나는 부르지 아니하였으니 다시 누우라 하는지라 그가 가서 누웠더니 여호와께서 다시 사무엘을 부르시는지라 사무엘이 일어나 엘리에게로 가서 이르되 당신이 나를 부르셨기로 내가 여기 있나이다 하니 그가 대답하되 내 아들아 내가 부르지 아니하였으니 다시 누우라 하니라 사무엘이 아직 여호와를 알지 못하고 여호와의 말씀도 아직 그에게 나타나지 아니한 때라 여호와께서 세 번째 사무엘을 부르시는지라 그가 일어나 엘리에게로 가서 이르되 당신이 나를 부르셨기로 내가 여기 있나이다 하니 엘리가 여호와께서 이 아이를 부르신 줄을 깨닫고 엘리가 사무엘에게 이르되 가서 누웠다가 그가 너를 부르시거든 네가 말하기를 여호와여 말씀하옵소서 주의 종이 듣겠나이다 하라 하니 이에 사무엘이 가서 자기 처소에 누우니라

(사무엘상 3 : 1 - 9)

종이 듣겠나이다 하라

「잡담이 능력이다」라는 재미있는 책이 있습니다. 이 책의 요지는 간단합니다. '잡담이라는 것이 뭐냐? 들을 만한 것도 아니고, 기억할 것도 없고, 논리에 맞는 것도 아니고, 비현실적이고, 때로는 황당한 이야기다.' 그런데 이 잡담을 잘 들어줘야 한다는 것입니다. 말도 안 되는 말이지만, 잘 들어야 됩니다. 들으면 어떻게 됩니까? 그 말 하는 사람의 마음을 얻을 수 있습니다. 우리는 무슨 말을 들으면 당장 변론을 하려고 듭니다. '옳으냐? 그르냐?' 이렇게 이성적으로 판단하려 합니다. 대화란 가슴으로 하는 것이지, 이론으로 하는 것이 아닙니다. 따지고 들어봐야 얻는 것 하나도 없습니다. 따지는 당신이 옳지만, 그 대신에 사람은 잃어버립니다. 그러니까 잡담을 잘 들어주면 사람을 얻을 수 있습니다. 이 얼마나 귀중한 교훈입니까. 요즘 한창 유행하는 학설입니다.

오래전 일입니다. 여러 해 전, 지금처럼 남북관계가 경색되어 전혀 오고갈 수 없었던 때입니다. 빌리 그레이엄 목사님이 사모님과 같이 공식적으로 허락을 받아서 북한의 평양을 방문하게 됩니다. 그 사모님이 누구냐 하면 선교사의 딸로 평양에서 태어난 사람입니다. 그러니까 평양이 고향인 셈입니다. 그분이 생전에 꼭 한 번 평양에 가보고 싶다고 해서 기회를 만들어 평양에 간 것입니다. 거기에서 얼마동안 머물다가 한국으로 돌아왔습니다. 그길로 바로 청와대를 방문합니다. 이 얼마나 소중한 일입니까. 그래 대통령한테 북한의 사정을 설명하게 되었는데, 그때 동행했던 장로님이 들려준 이야기입니다. 목사님 내외가 청와대에 들어가 대통령하고 만났는데, 거기서 대통령이 한 시간 동안 자기 말만 했다는 것입니다. 결국 목사님은 가만히 듣기만 하다가 청와대를 나왔습니다. "북한에 가니 어떻습디까? 당신 생각에 앞으로 전망이 어떻습니까?" 이렇게 대통령이 목사님께 물었다면 그 말 잘하는 목사님이 오죽 재미있게 설명을 했겠습니까. 그러나 목사님은 한마디도 못했습니다. 그래 청와대를 나와 차를 타고 가다가 목사님이 딱 한마디 하더랍니다. "He talks too much(그 사람 말이 너무 많아)." 무슨 이야기입니까? 참으로 불행한 일입니다. 이런 인격으로는 아무 일도 이룰 수 없습니다. 그야말로 인격제로입니다. 사람의 인격이란 주고받는 대화 속에서 이루어지는 것입니다. 내 말만 하고, 내 말에만 집착하면 다른 사람의 말을 들을 수 없습니다. 듣는 바가 없으면 멍청해지게 마련입니다. 그저 고집만 남습니다. 그러다 마지막에 망조가 드는 것 아닙니까. 깊이 생각해야 합니다.

여러분과 제가 다 같이 존경하는 한경직 목사님이 남한산성에서 외롭게 지내실 때 제가 늘 가서 함께 대화를 나누었습니다. 그분 말씀에는 언제나 꼭 따르는 것이 있습니다. 잊을 수가 없습니다. 제가 무슨 말을 하면 어김없이 "오, 그렇구먼. 그래그래, 맞아. 나도 그리 생각해. 고럼, 고럼, 고오럼!" 하시는 것입니다. 이것이 첫째입니다. 어쩌다 당신 생각과 전혀 다른 이야기를 하면 가만히 들으시다가 "오, 일리가 있구먼. 그래요. 나와는 생각이 다르지만, 그 말도 일리가 있네!" 하십니다. 그래서 그분 앞에서는 제가 말이 많아집니다. 무슨 말씀을 드려도 재미있게 들어주시니까요. 그러면서 "좀 더 앉았다 가지? 좀 더 얘기하고 가지?" 하시면서 자꾸 저를 얘기하게 만드십니다. 여러분, 생각해보십시오. 여러분 옆에 앉은 사람이 말이 많습니까? 그렇다면 여러분은 참 훌륭한 사람입니다. 자기 옆의 사람을 말 못하게 만드는 사람은 머지않아 중병에 걸릴 것입니다. 왜요? 고독하니까요. 바로 거기에서 치매가 오는 것입니다. 다른 사람을 말 못하게 하면서는 결코 가슴이 열리지 않습니다. 그저 멍청해질 뿐입니다. 사실로 우리 가정에서는 말이 많아야 됩니다. 아, 어떻게 좋은 말만 합니까. 말도 안 되는 말도 하고, 시답지 않는 말도 하면서 사는 것이지요. 그리고 웃는 것 아니겠습니까. 그렇게 웃음소리가 끊이지 않아야 됩니다. 웃음소리가 그냥 나옵니까. 말이 먼저 있고서야 웃음이 나오는 것입니다. 그런데 말을 전부다 막아버렸으니 이제 어디로 가겠습니까. 고독과 치매로 갈 수밖에 없습니다. 참으로 불행한 일입니다. 사람의 인격은 그의 듣는 자세에서 평가되는 것입니다.

유명한 신학자 마르틴 부버의 저서인 「Ich und Du」는 너무나 유명한 책입니다. 인간의 관계는 존재와 존재의 관계입니다. 인격적 관계입니다. 'Ich und Du'지 'Ich und it'이 아닙니다. 인격과 인격의 만남, 그것은 바로 대화입니다. 대화의 물꼬를 열어야 됩니다. 마음이 열려야 말이 열립니다. 말이 열려야 생각이 열리는 것 아닙니까. 잊지 말아야 합니다. 로마서 10장 17절에 유명한 말씀이 있습니다. "믿음은 들음에서 나며 들음은 그리스도의 말씀으로 말미암느니라." 듣는 자세, 듣는 내용 속에 믿음이 있습니다. 그리고 생명의 역사가 이루어집니다. 아무리 생명의 말씀이 있어도 듣지 않는 자에게는 전혀 말씀의 역사가 없는 것입니다. 여러분이 너무나 잘 아시는 대로 성경을 보면 바리새교인인 서기관과 제사장, 그리고 당대의 유명한 종교 지도자들이 예수님과 가까이 있으면서도 예수님의 말씀을 듣지 않았습니다. 전혀 듣지 않았습니다. 마침내 그 마음이 완악해져서 예수님을 십자가에 못박는 지경에까지 이릅니다. 왜요? 듣지를 않았기 때문입니다. 아니, 들을 수가 없었습니다. 그들의 심령이 딱 셔터를 내렸기 때문입니다. 듣는 마음, 듣는 자세, 듣는 믿음, 그리고 듣는 순종이 얼마나 중요한지 모릅니다.

대화를 하는 데에 잘못된 자세가 있습니다. 첫째가 회의입니다. 처음부터 의심하는 것입니다. 의심하는 마음으로 상대방을 대합니다. 그러면 아무것도 들리는 것이 없습니다. 들리지가 않는 것입니다. 다 듣고 나서 의심해도 됩니다. 제가 신학대학에서 한 40년을 강의했습니다. 아주 명강의라고 소문도 났습니다. 제가 강의할 때 학생들한테 반드시 하는 말이 있습니다. "어떤 일이 있어도 강의하는 도중에는 질문하지 마라. 강의를 들을 때는 내 말이 다 진리요, 생명인 줄 알고 들어라. 일단 믿고 들어라. 의심이 들거든 집에 가서 깊이 생각해보고, 다음시간에 그걸 써가지고 와라. 강의 시간에는 질문하지 마라." 이렇게 엄한 규칙을 만들어놓고 강의를 했습니다. 들으면서 이렇게 의심하고 저렇게 의심하면 정작 다음에 들어야 할 말을 못 듣게 됩니다. 다 놓치게 되는 것입니다. 일단은 믿고 들으십시오. 우선은 믿고 백 퍼센트 믿고 듣는 것이 중요합니다. 그래야 상대방의 뜻을 제대로 이해할 수 있습니다.

뿐만 아니라, 자기 생각만 하면서 들으면 안 됩니다. 자기 생각에 집착하면 다른 사람의 생각을 수용할 수가 없습니다. 그래서 저는 누가 제 앞에서 자기 말만 계속 하면 가운데 허리를 끊습니다. "고만, 고만, 나 좀 말합시다!" 그렇지 않습니까. 자기 말만 하는 사람하고는 대화를 할 수가 없습니다. 자기 하고 싶은 말이 지금 속에 가득 차 있는데 다른 사람 말이 귀에 들리겠습니까. 듣지 않고 하는 말이 무슨 소용입니까. 상대인들 그 말을 귀담아 듣겠습니까. 그야말로 불행한 관계입니다. 내 말만 하고자 하면 아무것도 들리지 않습니다.

또한, 시선을 집중해야 됩니다. 눈과 눈을 마주치면서 말해야 됩니다. 딴 데를 보면서 말하면 안 됩니다. 설거지하면서 말하면 안 됩니다. 문밖에 나서면서 말하면 안 됩니다. 말하려거든 정식으로 하십시오. 조명 다 끄고 촛불만 켜놓고 딱 마주 앉아서 "이제 말씀해 주세요!" 하십시오. 이렇게 집중하는 분위기를 만들어야 됩니다. 자기 말만 한다는 것은 결국 상대방에 대한 무관심의 표현입니다. 또 사람 앞에서 조는 것도 마찬가지입니다. 대화가 끊어진 것입니다. 또 절대 다른 사람하고 대화하면서 시계를 보면 안 됩니다. 연애할 때 상대방이 시계를 보면 그 연애는 끝난 것입니다. 들을 때는 그저 끝까지 들어야 합니다. 그걸 못 참아서 시계를 보면 끝입니다. 그래서 우리 교회에서도 시계를 여러분은 못 보고 저만 볼 수 있게 해놨습니다. 시계를 보면 안 됩니다. 이 얼마나 중요한 일입니까. 그래야 상대방이 편안한 마음으로 말할 수 있습니다. 상대방을 편안하게 말하도록 만들어주어야 내가 귀중한 것을 얻을 수 있습니다. 이것이 대화입니다.

그런데 오늘본문에서 어린아이 사무엘이 하나님의 음성을 듣습니다. 법궤 앞에서 자다가 하나님의 음성을 들었는데, 그것이 하나님의 음성인 줄을, 자기한테 하시는 말씀인줄을 이해하지 못하고 사람의 음성으로 들었습니다. 그래서 나이 많은 엘리 제사장에게 가서 "저를 찾으셨나이까? 제가 여기 왔나이다!" 하고 세 번이나 말합니다. 자기한테 주시는 말씀을 이해하지 못한 것입니다. 사람의 음성으로 들은 것입니다. 하나님의 말씀을 사람의 음성으로 들었다니, 이 얼마나 잘못된 모순입니까. 이걸 잊지 말아야 합니다. 하나님의 음성을 들었으면서도 영적 식별력이 없어서 그걸 사람의 음성으로 듣고 사람에게 가서 물었습니다. 정말 잘못된 일입니다. 그러니까 이것입니다. 하나님의 음성을 하나님의 음성으로 들을 뿐 아니라, 사람을 통해서도 하나님의 음성을 들을 수 있어야 되는 것입니다. 이것이 그리스도인입니다. 오늘본문에서 엘리가 말합니다. "다시 음성이 들리거든 여호와여 종이 듣겠나이다 하라." 그대로 했습니다. 다시 음성이 들릴 때 "말씀하소서! 종이 듣겠나이다!" 할 때 하나님께서 말씀하셨습니다. 들을 수 있는 자세가 될 때, 들을 수 능력이 있을 때 말씀하신 것입니다. 이걸 잊지 말아야 합니다.

사도 바울은 다메섹 도상에서 주의 음성을 듣습니다. "사울아!" 하는 음성을 듣습니다. 벌떡 일어나서 "주여, 뉘십니까?" 합니다. 생각할수록 사울은 참 대단한 사람입니다. 그 엄청난 사건 속에서 확인합니다. 하늘에서 들려오는 음성입니다. 그는 답합니다. "주여 뉘십니까?" "네가 핍박하는 예수다." 이 한마디에 사울이 확 돌아섭니다. 인생이 바뀝니다. 예수를 핍박하던 사람이 예수를 전하는 사람으로 일생을 살게 됩니다. 말씀을 확인해야 됩니다. "네가 핍박하는 예수다." 이 얼마나 귀중한 말씀입니까. 잘 들어야 됩니다. 철저하게 신앙적이어야 합니다. 그래서 total acceptance, 전적으로 수용하고 들어야 됩니다. 그리고 헌신하면서 들어야 됩니다. 완전히 바치면서 들어야 됩니다.

영성가 헨리 나우웬의 「기도의 삶」이라는 책이 있습니다. 이 책에서 그는 말합니다. '하나님의 음성을 듣기 위해서 우리는 경청해야 한다.' 그리고 이 경청에 대하여 세 가지를 말합니다. 첫째가 교회에 귀를 기울이라, 이것입니다. 잘 들어야 됩니다. 교회가 때로는 마음에 안 들 수도 있고, 교인들이 마음에 안 들 수도 있고, 교회의 행정을 비롯한 모든 것을 불편하게 느끼는 사람도 있습니다. 그러나 잊지 말아야 합니다. 우리는 교회를 통해 음성을 듣습니다. 교회와 그리스도를 분리해서 생각하는 것처럼 위험한 일이 없습니다. 많은 분들이 시험에 빠집니다. "나는 예수는 좋으나 교회는 싫어요." 이러면서 교회에 안 나갑니다. 마지막에 보니까 비참해지더라고요. 후회를 많이 하더라고요. 이 잘못된 생각 때문에 교회를 등한시하고 게을러져서 심령이 약해지는 것입니다. 그러고 마지막에 울부짖게 됩니다. 교회가 마음에 안 듭니까? 그래도 교회를 통해서 음성을 들어야 됩니다. 교회와 함께 살아야 됩니다. 그리고 교회를 거룩하게 만들어야지요. 잊지 말아야 합니다. 하나님의 음성은 교회와 함께 있습니다. 교회를 통해서 들을 수 있습니다. 거기가 하나님의 말씀의 보고라는 사실을 잊지 말아야 합니다. 하나님께서는 교회를 통하여 역사하시기 때문입니다. 또 성경을 통하여 역사하십니다. 어떤 사람은 성경을 읽다가 마음에 안 드는 점이 있다고 접어치웁니다. 의심이 너무 많아서 그렇습니다. 이상한 말이 많다고 생각하는 것입니다. 아닙니다. 그냥 읽어두십시오.

유명한 칼 바르트의 말이 있습니다. '하나님의 말씀이 성경 안에서 우리를 기다린다.' 성경을 천천히 읽어나가노라면 하나님께서 내게 말씀하십니다. 내가 성경을 보는 것이 아니라, 성령께서 내게 말씀하시는 것입니다. 이 말씀을 듣고 깨달아야 합니다. 그런고로 너무 비판하려고만 하지 말고, 그냥 그대로 읽으십시오. 묵상하며 읽으십시오. 읊으며 읽으십시오. 그러면 분명히 성경을 통해서 내가 하나님의 음성을 듣게 됩니다. 그리고 자기 양심에 귀를 기울여야 합니다. 겸손한 마음으로 마음을 열고, 마음 깊은 곳에서 들려오는 소리를 들어야 합니다. "제가 듣겠나이다!" 성경을 통해서 기도 중에, 설교 중에, 또 성도의 교제 중에, 내 경험 속에, 내가 경험하는 사건 속에 오늘도 주께서는 생생하게 내게 말씀하십니다. 그 말씀을 들어야 합니다. 내가 교만해서 듣지 못할 때 나를 겸손하게 만드십니다. 내 마음이 너무 복잡해서 말씀을 못 들을 때 나를 단순하게 만드십니다. 하나님의 손이 나와 함께하시어 나로 깨끗하고 단순한 마음을, 정결한 마음을 가지게 하십니다. 그리고 주께서 말씀하십니다. 이걸 잊지 말아야 합니다.

　제가 아는 어느 집사님이 정치적인 문제에 연루되어서 몇 달 동안 억울하게 옥살이를 했습니다. 나중에 만났을 때 그분이 제 손을 잡고 울면서 이렇게 말했습니다. "제가 명색이 영락교회 집사입니다. 하지만 이때까지 성경을 한 번도 보지 않았습니다. 수십 년을 교회에 나갔지만, 그 소중한 성경을 한 번도 읽지 않았습니다. 그런데 이번에 억울하게 감옥에 들어가 있을 때 좋은 기회라는 생각이 들어서 집중적으로 성경만 읽었습니다." 그리고 다음과 같이 어린아이 같은 말을 합니다. "성경에 이렇게 귀한 말씀이 많은 줄 몰랐습니다. 진작 보지 못한 게 후회됩니다." 여러분, 잊지 마십시오. 내가 성경을 보지 않으면 하나님께서는 어떻게든 나로 하여금 성경을 보게 만드실 것입니다. 잊지 말아야 합니다. 그래서 바른 자세로 "주여, 말씀하소서! 제가 듣겠나이다!" 해야 합니다. 이런 자세가 될 때 비로소 주께서 말씀하실 것입니다. 주께서 친히 하신 말씀을 잊지 마십시다. 그 많은 귀한 말씀들을 하시고 맨 끝의 결론은 언제나 똑같습니다. "들을 귀 있는 자들은 들을지어다." 들을 귀가 없는 사람, 들을 준비가 되어 있지 않은 사람은 못 듣습니다. "들을 귀 있는 자는 들을지어다!"

솔로몬이 21살에 왕이 됩니다. 하나님 앞에 나아가 간절히 기도하자 하나님께서 응답하십니다. "너는 내게 말하라. 내가 네게 무엇을 줄까?" 솔로몬은 대답합니다. "지혜로운 마음을 주시옵소서." 이 말을 들으시고 하나님께서 너무나 기뻐하십니다. 그래 전무후무한 지혜를 솔로몬에게 주셨습니다. 이 지혜는 지혜로운 마음을 의미합니다. 히브리어로는 '레부쉐미트'입니다. '레부'는 '마음'이라는 말이고, '쉐미트'는 '듣는다'는 말입니다. 한마디로 '듣는 마음'입니다. 옛날 성경 번역으로는 hearing heart, 듣는 마음이었습니다. 요즈음 번역으로는 understanding mind입니다. 잊지 말아야 합니다. '듣는 마음'이 우리의 기도제목입니다. '하나님이여, 듣는 마음을 주세요. 들을 수 있는 마음을 주세요. 들을 수 있는 믿음을 주세요. 들을 수 있는 정결함을 주세요.' 이제 하나님의 말씀이 내게 들려오기만 하면 내가 나를 알고, 하나님을 알고, 역사를 알고, 세상을 알고, 현실을 알게 됩니다.

오늘본문에서 엘리 제사장은 말합니다. "가서 하나님의 말소리가 들려오거든 주의 종이 듣겠나이다 하라." 우리는 언제나 "주의 종이 듣겠나이다!" 하는 자세로 하나님의 말씀을 대해야 합니다. 그럴 때 오늘도 살아계신 하나님께서 말씀으로 우리와 함께하실 것입니다. △

소망 중에 즐거워하라

사랑에는 거짓이 없나니 악을 미워하고 선에 속하라 형제를 사랑하여 서로 우애하고 존경하기를 서로 먼저 하며 부지런하여 게으르지 말고 열심을 품고 주를 섬기라 소망 중에 즐거워하며 환난 중에 참으며 기도에 항상 힘쓰며 성도들의 쓸 것을 공급하며 손 대접하기를 힘쓰라

(로마서 12 : 9 - 13)

소망 중에 즐거워하라

6·25전쟁 때 압록강까지 진격했던 미군이 중공군의 개입으로 후퇴를 하게 되었을 때의 이야기입니다. 아시다시피 전쟁에서 진격은 쉽지만, 후퇴는 참으로 위험하고 어려운 일입니다. 그때 한 미군 중대가 어느 산골짜기에서 그만 적에게 포위되고 말았습니다. 잠시 휴식을 취할 때 한 병사가 쭈그리고 앉아 점심으로 통조림을 따서 먹기 시작했습니다. 함께 있던 종군기자가 그 병사에게 물었습니다. "지금 당신이 바라는 것이 무엇입니까?" 그러자 그 병사가 기자를 쳐다보며 대답합니다. "제게 내일을 주십시오(Give me tomorrow)." 문제는 소망입니다. 과거도 아니고, 현재도 아닙니다. 미래가 있으면 현재는 있는 것입니다. 미래가 확실하면 현재는 참을 수 있습니다. 미래가 확실히 약속되어 있다면 오늘 당하는 일은 아무것도 아닙니다. 이것이 우리의 생입니다.

'인생은 본디 즐거움과 행복을 위해 사는 것이다.' 유명한 소크라테스의 말입니다. 문제는 이 즐거움의 소재가 무엇인가 하는 것입니다. 사람은 도대체 무엇을 즐기고 사는 것입니까? 첫째, 과거를 즐기고 삽니다. 옛날생각으로 앨범을 꺼내놓고 빛바랜 과거의 사진들을 뒤적거리며 추억을 되새기는 것입니다. 이것이 우리네 삶입니다. 제가 여러 가정들을 심방해보니 그렇게 옛날사진들을 모아놓은 앨범을 뒤적거리면서 사는 분들이 참 많습디다. 또 어떤 집에서는 누렇게 빛바랜 옛날 사진들을 벽에다 죽 붙여놓고 그걸 바라보며 사는 분들도 있습니다. 그 모습을 보고 제가 아무 말도 하지는 않습니다마는, 한마디로 정리하면 과거 지향적 인간입니다. 과거라는 꿈에서 헤어나오지 못하는 사람입니다.

심리학자로서 노벨경제학상을 받은 다니엘 캐니만(Daniel Kahneman)은 인간의 삶을 두 가지로 나누어 설명합니다. 한마디로 인간에게는 두 가지 존재가 공존한다는 것입니다. 하나는 experience self, 경험자아입니다. 내가 지금 날마다 경험하는 현재에서 오는 나 자신을 가리키는 말입니다. 또 하나는 remembering self, 기억자아입니다. 그러니까 인간은 경험자아와 기억자아 사이에서 사는 존재라는 것입니다. 여기서 '기억자아'가 눈에 보이지는 않지만 경제적으로 매우 중요하다고 그는 말합니다. 겉만 보면 우리는 현재를 사는 것 같지만, 정작 중요한 일을 생각하고 판단하고 결정할 때마다 우리는 기억자아에 의존한다는 것입니다. 우리가 누구를 만났을 때 그 사람이 반가운지, 반갑지 않은지에 대한 판단은 어디에서 오는 것입니까? 내 과거의 기억에서 오는 것입니다. 내가 과거에 그와 어떤 관계로 지냈는지가 중요합니다. 그 남아 있는 찌꺼기 같은 기억이 우리의 판단을 좌우합니다. 이 얼마나 무서운 일입니까. 눈에는 안 보이지만, 내 기억 속의 잠재적 자아가 나의 오늘과 내일을 지배하고 있다는 것입니다.

또한 사람은 현재에 치중합니다. 현재를 즐깁니다. 낭만주의자입니다. 그래서 아주 피곤합니다. 현재는 곧 지나가는 것이기 때문입니다. 중요한 것은 미래지향적 자아입니다. 그런고로 즐거움도 미래지향적이라야 합니다. 물론 이것은 꿈이요, 환상일 수 있습니다. 제가 늘 성경을 읽고 설교를 하지만, 걱정거리가 하나 있습니다. 우리가 영어로는 hope라고 합니다마는, 우리말에는 희망이라는 말과 더불어 소망이라는 말이 또 있습니다. 제가 늘 희망과 소망의 개념을 달리 정리하고 설교했습니다마는, 그래도 좀 더 확실한 것을 알고 싶어서 제가 언젠가 중국에 갔을 때 베이징대학의 교수한테 물어본 적이 있습니다. "이것은 중국말 아닙니까? 제가 이 개념을 정확히 구분할 수가 없어서 그러는데, 소망과 희망이 서로 어떻게 다릅니까?" 그랬더니 그 교수가 개념을 확실하게 구분해서 정리해주었습니다. "저는 개인적으로 소망을 희망보다 더 좋아합니다. 왜 그러냐 하면, 희망은 나만의 주관적인 욕망에서 나오는 것이요, 그래서 내 과거의 기억에서부터 오는 것이며, 현재를 통해서 미래를 바라보는 것이기 때문입니다. 이것이 바로 희망입니다. 그러나 소망은 객관적으로 주어지는 약속에 대한 믿음입니다." 그 답을 듣고 저는 중요한 문제의 해답을 얻었습니다. 그 뒤로 나만의 신학이론을 다시 한 번 정리해 세우게 되었습니다. 중요한 것은 소망입니다. 희망이 아닙니다. 소망과 희망은 서로 다릅니다. 예를 들어, 어린아이가 길을 가다가 예쁜 인형을 발견했다고 칩시다. 그걸 보고 아이가 엄마한테 떼를 쓰기 시작합니다. "엄마, 나 저거 가졌으면 좋겠어. 아빠, 나 저거 사줘. 나 저거 가지고 싶어." 이것은 희망입니다. 이때 아버지가 말합니다. "내일 사줄게." 그러면 그 아이는 이제부터 믿음을 가집니다. 바로 이 믿음에서 오는 것이 소망입니다. 잊지 말아야 합니다. 소망은 확실한 약속에 근거하여 그것을 받아들이는 믿음에서 오는 즐거움입니다. 이것이 소망입니다. 오늘본문은 말씀합니다. "소망 중에 즐거워하며……(12절)" 소망이라는 말은 미래사입니다. 어디까지나 미래입니다. 과거에 매이지 않습니다. 과거의 연속이 아니고, 현재의 연속도 아닙니다. 미래로부터 오는 것입니다.

어떤 철학자는 이렇게 정리합니다. '현재로부터 미래로 생각하는 것이 아니고, 미래로부터 현재로 생각하는 것이 믿음이다.' 약속으로부터 현재를 생각하는 것입니다. 이것이 소망입니다. 그래서 하나님의 말씀에 주어진 약속, 그 확실한 약속에 근거해서 믿고, 또 오늘을 즐기는 것입니다. 나의 경험도 아니고, 나의 소원도 아닙니다. 하나님의 약속에 대한 깨끗한 믿음입니다. 그래서 로마서 5장 2절은 말씀합니다. "하나님의 영광을 바라고 즐거워하느니라." 이뿐만이 아닙니다. "우리가 환난 중에도 즐거워하나니……(3절)" 왜요? 환난은 인내를, 인내는 소망을 이루기 때문입니다. 이 얼마나 귀한 말씀입니까. 환난 중에도 즐거워한다! 약속이 있기 때문입니다. 이것은 잘못된 것이 아닙니다. 뭔가가 망가지는 것이 아닙니다. 하나님의 섭리와 경륜과 능력 속에 확실한 약속이 있는 미래이기 때문에 그것을 바라고 즐거워하는 것입니다. 환난은 소망의 세계로 향하는 프로세스, 과정입니다. 환난은 보다 더 확실한 약속의 세계로 가는 과정입니다. 그런고로 이 프로세스 중의 '즐거워하느니라!' 하는 믿음, 그 믿음의 즐거움을 말하는 것입니다.

로마서 8장 24, 25절은 우리가 너무나 잘 아는 말씀입니다. "우리가 소망으로 구원을 얻었으매 보이는 소망은 소망이 아니니 보는 것을 누가 바라리요 만일 우리가 보지 못하는 것을 바라면 참으로 기다릴지니라." 소망의 세 가지 특징이 있습니다. 첫째가 미래지향적이라는 것이고, 둘째가 영적이라는 것이고, 셋째가 종말론적이라는 것입니다. 이 속성들을 분명히 알아야 합니다. 결국 끝으로부터 현재를 생각하는 것입니다. 과거로부터 현재를 생각하고, 현재로부터 미래를 생각하자는 것이 아닙니다. 약속된 미래를 먼저 보고, 그로부터 오늘을 생각하는 것입니다. 그런고로 참음으로 기다려야 합니다. 이 세계는 영적인 세계요, 확실한 세계요, 영원한 세계입니다. 그걸 바라보고 오늘을 참음으로 기다려야 합니다.

빌립보서 1장 20절은 말씀합니다. "소망을 따라 아무 일에든지 부끄럽지 아니하고……" 소망은 있는데, 아니, 어렴풋이 알 것 같기는 한데, 정작 오늘 나는 거기에 합당한 자가 못 된다는 것입니다. 소망을 따라 살지 못했습니다. 소망에 합당한 생을 살지 못했습니다. 그러면 나는 아니지 않습니까? 저는 전에 목회할 때 이런 집사님을 보았습니다. 남편이 돈을 벌려고 전쟁 중인 베트남으로 갔습니다. 거기에 있으면서 남편은 집으로 꼬박꼬박 돈을 보냈습니다. 무려 2년 동안에 걸쳐 꽤나 많은 돈을 보냈습니다. 그럴 때마다 남편은 보내준 돈을 잘 저축해두라고 당부하는 편지도 써서 부쳤습니다. 한데 이 부인이 그만 어떤 유혹에 빠져서 증권을 하다가 그 돈을 모두 날려버렸습니다. 남편이 돌아오는 날 그 부인이 자살했습니다. 소망은 있었지만, 그 소망에 합당한 삶을 살지 못했던 것입니다. 약속은 있었지만, 그 약속에 합당한 삶을 살지 못했습니다. 그래서 그 부인은 차마 남편의 얼굴을 볼 수가 없었습니다. 너무나 마음 아픈 일입니다. 제가 직접 경험한 일입니다. 여러분, 잊지 말아야 합니다. 아무 일에든지 부끄럽지 않아야 합니다. 소망을 따라 부끄럽지 않게 살아야 합니다. 소망 앞에 부끄럽지 아니한 오늘이 있어야 합니다. 이걸 잊지 마십시오. 그렇지 않으면 나는 소망을 기다릴 자격이 없습니다. 그 자리에 내가 있을 수 없습니다.

사도 바울은 말씀합니다. '소망을 따라 아무 일에든지 부끄럽지 아니하고 오직 전과 같이 이제도 온전히 담대하여 살든지 죽든지 내

몸에서 그리스도가 존귀케 되려 하나니. 사는 것이 그리스도니 죽는 것도 유익함이니라.' 이것이 약속을 믿고 사는 사람의 모습입니다. 사는 것이 그리스도니, 죽는 것도 유익한 것입니다. 내가 그리스도를 위해서 사는 것이 아닙니다. 사는 것 자체가 그리스도입니다. 그래서 죽는 것도 유익한 것입니다. 소망의 세계는 살고 죽는 문제를 훌쩍 넘어섭니다. 소망의 사람은 그렇습니다. 소망은 하나님의 약속 안에 뿌리를 두고 있습니다. 이 약속을 따라가며 우리는 즐거워합니다. 이것은 영원한 것입니다. 신령한 것입니다. 확실한 것입니다.

우리나라가 오늘 이만큼 살고, 또 우리 기독교가 이만큼 부흥되었는데, 참 큰 즐거움입니다. 나라를 생각하든 기독교를 생각하든, 가장 중요한 사건이 3·1운동입니다. 역사를 보면 민족과 나라는 있다가도 없어지고, 없다가도 다시 생기고 합니다. 그것이 역사입니다. 나라나 민족이 영원하다는 것은 다 거짓말입니다. 수백 수천 년의 역사가 다 그렇습니다. 그렇게 흥망성쇠가 이루어지는 것입니다. 우리나라도 일본제국주의의 손에 완전히 종속되어 언어와 문화를 잃어버렸습니다. 그래 많은 사람들이 정신이 나가버렸습니다. 그러나 예수 믿는 사람들, 하나님을 아는 사람들은 신앙으로 나라를 다시 세웠습니다. 그것이 3·1운동입니다. 이 3·1운동의 역사가 있었기에 온 세계가 우리를 보고 '아, 저 나라는 독립국가다! 저 민족은 살아있는 민족이다!' 해서 이 나라의 독립을 허락한 것입니다. 잊지 말아야 합니다. 3·1운동은 신앙운동이었습니다. 신앙으로 승화시킨 독립운동이었습니다. 그래서 순국과 순교를 한가지로 생각했습니다. '나라를 위해서 죽는 것이 곧 하나님의 영광을 위해서 죽는 것이다. 나라를 위해서 내 한 몸 희생하는 것이 곧 그리스도를 위해서 순교하는 것이다.' 이렇게 생각한 것입니다. 그래서 조금도 주저하지 않고 오직 그리스도의 이름으로, 무저항주의로, 총칼을 들지 않고 끝까지 태극기를 들고 만세를 불렀던 것입니다. 잊지 말아야 합니다.

저는 지금도 잊지 못하는 것이 있습니다. 바로 아버지께서 자그마한 상자에 태극기를 넣어놓으시고는 이따금 그걸 열어서 들여다보시던 모습입니다. 그러다 해방이 되니까 그 태극기를 꺼내 들고 여기저기 막 돌아다니면서 만세를 외치시던 모습을 제가 보았습니다. 얼마나 기다리셨던 일입니까. 일본이 항복해서 무너졌다는 소식을 목사님이 저희 집에 오셔서 저희 할아버지 장로님께 전해주셨습니다. 두 분이 그 자리에서 무릎 꿇고 얼싸안은 채 감격에 겨워 한없이 우시는 모습을 제가 보았습니다. 하나님의 약속이 우리 민족 앞에 이루어진 것입니다. 3·1운동의 정신은 신앙입니다. 애국입니다. 순국과 순교를 같이 생각했습니다. 그들에게는 중요한 신조가 있었습니다. '여호와를 자기 하나님으로 삼는 나라, 곧 하나님의 기업으로 선택받은 백성은 복이 있도다.' 이것이 3·1운동의 메시지입니다. 오늘예배의 교독문 가운데에도 있지 않습니까. '여호와를 자기 하나님으로 삼는 나라 곧 하나님의 기업으로 선택받은 백성은 복이 있도다.' 우리는 선택받은 백성이자 하나님의 기업이라는 것이 곧 3·1운동의 정신이었던 것입니다. 이 역사를 우리가 잊어버리고 있습니다. 3·1운동을 통해서 우리는 엄격하고, 어렵고, 협소한 민족주의의 장벽을 넘어섰습니다. 그래서 기독교를 받아들이게 된 것입니다. 이걸 잊지 말아야 합니다. 선교에서 가장 어려운 것이 바로 민족주의라는 장벽을 넘어서는 일입니다.

아시다시피 일본사람들은 예수를 잘 안 믿습니다. 이유가 있습니다. 그들은 자기들의 하나님은 따로 있다고 믿기 때문입니다. 바로 '가미사마(神樣)'가 그들의 하나님입니다. 그래서 기독교에서 믿는 것은 서양 사람들만의 하나님이라고 보는 것입니다. 그래서 일본에서는 기독교가 잘 안 됩니다. 그러나 우리는 다릅니다. '우리 하나님'입니다. 하나님께서 우리 민족을 사랑하신다고 믿습니다. 우리는 선택받은 백성이라고 믿습니다. 이것은 3·1정신에서 만들어진 신학입니다. 여기서 오늘이 있는 것입니다. 그 모든 장벽을 그냥 훌쩍 넘어서고 맙니다. 3·1운동을 통해서 하나님을 우리 하나님으로 믿습니다. 우리는 선택받은 백성이라는 확증을 얻습니다. 그리고 만세를 불렀습니다. 그래서 오늘 이 나라가 있는 것입니다. 깊이 생각하면 엄청난 하나님의 경륜과 큰 축복이 여기에 있습니다. 그래서 우리는 3·1정신을 중요하게 여겨야 합니다. 우리가 3·1절에 애국가를 부르는 것도 그런 까닭입니다. 옛날 우리 성도들은 교회에서 애국가를 불렀습니다. 옛날 찬송가 14장이 바로 애국가였습니다. 찬송가 속에 애국가가 있었던 것입니다. 세상에 이런 나라가 어디 있습니까. 그래서 저도 가끔 이런 이야기를 합니다. "찬송가에 애국가가 있어야 되는데……" 하지만 다른 종교들 눈치가 보여서 편입하지 못하고 있을 뿐입니다. 하지만 옛날 찬송가 14장은 분명히 애국가였습니다. 애국과 신앙을 하나로 생각했기 때문입니다. 우리는 하나님을 우리 하나님으로 생각했고, 우리는 선택된 백성이라고 믿었습니다. 그런 확신으로 만세를 불렀던 것입니다. 그래서 오늘의 우리와 이 놀라운 번영이 있다는 것을 잊어서는 안 됩니다. 우리는 그 믿음의 조상들에게 부끄럽지 않은 오늘을 살아야 할 것입니다. △

하나님과 동행한 사람

이것이 노아의 족보니라 노아는 의인이요 당대에
완전한 자라 그는 하나님과 동행하였으며 세 아들을
낳았으니 셈과 함과 야벳이라 그 때에 온 땅이 하나
님 앞에 부패하여 포악함이 땅에 가득한지라 하나님
이 보신즉 땅이 부패하였으니 이는 땅에서 모든 혈육
있는 자의 행위가 부패함이었더라
(창세기 6 : 9 - 12)

하나님과 동행한 사람

아주 오래전 제가 평양을 방문했을 때의 일입니다. 제가 잘 아는 목사님 한 분이 평양에 있는 고려호텔의 찻집에 몹시 피곤한 몸으로 혼자 앉아 계셨습니다. 그걸 보고 제가 함께 차를 나누게 됐습니다. 그분은 서울의 큰 교회에서도 목회하신 일이 있고, 한국에서 목회생활을 크게 성공적으로 하신 분입니다. 그런데 미국유학을 하면서 '혁명신학'이라고, 당대에 유행하던 특별한 신학을 접하게 됩니다. 그래 이 혁명신학에 빠져서 일생을 실패하게 됩니다. 결국 목회도 하지 못하고 평양에 와 계시는 것이었습니다. 여유롭게 긴 이야기를 나눌 수는 없는 상황입니다. 그때 그분이 제 손을 꽉 잡고 눈물을 흘리면서 하신 말씀을 제가 잊을 수 없습니다. "제가 미국 유학시절에 유니언 세미너리(union seminary)에서 폴 리만(Paul layman)이라는 사람을 만나지 말아야 했습니다." 저도 그 사람을 압니다. 그의 강의도 들었습니다. 그는 혁명해방신학을 가르치는 사람입니다. 이 목사님은 거기에 그만 너무 심취되어서 일생이 망가진 것입니다. 그래 지난날을 후회하면서 폴 리만, 그 사람을 만나지 말았어야 했다고 후회하며 눈물짓는 것을 제가 보았습니다. 참으로 마음이 아팠습니다.

이번에는 그와는 반대의 이야기를 하나 하겠습니다. 피터 드러커는 현대 경영학의 대부라고까지 일컬어질 만큼 유명한 경영학자입니다. 저서도 40여 권이나 됩니다. 제가 그분을 워낙 좋아해서 어지간히 많은 책을 읽었습니다. 그가 84세에 마지막으로 쓴 책이 있습니다. 한평생을 회고하면서 그의 모든 저서를 다 종합한 것 같은 내용의 책입니다. 그 책에 나오는 이야기입니다. '아마도 내가 이렇게 그리스도인으로 살고, 이렇게 책을 쓰고, 이렇게 학술로 나아갈 수 있었던 것은 내 속의 이 아름다운 기억 때문일 것이다.' 그러면서 그는 한 가지 이야기를 합니다. 그는 아주 어렸을 때 8층 아파트에 살았답니다. 어느 몹시 추운 겨울날에 할머니가 시장에 볼일이 있어서 손자의 손을 잡고 그 8층에서부터 밑으로 내려갔습니다. 다 내려가서 보니까 바로 아파트 문 앞에 창녀들이 서 있었습니다. 가난하고 형편이 어려운 창녀들이 목도리를 하고 벌벌 떨면서 손님을 만나기 위해, 호객하기 위해 거기에 서 있는 것입니다. 그 가운데 한 사람이 몹시 심하게 기침을 합니다. 그 모습을 보고 할머니가 손자한테 이릅니다. "넌 여기 잠깐 서 있어라." 그러고는 8층까지 도로 올라가서 집에 있던 아스피린 몇 알을 가지고 내려와 그 아가씨에게 주었습니다. "이거 먹고 감기 빨리 나아요." 그러자 그 옆에 있던 사람이 할머니한테 말합니다. "아니, 이 여자는 창년데, 왜 이런 사람을 위해서 그 높은 데를 다시 올라갔다 내려와 감기약까지 주는 겁니까?" 그러자 할머니가 빙그레 웃으면서 말합니다. "이 아가씨도 건강해야겠지마는, 이 아가씨가 건강해야 우리 청년들도 건강할 수 있지 않겠어요?" 그것이 드러커의 마음에 너무나 깊이 새겨졌습니다. 누가 옳으니 그르니 하고 사리를 따지기 전에 감기 걸린 창녀한테 약부터 갖다 주며 감기에 걸리지 말라고 이르는 그 할머니의 말씀이, 그리고 그 순간 할머니의 얼굴이 일생동안 자기 마음에 잊을 수 없는 그림자로, 교훈으로 남아 있다고 피터 드러커는 고백합니다.

참으로 중요한 이야기 아닙니까. 사람을 평가할 때 우리는 그 사람의 건강을 보고, 외모도 보고, 지식도 보고, 능력도 보고, 나아가 그 사람의 가치관이나 세계관도 봅니다. 하지만 뺄 수 없는 것은 그 사람의 친구를 보아야 된다는 것입니다. 그 사람이 어떤 친구와 친하게 지내는지, 어떤 친구와 사귀는지를 보면 그 사람을 알 수 있는 것 아니겠습니까. 깊이 생각해야 합니다. 어떤 사람하고 친하고, 무엇을 즐기고, 무엇을 향유하고 있는지…… 그러니까 누군가를 평가하려면 그 사람의 친구를 보아야 한다, 이것입니다. 확실합니다. 잠언 13장 20절에 귀한 말씀이 있습니다. "지혜로운 자와 동행하면 지혜를 얻고, 미련한 자와 사귀면 해를 받느니라." 지혜로운 자와 동행해서 얼마나 많은 도움을 얻었는지, 미련한 자와 사귀어서 얼마나 많은 손해를 보았는지, 깊이 반성해봐야 하겠습니다.

오늘본문에는 짧고도 귀한 말씀이 있습니다. "노아는 의인이요 당대에 완전한 자라 그는 하나님과 동행하였으며……(9절)" 특별한 말씀입니다. 하나님과 동행한다는 것, 정말 엄청난 메시지입니다. 하나님과 동행, 이 얼마나 쉽고, 이 얼마나 간단합니까. 그러나 이것은 귀한 진리입니다. 어떤 사람은 감각적인 생각, 정욕의 욕심에 계속 끌려갑니다. 욕심과 동행하는 것입니다. 그러나 하나님과 동행한다는 것은 보이지 않는 하나님을 보는 것입니다. 다른 사람이 못 듣는 소리를 듣는 것입니다. 다른 사람은 못 보는 것을 나는 보고 사는 것입니다. 다른 사람은 느끼지 못하는 것을 나는 느끼는 것입니다. 하나님의 존재를 느끼고, 하나님의 심판을 느끼고, 하나님께서 지금 나와 함께 계심을 느끼고 사는 것입니다. 하나님과 동행하는 것입니다. 보이지 않는 하나님과 동행하며 사는 것, 바로 이것이 그리스도인의 모습 아니겠습니까. 하나님과 동행한다는 것은 하나님의 말씀을 따라서 산다는 것이고, 그 말씀이 늘 마음 한가운데 있다는 것입니다. 말씀을 늘 기억하며, 말씀을 외우며, 말씀을 묵상하며, 말씀이 나침판이 된 생을 살아간다는 것입니다.

또한 하나님의 말씀과 약속을 믿고 산다는 것입니다. 하나님의 영원한 약속을 믿고 오늘을 사는 것입니다. 이것을 종말론적 신앙이라고 합니다. 신학적으로 '종말'과 '종말론'은 서로 다른 말입니다. 종말은 세상 끝을 말하는 것이지만, 종말론이라는 것은 그 종말을 알고 확신하고 믿으면서 오늘을 사는 것을 말합니다. 종말론적 신앙이 바로 하나님과 동행하는 것입니다. 하나님께서 노아에게 말씀하셨습니다. "내가 이 세상을 심판해버리리라. 홍수로 심판해버리리라. 그런데 120년의 유예기간을 둘 것이다." 노아는 120년 뒤에 하나님께서 세상을 심판하시리라는 그 약속을 믿고, 또 그 심판을 믿고 120년 동안 방주를 예비합니다. 120년 뒤에 있을 일을 오늘 일처럼 생각하고, 오늘 그 믿음 안에 사는 것입니다. 그 믿음 안에, 그 약속 안에 사는 것입니다. 이것이 바로 하나님과 동행하는 것입니다.

창세기 6장 3절에서 하나님께서는 이렇게 선포하십니다. "그들이 육신이 됨이라……" 선명한 선포입니다. '왜 노아의 홍수가 있었느냐? 사람이 육체가 되니라.' 신학적으로 분석하면 하나님의 형상으로 지음 받은 인간이 하나님의 형상은 다 없어졌고 육체만 남았습니다. 고깃덩어리만 남은 것입니다. 육체적 욕망만 남았다는 말씀입니다. 이 사건을 딱 한마디로 말씀하십니다. '사람이 육체가 되니라. 그런고로 쓸어버릴 것이다.' 하나님께서 산 자를 죽이신 것이 아닙니다. 죽은 자들을 쓸어버리신 것입니다. 그들은 산 사람이 아닙니다. 육체만 있을 뿐입니다. 인간존재의 근본인 하나님의 형상은 찾아볼 길이 없습니다. 정욕과 악으로, 시기와 질투로 꽉 찼습니다. 이미 죽은 인간입니다. 산 사람이 아닙니다. 하나님 보시기에는 이미 죽은 것입니다. 그런 사람들을 쓸어버리신 것이 노아의 홍수사건입니다. 잊지 말아야 합니다. 이미 죽었습니다. 죽은 것을 쓸어버리신 것입니다. 하나님의 눈으로는, 하나님의 시각으로는 걸어다닌다고 다 산 사람이 아닙니다. 부자로 산다고 산 사람이 아닙니다. 그 속에 하나님의 형상이 있어야 합니다. 하나님의 창조된 형상이 있을 때 비로소 인간입니다. 하나님의 형상이 사라지고 없는 고깃덩어리는 짐승일 뿐입니다. 잊지 말아야 합니다. 노아는 하나님과 동행한 사람입니다. 하나님의 말씀을 듣고, 하나님의 약속을 듣고, 하나님을 믿고, 순간순간 하나님을 느끼고 살아가던 사람입니다.

아이들을 데리고 어디로든 나가보십시오. 아이들이 그저 아무렇게나 제멋대로 뛰노는 것 같아도 실은 그렇지가 않습니다. 이렇게 뛰놀고, 저렇게 뛰놀고, 말썽도 부리고 하는 것 같지만, 실은 아주 정확합니다. '여기 가까이에 어머니가 계시다.' '여기 가까이에 할머니가 계시다.' 순간순간 이렇게 느끼고 있습니다. '내가 무슨 일을 당하여 울음을 터뜨리면 당장 달려오실 거다.' 이렇게 다 알고 있는 것입니다. 사랑을 느끼고, 능력을 느끼고, 지혜를 느낍니다. 그래서 평안하고, 때로는 용기도 내는 것입니다.

제가 언젠가 한번 재미있는 경험을 했습니다. 우리 아이들이 자랄 때인데, 얼마나 장난이 심한지, 도대체 말릴 수가 없습니다. 그런 아이들을 데리고 언젠가 이웃집에 초청을 받아서 갔습니다. 아무리 남의 집이라지만 그렇게 장난이 심하던 아이들이 어찌 그리 얌전한

지요? 전혀 다른 아이들 같았습니다. '아, 애들이 여기는 남의 집이라는 걸 알고 있구나!' 여러분, 이게 바로 동행한다는 것입니다. 하나님의 사랑을 느끼고, 그 안에서 자유한 것입니다. '노아는 하나님과 동행하더라!' 이 얼마나 중요한 얘기입니까.

그런가하면 창세기 5장 22절에는 에녹이 한평생 하나님과 동행했다고 되어 있습니다. 역대하 20장 27절과 야고보서 2장 23절에는 아브라함이 하나님의 벗이라고 되어 있습니다. '하나님의 친구다. 하나님과 친구 됐다.' 이것이 아브라함의 모습이었습니다. 하나님과 친구가 된 사람이라니요? 무슨 말씀입니까? 친구처럼 가깝고, 친구처럼 비밀이 없다는 뜻입니다. 친구처럼 다 듣고, 다 믿고, 다 알고, 다 함께하는 것입니다. 이것이 아브라함의 모습입니다. '아브라함은 하나님의 벗이다. 하나님의 친구다.' 친구처럼 가까이 항상 사귀고, 그걸 느끼고 사는 것입니다. 바로 옆에 친구가 있는 것처럼 말씀입니다. 그래서 성경은 '하나님의 벗 친구'라고 말씀합니다.

요한복음 15장 14절에서 예수님께서는 제자들에게 이렇게 말씀하십니다. 너무나 유명한 말씀입니다. "너희는 내가 명하는 대로 행하면 곧 나의 친구라." 그 앞의 13절은 이렇게 말씀합니다. "사람이 친구를 위하여 자기 목숨을 버리면 이보다 더 큰 사랑이 없나니." 친구라고 하셨습니다. 왜요? 친구는 위계관계가 아닙니다. 상하관계가 아닙니다. 주종관계가 아닙니다. '내가 너희를 친구라 하는 것은 내가 너희들에게 할 말을 다 했기 때문이다. 내가 한 말을 너희가 다 들었기 때문이다. 그리고 너희들이 나를 사랑하기 때문이다. 그리고 나는 친구를 위하여 목숨을 버리노라. 누가 빼앗는 것이 아니라, 내가 스스로 버리노라.' 예수님 말씀입니다. 친구가 된다는 것, 이 얼마나 중요한 말씀입니까. 이 말씀 한마디가 참으로 중요합니다. 사실 높은 사람이 낮은 사람을 보고 "당신은 나의 친구다!" 하면 이것은 괜찮습니다. 그러나 낮은 사람이 높은 사람을 보고 "당신은 내 친구다!" 하면 안 되는 것입니다. 그렇지 않습니까. 아주 높은 곳에 계신 전능하신 하나님 아니십니까. 그리고 성육신 되신 예수님께서 그 형편없는 제자들을 보시고 "너는 나의 친구라!" 하십니다. 왜요? '내가 할 말을 다했기 때문이고, 너희는 나를 다 알기 때문이고, 다 믿기 때문이고, 항상 함께 느끼고 있기 때문이다.'

　또한 예수님께서 양과 목자의 비유로 말씀하십니다. 양은 목자를 믿고 따라갑니다. 어디로 가느냐고 묻지 않습니다. 그저 주인을 따라갈 뿐입니다. 이 목자의 생을 경험한 다윗의 고백을 들어봅시다. "사망의 음침한 골짜기로 다닐지라도 해 받음을 두려워하지 아니함은……" 이것이 동행입니다. 목자와 동행합니다. 목자를 믿고 따라갑니다. 아니, 사망의 음침한 골짜기로 갈지라도 두려워하지 않습니다. 목자와 함께 가니까요. 목자와 동행하니까요. 목자가 다 알고 인도해줄 테니까요. 그저 줄레줄레 따라가면 되는 것입니다. 이 얼마나 아름다운 일입니까. 저는 아랍권의 이스라엘 사람들이 있는 데에 가서 목자와 양의 관계를 여러 번 목격했습니다. 하루 종일 관찰해본 일도 있습니다. 목자 한 사람이 3백 마리나 되는 양들을 몰아가는데, 그 가운데 딱 한 마리만 붙들고 앞에서 그걸 툭툭 치면서 "가자!" 하고 갑니다. 그러면 양들이 그 뒤를 질서 있게 졸졸졸 따라갑니다. 3백 마리가 줄을 서서 죽 따라가는 것입니다. 앞에서 무엇으로 잡아끄는 것도 아니고, 코를 꿴 것도 아닙니다. 그냥 줄줄 따라가는 것입니다. 그 광경을 보면서 제가 무슨 생각을 했겠습니까. '우리 교인들이 다 이러면 얼마나 좋을까?' 묻지도 않고, 따지지도 않습니다. 그저 줄레줄레 따라갑니다. 이것이 동행입니다. 양은 목자와 동행합니다. 아니, 운명을 같이합니다. 운명을 목자에게 맡깁니다. 그리고 따라갑니다. 그 모습, 하나님과 동행하는 그것이 신앙생활입니다.

내가 누구와 운명을 같이하고 있습니까? 나의 동행은 누구입니까? 무엇을 위하여 동행하며, 어떤 방법으로 동행합니까? 나는 지금 어디로 가고 있는 것입니까? 내가 정한 길에 누가 함께하기를 바라지 마십시오. 주님께서 가신 길에 내가 동행하는 것입니다. 타락한 세상이지만 거기에 물들지 않고, 화려한 세상이지만 거기에 끌리지 않고, 내 마음의 중심에는 항상 주님이 계시고, 내가 항상 주님을 느끼고, 내가 항상 주님을 믿고, 내가 항상 주님의 약속을 바라보면서 조용하게, 양이 목자를 따라가듯 하나님과 동행하는 삶, 그것이 그리스도인이 모습입니다. 그의 운명은 주님께서 결정해주십니다. △

나는 섬기러 왔노라

열 제자가 듣고 그 두 형제에 대하여 분히 여기거늘 예수께서 제자들을 불러다가 이르시되 이방인의 집권자들이 그들을 임의로 주관하고 그 고관들이 그들에게 권세를 부리는 줄을 너희가 알거니와 너희 중에는 그렇지 않아야 하나니 너희 중에 누구든지 크고자 하는 자는 너희를 섬기는 자가 되고 너희 중에 누구든지 으뜸이 되고자 하는 자는 너희의 종이 되어야 하리라 인자가 온 것은 섬김을 받으려 함이 아니라 도리어 섬기려 하고 자기 목숨을 많은 사람의 대속물로 주려 함이니라

(마태복음 20 : 24 - 28)

나는 섬기러 왔노라

사람들이 모두 너무나 잘 알고, 그래서 다 같이 쓰고 있는 말 가운데 실은 말이 안 되는 신조어가 한 가지 있습니다. 여러분이 승진을 했다든지, 혹은 여러분의 자녀가 상급학교에 입학을 했다든지 하는 좋은 일이 생기면 여러분은 흔히 친지들한테 이렇게 말하지 않습니까. "내가 한번 쏜다." 그러면서 좋은 음식을 친지들에게 대접합니다. 이런 문화가 우리에게 있습니다. 하지만 이것은 말이 안 되는 소리입니다. 쏘기는 무엇을 쏩니까? 이쪽에서는 분명히 대접을 했고, 저쪽에서는 대접을 받았습니다. 그러나 이것은 대접이 아닙니다. 왜냐하면 내가 쏜 것이거든요. 내 기분을 위해서 한 일이지, 누구를 대접한 것이 아닙니다. 누구를 기쁘게 해주기 위해서 한 일이 아니라는 말입니다. 내가 신나는 일이 있어서 내가 쏜 것입니다. 그런 행동을 일러 대접이나 봉사라고 할 수는 없습니다. 그것이 지금 우리의 문화입니다. 정말로 대접을 한다면 정성껏 대접을 해야 할 뿐만 아니라, 대접하고 나서도 부족해야 합니다. "차린 것은 없습니다만, 많이 잡수세요." 이러지 않습니까. 이것이 바로 대접입니다.

언젠가 아주 귀한 미국손님 몇 분과 한경직 목사님과 함께 식사를 한 일이 있었습니다. 그때 주인이 나와서 이렇게 말했습니다. "차린 것은 없습니다만, 많이 잡수세요." 그래 이 말을 이제 미국손님들한테 통역해줘야 하는데, 한경직 목사님이 일부러 통역을 하지 않으시고 "곽목사, 곽목사가 통역해!" 하시더라고요. 그래 제가 이렇게 통역했습니다. "We provide nothing but eat much." 그러자 미국손님이 이러는 것이었습니다. "So what?" 그러니까 이런 뜻입니다. "아니, 차린 것이 없다니? 여기 이렇게 많은데, 왜 없다고 합니까?" 우리 동양의 대접문화를 이해하기가 어려웠던 것입니다. 잘 차려 놓고도 "부족합니다. 차린 것이 없습니다!" 하는 이 마음이 얼마나 아름답습니까. 그러니 "내가 한번 쏜다!" 하는 것은 말이 안 되는 표현입니다. 말하자면 그만큼 오늘날 손님을 대접하는 우리의 문화가 변질되었다는 뜻입니다.

참 행복, 참 성공이 뭐겠습니까? 그것은 바로 생의 목적을 잘 알아서 거기에 초점을 맞추고 사는 것입니다. 그렇습니다. 생의 목적을 알아야 합니다. 갈라디아서에서 사도 바울은 말씀합니다. '어머니의 태로부터 택정함을 받아 이방인의 사도가 되었노라.' 이렇게 생의 본질적인 목적을 분명히 알고 사는 사람이 행복한 사람입니다. 참 불행한 사람은 자신이 세상을 왜 사는지 모르는 사람입니다. 죽을 때까지 모릅니다. 임종 때에 가서야 "아, 내가 이렇게 살아서는 안 되는 일이었는데……"라고 한마디 하고 죽는 것입니다. 이 사람이 제일 불행한 사람일 것이라는 생각을 합니다. 또, 사람은 목적과 일치한 오늘을 삽니다. 목적은 이쪽에 따로 두고 그와는 반대로 살아갈 수밖에 없다면 그 사람은 정말 인생을 잘못 살아가는 것입니다. 목적과 일치한 직선상의 일생을 사는 사람이 행복한 사람입니다. 궤도수정 없이 사는 사람입니다. 처음 출발한 대로 일생을 사는 것입니다. 참 귀한 일입니다. 후회가 없습니다. 세월이 갈수록 잘했다 싶습니다.

여러분, 이런 생각 하십니까? 지금의 배우자하고 결혼한 일, 수십 년을 두고두고 생각해도 잘했다 싶습니까, 아니면 역사적인 실수였다 싶습니까? '그때부터 내 운명은 망가졌다!' 한다면 이 얼마나 불행한 일입니까. '내 선택은 옳았다. 생각하면 할수록 잘된 일이었다.' 이렇게 생각하며 사는 사람이 행복한 사람일 것입니다. 궤도수정이 없습니다. 뿐만이 아닙니다. 하나님의 뜻을 압니다. 깨달아갑니다. 하나님의 엄청난 경륜을 알고 감사합니다. 마치 요셉처럼, 모세처럼, 사도 바울처럼 내가 모르는 가운데 하나님께서 역사하신 그 큰 섭리를 알고, 그 섭리 속에 내가 있음을 감사하며 사는 사람, 그가 행복한 사람입니다.

하지만 많은 사람들은 소원은 있어도 그 소원이 무엇인지는 모릅니다. 욕망을 위해서 달려가지만, 그 욕망이 무엇을 의미하는지는 모르는 것입니다. 욕망의 속성을 모른다는 말입니다. 오늘본문은 분명히 말씀합니다. 세베대의 아들의 어머니 마리아라는 사람이 예수님께 두 아들을 데리고 와서 하나는 예수님 우편에, 하나는 좌편에 앉게 해달라고 청합니다. 하지만 예수님께서는 이렇게 말씀하십니다. "네가 구하는 것을 네가 모르는도다!" 자신의 소원 자체를 모르고 있다는 지적입니다. 잊지 말아야 합니다. 무엇을 구하는지 모른다, 이것입니다. 예수님의 말씀입니다. 끝없는 욕망을 모르고 있는 것입니다.

오늘본문을 자세히 상고해보면 여기서 이 어머니가 가만히 생각을 합니다. 예수님의 12제자가 있습니다. 자기 아들 둘이 예수님의 제자입니다. 야곱과 요한입니다. 얼마나 행복한 일입니까. 하지만 이 어머니는 지금 욕심이 너무 지나칩니다. 예수님의 나라에서 자기 아들 둘을 하나는 그 우편에, 하나는 그 좌편에 앉혔으면 좋겠는 것입니다. 한데 베드로가 문제입니다. 어떡하면 좋겠습니까? 베드로는 빼달라는 말을 꼭 하고 싶은데, 차마 입에 담지 못합니다. 그러나 그 말이 그 말입니다. 마태복음 20장 21절은 말씀합니다. "주의 나라에서 하나는 주의 우편에, 하나는 좌편에 앉게 명하소서." 그래서 예수님이 22절에서 이렇게 말씀하신 것입니다. "너희는 너희가 구하는 것을 알지 못하는도다……" 욕심이란 끝이 없는 것입니다. 예수님의 12제자들 가운데 한 사람이 되었다는 사실만으로도 굉장한 일 아닙니까. 게다가 두 아들이 예수님의 제자가 되었으니 그만하면 충분하지 않습니까. 한데도 기어이 하나는 우편에, 하나는 좌편에 앉혀야 되겠습니까? 또 욕심에는 언제나 시기와 질투가 따르게 마련입니다. 내가 욕심을 품으면 다른 사람은 뒤에서 나를 시기합니다. 무서운 일입니다. 모든 사람들한테서 미움을 받고, 소외당해야 한다는 것을 잊지 말아야 합니다. 뿐만 아니라, 예수님께서는 지나가는 것처럼 중요한 말씀을 하십니다. "내가 마시려는 잔을 너희가 마실 수 있느냐……(22절)" '소원이 있느냐? 그 소원을 이루기 위해서는 마시려는 잔이 있어야 된다. 영광을 위해서는 희생이 따라야 된다. 내가 마시려는 잔을 너희가 마시겠느냐?' 생각건대 제자들은 이것이 무슨 포도주잔인 줄 알았던 것 같습니다. 이러지 않습니까. "할 수 있나이다." 예수님께서 대답하십니다. "너희가 과연 내 잔을 마시려니와 내 좌우편에 앉는 것은 내가 주는 것이 아니라 내 아버지께서 누구를 위하여 예비하셨든지 그들이 얻을 것이니라(23절)." 야고보가 맨 먼저 순교합니다. 이걸 잊지 말아야 합니다. 반드시 치러야 할 대가가 있습니다. '마시려는 잔을 마시겠느냐?' 이 얼마나 귀중한 말씀입니까.

그러나 예수님께서는 선명하게 세 가지를 말씀하십니다. '나는 섬기려고 왔노라. 나는 주려고 왔노라. 나는 대속물이 되려고 왔노라.' 이 세 가지는 참으로 깊고 깊은 말씀입니다. 기독론에서 이 세 가지는 대단히 중요한 교리입니다. 여기서 '섬긴다'는 '비야코니아'입니다. 아주 중요합니다. 얼마간 굴욕적으로 느껴지기도 하겠지만, 섬긴다는 말의 신비를 알면 이것은 참으로 귀합니다. 왜냐하면 사람을 제일 괴롭히는 것이 이기심이기 때문입니다. 자기중심적인 욕망입니다. 이로부터 자유할 수 있는 길은 섬기는 것입니다. 섬기는 사람은 이기심으로부터 자유할 수 있습니다. 여러분 마음속에 고민이 있습니다. 많은 어두운 그림자가 있습니다. 전부가 이기심 때문입니다. 자기중심적인 생각 때문입니다. 이 끝없는 이기심과 욕심으로부터 자유할 수 있는 길이 어디에 있습니까? 섬기는 마음에 있습니다. 섬긴다고 할 때 이기심으로부터 자유하는 신비로운 기쁨을 느낄 수 있을 것입니다.

철학자 칸트는 사람에게는 세 가지 이기주의가 있다고 말합니다. 첫째는 논리적 이기주의입니다. 자기 자신의 판단은 언제나 옳다고 생각하는 것입니다. '내 생각은 옳다.' '네 생각은 잘못됐다.' 이것이 이기주의입니다. 이 이기주의에서 벗어나려면 내 생각을 접고 '네 생각이 옳다!', '네 생각에 일리가 있다!'고 할 수 있어야 합니다. 이것이 섬기는 마음입니다. 둘째는 미학적 이기주의입니다. 이것은 심리적인 것이고, 감성적인 것입니다. '내가 느끼는 기쁨이 있다. 내게 좋은 기분이 있다.' 이것이 중심이 되면 안 됩니다. 다른 사람을 기쁘게 하면서 나의 이기심을 극복할 수 있게 됩니다. 셋째는 도덕적 이기주의입니다. 대단히 중요합니다. '자기 행위는 언제나 선이다. 다른 사람의 도덕은 옳지 않다.' 이렇게 비판해버리는 것입니다.

이런 이기주의를 극복하려면 다른 사람을 선하게 볼 수 있어야 합니다. 그래야 도덕적 이기주의로부터 자유할 수 있습니다. '나를 버리고 섬긴다. 섬기기 위해서는 버려야 한다.' 귀중한 말씀입니다. 여기서 중요한 것이 있습니다. 자발적이라야 한다는 것입니다. 억지로 하는 것은 노예입니다. 노예적 순종은 순종이 아닙니다. 자발적으로 버리는 것입니다. 누가 빼앗는 것이 아니라, 내가 스스로 버리는 것입니다. 예수님의 말씀입니다. 그런고로 자발적이고 선택적인 자유 가운데 섬기는 것이 진짜 섬김입니다.

우리가 봉사를 하지만, 때로는 부득이해서, 체면 때문에, 또 후환이 무서워서 진실한 섬김을 못 할 때가 많습니다. 그런고로 기쁜 마음으로 섬겨야 됩니다. 무엇보다 중요한 것은 주는 행복이 있어야 된다는 것입니다. 베푸는 행복이 아주 중요합니다. 너무너무 중요합니다. 우리가 어려운 가운데에서 나보다 더 못한 사람을 섬길 때 비로소 기쁨이 있습니다. 아주 작은 것이지만, 너무나 큰 것입니다. 이 섬김의 기쁨을 알고, 이 기쁨 중에 섬겨야 진짜 섬김입니다. 섬기면서도 어딘가 모르게 마음이 불편하다면 그것은 진짜 섬김이 아닙니다. 늘 이야기합니다마는, 우리가 자녀들에게 봉사하고 용돈을 주고 합니다마는, 얼마나 재미있습니까. 얼마나 좋은 일입니까. 줄 때 강도 만난 마음으로 준다면 그것은 주는 것이 아니라 빼앗기는 것입니다. 심지어 어떤 분들은 입버릇처럼 이런 말까지 합니다. "저거는 왜 태어나서 말썽이야?" 여기까지 나가면 일생동안 자식을 위해서 수고해도 말짱 무효입니다. 그런 말 듣고 자라는 자녀가 효도할 것 같습니까? 그저 언제나 기쁜 마음으로 봉사하고, 주는 것이 좋고, 그래서 더 주고, 더 잘해주고 싶어야 합니다. "너희들을 볼 때마다 내가 얼마나 행복한지 모른다. 너희들을 위해 수고하는 것도 내게 기쁨이다.” 이 마음이 중요합니다. 이런 기쁨이 없다면 일평생을 수고해도 다 무효입니다. 섬김이란 기쁨과 행복이 함께해야 합니다. 그래 서로 행복을 주고, 행복을 받아야 합니다.

뿐만 아니라, 그 속에 있는 깊은 하나님의 뜻을 알아야 합니다. 좀 더 심각한 말씀입니다. 대속물이 되는 것입니다. 무엇입니까? 다른 사람을 의롭게 하기 위해서 내가 죄인이 되는 것입니다. 다른 사람을 살리기 위해서 내가 죽는 것입니다. 다른 사람을 이롭게 하기 위해서 내가 죄인이 되는 것입니다. 그래서 허물도 쓰고, 누명도 쓰는 것이 바로 섬김입니다. 섬김은 물질적 거래가 아닙니다. 마음 깊은 곳에서 다른 사람을 의롭게, 또 명예롭게 하고자 내가 꾹 참는 것입니다. 내가 희생의 제물이 되는 것입니다. 내가 죄인이 되는 것입니다. 내가 무능하게 되는 것입니다. 예수님께서 아무 능력도 없으신 것처럼 십자가에서 돌아가실 때에 그 십자가 밑에서 사람들이 소리 지릅니다. “뛰어 내려라. 그러면 우리가 믿겠노라.” 하지만 예수님께서는 뛰어 내리지 않으셨습니다. 그리고 아무 능력도 없는 사람처럼 죽어가십니다. 이것이 섬긴다는 것입니다. 다른 사람을 의롭게 하면서 내가 죄인이 되는 모습입니다.

여기에 현실적인 어려움이 있습니다. 섬김을 받으려 하니 불평이 많습니다. 사랑을 받으려 하니 불만이 많습니다. 스스로 높이고자 하니 고민이 많습니다. 스스로 권세를 내세우다보니 불안합니다. 섬김을 받으려 하니 실망이 많습니다. 억지로 섬기다보니 평생 노예 생활에서 벗어날 수 없습니다. 섬김 속에 심판이 있음을 알아야 합니다. 예수님께서 친히 말씀하셨습니다. “크고자 하는 자는 섬기는 자가 되고, 으뜸이 되고자 하는 자는 종이 되어야 하리라." 하나님의 심판입니다. 높아지려다가 떨어지는 사람을 많이 봅니다. 무리하게 욕심을 부리다가 형편없는 처지로 내려앉게 되는 하나님의 심판을 우리는 날마다 보며 삽니다.

섬기는 자가 주인입니다. 이걸 잊지 말아야 합니다. 특별히 헬라어에 재미있는 표현이 있습니다. '섬긴다'는 헬라어로 '디아코니아'인데, 로마서 13장 4절에 있는 '권세 잡은 자'라는 말이 헬라어로 '디아코노스'입니다. 두 말의 어원이 같습니다. 디아코니아, 디아코노스, 어떻습니까? 섬기는 자가 권세자입니다. 섬김을 통하여 권세가 나타나는 것입니다. 섬김을 통해 이루어지는 것이 진정한 권세입니다. 모든 사람이 그 앞에 무릎을 꿇게 되는 것입니다. 이걸 잊지 말아야 합니다. '섬기는 자가 주인이다. 섬기는 자가 자유인이다. 섬기는 자가 행복하다.' 이걸 잊지 말아야 합니다.

생의 목적을 재점검해보십시다. 예수님께서는 말씀하십니다. '섬김을 받으려 함이 아니라, 섬기려고 왔노라. 받으려 함이 아니라, 주려고 왔노라. 대속물이 되기 위하여 왔노라. 그렇게 왔고, 그렇게 살고, 그렇게 간다.' 우리 마음속의 어두운 그림자는 어디에서 온 것입니까? 섬김의 자세가 없기 때문입니다. 싹 지워버리고, 이제는 섬기려 하는 마음으로, 진실로 섬기는 마음으로 나머지 생을 살아갈 때에 우리의 영혼이 자유할 것입니다.   △

목자 없는 양 같이

사도들이 예수께 모여 자기들이 행한 것과 가르친 것을 낱낱이 고하니 이르시되 너희는 따로 한적한 곳에 가서 잠깐 쉬어라 하시니 이는 오고 가는 사람이 많아 음식 먹을 겨를도 없음이라 이에 배를 타고 따로 한적한 곳에 갈새 그들이 가는 것을 보고 많은 사람이 그들인 줄 안지라 모든 고을로부터 도보로 그곳에 달려와 그들보다 먼저 갔더라 예수께서 나오사 큰 무리를 보시고 그 목자 없는 양 같음으로 인하여 불쌍히 여기사 이에 여러 가지로 가르치시더라

(마가복음 6 : 30 - 34)

목자 없는 양 같이

성도 여러분, 양떼를 직접 보신 일이 있습니까? 우리는 양에 대해서 잘 알고 있다고 생각하기 쉽지만, 실은 잘 모릅니다. 왜냐하면 우리는 유목민족이 아니기 때문입니다. 양을 기른 일이 없고, 양을 기르는 것을 본 일도 없습니다. 그런데도 우리는 양에 대해서 충분히 이해합니다. 양이 행복하기 위해서는 세 가지 여건이 갖추어져야 합니다. 간단합니다. 첫째는 먹을 것이 많아야 된다는 것입니다. 하루 종일 뜯어먹어도 넉넉한 넓고 푸른 초장이 있어야 합니다. 먹고 쉬고, 쉬다가 또 먹고…… 그저 푸른 초장에 먹을 것이 넉넉하면 양은 행복합니다. 둘째는 마실 물이 많아야 된다는 것입니다. 풀을 뜯어 먹다가 목이 마르면 달려가 꿀꺽꿀꺽 들이킬 수 있는 시냇물이 넉넉히 있어야 합니다. 셋째는 들어가 안심하고 편히 쉴 수 있는 안전한 우리가 있어야 한다는 것입니다. 밤이 되면 많은 육식동물, 맹수들이 식사를 하려고 전부 달려들기 때문입니다. 그들을 피해서 한밤을 편하게 쉴 수 있어야 합니다. 이 세 가지 의식주의 여건이 충족되어야 양은 행복합니다.

그런데 이보다 더 중요하고 근본적인 것이 있습니다. 목자가 있어야 된다는 것입니다. 양에게 가장 중요한 것은 목자입니다. 선한 목자가 양들을 푸른 초장으로 인도해주어야 합니다. 또 시냇가로도 인도해주어야 합니다. 밤이 되면 선한 목자가 양들의 보금자리를 준비해주어야 합니다. 그리고 양의 우리를 안전하게 막아놓고 양들을 지켜주어야 합니다. 선한 목자가 복의 근본입니다. 이 한 가지면 됩니다. 다른 것은 생각할 필요가 없습니다. 선한 목자 하나면 양은 만족하고 행복합니다. 양은 그 선한 목자의 인도를 받아야 합니다. 양은 오직 목자 선한 목자에게 자기 운명을 맡깁니다. 그에게 양의 행복이 걸려 있는 것입니다.

인간은 언제나 자유할 수 있고, 또 선택할 수 있는 여지가 많은 것 같지만, 실은 그렇지가 못합니다. 언제든 내 생각대로 할 수 있고, 노력하면 할 수 있고, 힘쓰면 할 수 있고, 공부하면 할 수 있고, 부지런하면 다 할 수 있을 것 같지요? 아닙니다. 그렇게 많이 애를 써도 우리에게는 한계가 있습니다. 사람은 최소한 세 가지 복을 받아야 합니다. 제가 결혼주례를 할 때마다 사람은 세 가지 복을 받아야 한다는 말을 꼭 합니다. 첫째는 부모를 잘 만나야 한다는 것입니다. 왜요? 부모님이 내 역할모델(role model)이기 때문입니다. 무의식 중에 부모님으로부터 나는 많은 것을 물려받고 있습니다. 무엇보다도 먼저 우리 건강상태의 85퍼센트가 유전입니다. 사람들이 요즘 당뇨병이 어떻고, 무슨 병이 어떻고 하는 얘기들을 합니다마는, 그 모든 것의 85퍼센트가 결국 유전입니다. 부인할 수 없는 사실입니다. 여러분의 키가 작든 크든, 그것도 유전입니다. 내 마음대로 클 수도 없고, 내 마음대로 작을 수도 없습니다. 게다가 보이지 않는 지능, 성품, 신앙까지도 따지고 보면 다 유전입니다. 무시할 수 없는 사실입니다. 그런고로 어떤 가정에서 무엇을 보고 자라났느냐 하는 것이 정말로 중요합니다. 어머니를 때리는 아버지를 보고 자라난 자녀는 나중에 자기 가정을 이루어도 행복하기 어렵습니다. 이미 결론이 난 것입니다. 한번 잘못된 유전적인 유산이 일생을 좌우합니다. 내 의지나 선택과는 관계없이 주어지는 운명(given destination)입니다. 이런 의미에서 가장 중요한 것은 부모님에 대한 존경심입니다. 자기 부모를 존경할 수 있다면 그는 행복한 사람입니다. '부모님을 닮고 싶다. 우리 부모님처럼 살고 싶다.' 이렇게 생각하면서 세상을 살 수 있는 자녀는 행복합니다. 이스라엘 랍비의 책에는 세상에서 가장 행복한 사람의 열 가지 조건이 나옵니다. 그 맨 마지막 열 번째가 '죽을 때 자녀들로부터 존경받는 부모'입니다. 동시에, 부모를 존경할 수 있는 자녀도 똑같이 행복한 것 아니겠습니까. 존경받을 수 있는 부모와 존경할 수 있는 자녀, 이거야말로 행복의 극치일 것입니다.

둘째는 스승을 잘 만나야 한다는 것입니다. 유치원 선생님에서 대학교수까지, 좋은 선생님들께 교육을 받아야 합니다. 못된 선생님, 잘못된 추억을 한번 만들면 일생동안 망가지는 경우를 너무나 많이 봅니다. 제가 목회하는 동안 목사고시 위원장을 한 10년 했습니다. 많은 목사 지망생들이 목사가 되려고 시험을 봅니다. 그 고시위원장을 하면서 제가 응시자와 일대일로 앉아서 면접을 보는 경우가 있습니다. 그때마다 제가 꼭 물어봅니다. "오늘까지 성장하면서 자네가 제일 존경하는 목사님을 세 분만 대보게." 그러면 다들 어느 목사님, 어느 목사님, 하고 밝힙니다. 그러나 개중에는 "한 사람도 없습니다!" 하고 대답하는 응시자도 있습니다. 그런 소리 들으면 가슴이 섬뜩합니다. 이 나이가 되도록 자라면서 이제 곧 목사가 되겠다는 사람이 스스로 존경하는 목사님이 한 분도 안 계시다니, 얼마나 안타까운지 모릅니다. 그래 제가 그 사람의 이름을 수첩에다 써놨습니다. 그런 사람 일생을 두고 보면 대개 다 망가집니다. 여러분 마음속에 진심으로 존경하는 스승이 없다는 것은 불행 중의 불행입니다. 저주받은 인생입니다. 내가 존경하는 어른이 부모님이면 참 좋고, 선생님이면 더 좋습니다. 유치원 선생님이라도 좋습니다. 내가 존경하고 닮고 싶은 사람이 내 앞에 있어야 합니다. 그 사람이 복된 사람입니다.

셋째는 배우자를 잘 만나야 된다는 것입니다. 배우자들끼리는 서로 크게 영향을 주고받기 때문입니다. 정말입니다. 괜찮은 사람인데 마누라 잘못 만나서, 남편 잘못 만나서 망가지는 사람들 얼마나 많은 줄 아십니까? 여러분, 일생을 같이 하는 동반자, 내 마음대로 됩니까? 안 됩니다. 하나님의 축복 가운데서 잘 만나야 합니다. 이것이 복입니다. 확실한 복입니다. 그렇지 않습니까.

예수님 당시에 많은 사람들이 예수를 추종했습니다. 병자들은 병 고침을 받기 위해서, 또 다른 많은 사람들은 예수님께 말씀을 듣기 위해서 모여들었습니다. 메시아가 오셨다는 소리를 듣고, 그 귀한 어른을 뵙고 싶어서 많은 사람들이 떼를 지어 몰려들었습니다. 그래 예수님께서 배를 타시고 저쪽으로 가시면 저쪽으로, 이쪽으로 가시면 이쪽으로 몰려다녔습니다. 그렇게 밀려드는 군중을 보시고 예수님께서는 그들을 불쌍히 여기셨습니다. '저렇게 다들 갈급하구나!' 그래 그 모든 상황을 보시고 오늘본문에 답을 주셨습니다. 딱 한마디입니다. 양에게 물론 경제가 필요합니다. 도덕성도 필요합니다. 신앙도 필요합니다. 그 양 된 사람들이 여러 가지 사회적 문제로 시달리며 고생하고 있습니다마는, 예수님께서 보실 때 문제의 근본은 지도자였습니다. 그들은 참된 지도자를 찾지 못했습니다. 그 지도자를 만나려고 양들이 목자를 찾는 것처럼 헤매고 있었던 것입니다. 답은 하나, 지도자입니다.

오늘 우리는 무엇을 걱정합니까? 정치, 경제, 문화, 사회? 아닙니다. 지도자가 보이지 않는 것이 문제입니다. 믿고 따라갈 만한 선한 목자가 우리 눈앞에 보이지를 않습니다. 이것이 고민입니다. 이것이 우리의 근본을 어두운 그림자로 덮고 있습니다. 예수님께서 대답하십니다. '양에게는 문제가 없다. 문제는 목자다. 목자 없는 양 같이 저들이 두루 헤매고 있구나!' 예수님께서 답을 주셨습니다. 목자 없는 양, 상상할 수도 없는 일입니다. 그래서 예수님께서는 그들을 제자로 삼으셨습니다. 그리고 그 제자들을 가르치셨습니다. 현장 교육을 하신 것입니다. 부르시고, 능력을 주시고, 훈련을 시키셔서 보내셨습니다. 요한복음 21장에서 예수님께서는 사랑하는 제자에게 이렇게 말씀하십니다. "네가 나를 사랑하느냐?" "예, 제가 주를 사랑하는 줄 주께서 아십니다." "그래, 내 양을 먹이라." 이것이 예수님의 말씀입니다. "이제는 내가 목자다. 네가 내 양을 먹이라." 이것이 오늘 우리에게 주시는 말씀입니다. "내가 목자다. 너희는 양이다. 아니, 이제는 네가 목자다. 네가 목자가 되어라. 그리고 내 양을 먹이라." 이것이 주님의 말씀입니다.

양은 착하고 순진합니다. 양에 대해서 연구한 사람들의 말을 따르면 양은 고집스럽고 대단히 보수적인 동물이라고 합니다. 그래서 가던 곳으로만 가고, 먼저 간 자를 뒤따라갑니다. 전혀 다른 곳으로 갈 줄을 모릅니다. 풀도 한 곳에서만 뜯어먹습니다. 그러다가 풀이 다 떨어지면 풀뿌리까지 캐먹습니다. 그러고 나서도 그 언저리에서 계속 어슬렁거리며 배설물을 내놓기 때문에 기생충이 활동해서 그 언저리 땅이 전부 못쓰게 된다고 합니다. 여기서 먹다가 다 떨어지면 다른 곳으로 가면 될 텐데, 양들은 그렇게 옮겨갈 생각을 못합니다. 거기서만 고집스럽게 계속 뱅뱅 돕니다. 그 정도로 보수적인 성격을 가진 짐승입니다. 그 양들을 다른 곳으로 인도할 수 있는 사람은 오로지 목자입니다. 여기서 풀을 뜯어먹던 양이 며칠 뒤에는 저쪽으로 옮겨갑니다. 이렇게 양들을 푸른 초장으로 인도하고, 시냇물로 인도하는 것이 바로 목자가 하는 일입니다. 그런고로 양들은 목자를 믿고 따라갑니다. 선한 목자는 양의 요구를 잘 압니다. 양한테 지금 무엇이 필요한지를 잘 알고 있습니다. 지식으로 앞서 있는 것입니다. 지도자에게는 지식이 있어야 됩니다. 멍청해가지고는 안 됩니다. 남의 눈치나 봐서는 안 되는 것입니다. 또 양에게 무엇이 필요한지 미리 준비하는 현명함이 있어야 됩니다. 양들은 현재를 살지만, 목자는 미래를 삽니다. 백성들은 오늘을 살지만, 지도자는 미래를 볼 줄 알아야 합니다. 이게 안 되면 현명한 지도자라고 할 수 없습니다. 계절도 알고, 기후도 알고, 양들의 체질도 알아야 합니다. 그렇게 양들을 돌보아야 선한 목자입니다. 양은 많은 것을 필요로 합니다. 그래서 목자는 양의 필요를 잘 알아서 쾌적한 환경을 만들어주어야 합니다. 이것이 선한 목자입니다.

뿐만이 아니라, 목자는 모든 위험으로부터 양을 보호해야 합니다. 맹수들, 도둑질하는 사람들, 강도들, 악한 사람들로부터 양을 보호할 책임이 목자에게 있습니다. 이 책임을 잘 감당해야 선한 목자입니다. 또 목자는 양을 지극히 사랑합니다. 상상할 수 없는 사랑입니다. 예수님께서 말씀하십니다. '선한 목자는 양을 위하여 목숨을 버린다.' 선한 목자는 위험에 처한 양을 구하기 위해서 목숨을 버립니다. 그만큼 양을 사랑하는 것입니다. 뿐만 아니라, 양이 이리 뛰고 저리 뛰며 잘못된 길로 간다면 끝까지 쫓아가서 양을 찾아옵니다.

이것이 목자의 마음입니다. 그래서 주님께서는 우리 모두를 다 구원하고자 하십니다. 우리 모두에게 평안을 주려고 하십니다. 이것이 목자의 마음입니다. 그가 선한 목자입니다. 가장 중요한 것은 앞서가는 것입니다. 양들을 뒤에 두고 목자가 앞서가면 장차 위험한 일이 닥쳐올 때 목자가 가장 먼저 당합니다. 백성을 따라가려는 사람, 백성의 눈치를 보는 사람은 지도자가 아닙니다. 지도자는 앞을 보면서 "나를 따르라!" 해야 됩니다. 그가 지도자입니다. 백성들의 눈치나 봐서는 안 되는 것입니다. 무작정 여론을 따라가는 자가 어떻게 지도자입니까.

양은 목자를 따릅니다. 목자는 앞서가야 됩니다. 생각도, 행동도 앞서가야 합니다. 그 목자를 양들은 따르는 것입니다. 잊지 말아야 합니다. 그래서 마침내 믿고 따라가는 중에 사망의 음침한 골짜기로 갈지라도 양들은 목자를 따릅니다. 믿고 따르기 때문입니다. 양을 따라가는 자는 목자가 아닙니다. 그는 한갓 삯꾼에 지나지 않습니다. 양을 앞서가는 사람이 지도자입니다. 그가 목자입니다. 양에게 최고의 복은 선한 목자입니다. 다른 말이 필요 없습니다. 선한 목자는 선한 양에게 주어지는 복입니다. 역사를 보면 백성들이 악할 때 하나님께서는 악한 지도자를 보내십니다. 그래서 그들을 심판하셨습니다. 백성들이 선할 때 하나님께서는 선한 지도자를 보내십니다. 그래서 그들에게 샬롬, 평강의 복을 주십니다. 그래서 우리는 기도하되 지도자를 위해서 기도해야 합니다. "선한 지도자를 주세요. 선한 지도자를 보여주세요. 선한 지도자를 보내주세요." 이렇게 기도해야 됩니다. 권세 잡은 사람을 위해서 기도해야 되는 것입니다. 이것이 우리의 기도제목입니다. 또한 선한 지도자를 식별할 줄 알아야 합니다. 누가 참된 지도자인지, 누구를 따라가야 할 것인지를 알아야 합니다. 그 선한 목자를 전적으로 신뢰하고 따라가야 합니다.

선한 양에게 선한 목자를 주십니다. 우리는 선한 양이 되어 하나님께서 우리에게서 보내시는 선한 목자를 만나야 하겠습니다. 우리는 지금 경제, 정치, 문화 모든 것에 시달리고 있습니다마는, 당장 급한 것은 지도자가 안 보인다는 것입니다. 선한 목자가 안 보이는 것입니다. "주여, 선한 목자를 우리에게 보여주세요. 선한 목자, 전적으로 믿고 신뢰하고 따라갈 수 있는 그런 목자를 보여주세요. 따라가겠나이다." 이런 선한 양이 되어야 할 것입니다. △

롯의 처를 생각하라

또 롯의 때와 같으리니 사람들이 먹고 마시고 사고
팔고 심고 집을 짓더니 롯이 소돔에서 나가던 날에
하늘로부터 불과 유황이 비오듯 하여 그들을 멸망시
켰느니라 인자가 나타나는 날에도 이러하리라 그 날
에 만일 사람이 지붕 위에 있고 그의 세간이 그 집 안
에 있으면 그것을 가지러 내려가지 말 것이요 밭에
있는 자도 그와 같이 뒤로 돌이키지 말 것이니라 롯
의 처를 기억하라 무릇 자기 목숨을 보전하고자 하는
자는 잃을 것이요 잃는 자는 살리리라 내가 너희에게
이르노니 그 밤에 둘이 한 자리에 누워 있으매 하나
는 데려감을 얻고 하나는 버려둠을 당할 것이요 두
여자가 함께 맷돌을 갈고 있으매 하나는 데려감을 얻
고 하나는 버려둠을 당할 것이니라 그들이 대답하여
이르되 주여 어디오니이까 이르시되 주검 있는 곳에
는 독수리가 모이느니라 하시니라

(누가복음 17 : 28 - 37)

롯의 처를 생각하라

유명한 심리학자 롤로 메이(Rollo May)의 「창조를 위한 용기(The Courage to Create)」라는 명저가 있습니다. 이 책에서 그는 이렇게 말합니다. '현대를 살아가는 사람들이 불안을 극복할 수 있는 길은 오직 용기뿐이다.' 우리는 물질이다, 환경이다, 뭐다 하고 여러 사회적인 문제들을 말하지만, 아닙니다. 중요한 것은 내적인 용기입니다. 이 내적인 용기가 있느냐 없느냐에 따라서 우리는 행복할 수도 있고, 불행할 수도 있고, 성공할 수도 있고, 실패할 수도 있습니다. 절망으로 치닫는 이 세대에 바로 이 마음의 힘이 필요하다고 그는 강조합니다. 그리고 네 가지 용기를 말합니다.

첫째는 신체적 용기입니다. 아무래도 사람은 병들면 용기가 없어집니다. 건강해야 용기가 있는 것 아니겠습니까. 그리고 그는 특별히 고독을 참을 수 있는 용기와 남의 도움을 청하지 않고 홀로 설 수 있는 건강과 신체적 용기가 필요하다고 말합니다. 그렇습니다. 오늘도 여러분, 이렇게 교회에 나오셨지마는, 다 이만큼 건강하니 나올 수 있는 것 아니겠습니까. 건강이 충만할 때에는 아주 명랑하게 나올 수 있습니다. 하지만 어디가 쑤시고 아프면 역시 마음도 약해집니다. 그런고로 신체적 용기가 대단히 중요합니다.

둘째는 도덕적 용기입니다. 이것은 악을 거절할 수 있는 용기입니다. 간사한 사람들의 말에 휘둘리지 않을 수 있는 용기입니다. 아주 사악한 사람들이 나를 칭찬할 때 넘어지지 않을 수 있는 용기입니다. 불의한 사람들이 나를 여러 모양으로 유혹할 때 그 시험에 빠지지 않을 수 있는 도덕적 정의는 양심의 용기입니다. 하늘을 우러러 부끄럽지 않고 도덕적으로 온전한 사람한테만 이 용기가 있는 것입니다. 신비로운 용기입니다.

셋째는 사회적 용기입니다. 이것은 모든 위험으로부터 벗어날 수 있는 용기입니다. 특별히 사람들의 여론, 사람들의 평판, 누가 잘했다고 하든 못했다고 하든, 성공했다고 하든 실패했다고 하든, 그런 것은 신경 쓸 필요가 없습니다. 이것을 잊지 말아야 합니다. 예수님께서는 종종 말씀하셨습니다. '사람에게 보이려고 구제하지 마라. 사람에게 보이려고 기도하지 마라.' 무엇입니까? 사람들한테서 잘했다는 칭찬의 말을 듣고 싶어하지 말라는 것입니다. 거기에 빠지면 형편없는 사람이 됩니다. 제 자랑 같아서 멋쩍습니다마는, 제가 많은 시간 공부를 했는데, 곧잘 천재라는 소리를 들었습니다. 그러나 저는 그 칭찬을 믿지 않았습니다. 저는 항상 생각했습니다. '나는 천재가 아니다.' 왜요? 제가 바보인 것을 저 자신이 누구보다 잘 알고 있었으니까요. 그래 저는 절대로 그런 말에 속지 않았습니다. 당신은 할 수 있다고요? 천만의 말씀입니다. 그것은 뭘 모르는 소리입니다. 저는 천재가 아닙니다. 저는 선한 사람도 아닙니다. 이것을 잊지 말아야 합니다. "당신은 어쩌고저쩌고……" 이런 칭찬에 넘어가면 안 됩니다. 이것이 바로 사회학적 용기입니다. 누가 뭐라고 하든, 남의 평판에 휘둘려서는 안 됩니다. 잘했다고 하든 못했다고 하든, 아니, 모든 사람이 잘못했다고 하더라도 진실은 하나님과 내가 압니다. 정의감은 따로 있습니다. 예수님께서는 십자가를 홀로 지십니다. 누구도 예수의 십자가를 따라가며 예수를 의인으로 본 사람은 없습니다. 예수님의 제자마저도 그랬습니다. 그러나 예수님께서는 용기가 있으셨습니다. 모든 사회학적 문제로부터 완전히 벗어나 오직 하나님과 나만이 아는 용기입니다. 이것이 사회학적 용기입니다.

넷째는 창조적 용기입니다. 이것이 가장 중요한 용기입니다. 과거로부터 벗어나는 용기입니다. 잊지 말아야 합니다. 여러 해 전 제가 북한을 자주 다닐 때「타임스」에 큰 기사가 났습니다. 전쟁을 치른 뒤 경제가 점점 나아지고 있는 월남에 대한 기사였습니다. 기사는 월남의 발전상을 죽 설명하면서 한 월남 아가씨가 오토바이를 타고 머리채를 바람에 시원스레 날리면서 달려가는 모습을 1면에 실었습니다. 거기에 이렇게 씌어 있었습니다. '과거를 잊지 마라. 그러나 과거에 매이지 마라.' 참 마음에 드는 제목이었습니다. 그래 제가 그 기사를 북한에 가져가서 거기 사람들한테 보여주었습니다. "당신들은 과거에 매여서 아무 일도 할 수가 없잖아? 다 망가졌잖아? 그러니 이 월남을 좀 보고 배워라." 제가 이런 뜻으로 얘기를 해봤습니다. 사실이 그렇습니다. 얼마나 과거로부터 깨끗이 벗어나느냐가 문제입니다. 허우적거리면 안 됩니다. 아주 산뜻하고 명쾌하게 과거와 단절해야 합니다. 그러지 않으면 미래는 없습니다.

오늘본문에 암시된 내용은 이렇습니다. 소돔과 고모라가 멸망했습니다. 그리고 오늘의 사해가 됐습니다. 땅이 너무 깊이 꺼져 들어가서 거기로 모든 물이 빨려 들어가고 증발하여 사해가 된 것입니다. 오늘도 거기 가서 사해를 볼 때마다 그 옛날의 소돔과 고모라를 생각하게 됩니다. 왜 멸망한 것입니까? 경제가 잘못돼서요? 정치가 잘못돼서요? 자연자원이 부족해서요? 아닙니다. 오직 죄 때문입니다. 이걸 알아야 됩니다. 세상에 경제 때문에 망한 나라는 없습니다. 망했다면 그것은 죄 때문입니다. 어느 개인이 망했다 하더라도 지식이 모자라서 망한 것이 아닙니다. 그 속에 악이 있기 때문입니다. 죄가 있기 때문입니다. 죄 때문에 망하는 것입니다. 본질적으로 소돔과 고모라가 망한 것은 죄 때문입니다. 소돔과 고모라는 풍요한 땅이었습니다. 넉넉한 땅이었습니다. 아름다운 에덴과 같다, 여호와의 동산과 같다고 할 정도였습니다. 그렇게 풍요한 땅인데, 죄 때문에 타락하고, 죄로 인해 망합니다. 그러나 조금 더 깊이 생각하면 실제로는 이야기가 다릅니다.

창세기 28장에 보면 하나님의 천사가 소돔과 고모라를 향해 갑니다. 하나님께서는 소돔과 고모라에 죄가 가득 차서 심판하시겠다고 말씀하십니다. 그 말씀을 듣고 아브라함은 생각합니다. '거기에 내 조카가 사는데, 소돔과 고모라가 망하면 내 조카도 죽을 것 아니겠나?' 그래서 아브라함이 천사를 붙들고 하나님 앞에 기도합니다. "하나님, 소돔과 고모라가 죄가 많은 줄 압니다마는, 그 가운데 의인 50명이 있으면 어떻게 하시겠습니까?" 천사는 대답합니다. "의인 50명을 인하여 전체를 사하리라." 아브라함이 조금 생각하다가 말합니다. "거기서 5명이 모자라면 어떻게 하시겠습니까?" "45명으로 인해서 용서하리라." "30명이면 어떻게 하시겠습니까?" "용서하리라." "20명이면 어찌 하시겠습니까" "용서하리라." 결국 마지막에 가서 아브라함은 이렇게 말합니다. "제가 마지막으로 한마디만 더하겠습니다. 의인이 10명만 있으면 어떻게 하시겠습니까?" 천사가 말합니다. "의인 10명으로 인하여 소돔과 고모라를 사하리라." 아브라함은 더는 기도할 수 없었습니다. 천사는 떠나갔습니다. 잊지 말아야 됩니다. 소돔과 고모라가 망한 것은 죄 때문이 아닙니다. 경제 때문에 망한 것도 아닙니다. 하나님께서 찾으시는 의인 10명이 없었기 때문입니다. 이 얼마나 절절하고 심각한 말씀입니까. 지금 이 땅을 볼 때에도 뭐가 잘못됐고, 뭐가 잘못됐고…… 해서 마음에 거슬리는 것이 많습니다. 그러나 여러분, 너무 걱정하지 마십시오. 우리 그리스도인들만 하나님 앞에 똑바로 서면, 이미 교회에 나오는 여러분만 바로 서면 이 나라는 소망이 있습니다. 여러분을 보시고 하나님께서는 이 땅에 은총을 더하시기 때문입니다. 이걸 잊지 말아야 합니다. 하나님께서는 의인을 찾으십니다. "의인 10명만 있으면 이 성을 사하리라." 얼마나 귀한 말씀입니까.

그런가 하면 예레미야 5장 1절에는 더 절절한 말씀이 있습니다. "너희는 예루살렘 거리로 빨리 다니며 그 넓은 거리에서 찾아보고 알라 너희가 만일 정의를 행하며 진리를 구하는 자를 한 사람이라도 찾으면 내가 이 성읍을 용서하리라(1절)." 한 사람만 있으면…… 온 백성이 다 선하면 얼마나 좋겠습니까. 모든 제도가 다 의로우면 얼마나 좋겠습니까. 하지만 거기까지 못 간다 하더라도 하나님께서 찾으시는 의인 10명, 하나님께서 찾으시는 의인 한 사람만 있으면 하나님께서는 그 많은 죄를 다 사해주십니다. 얼마나 간절한 하나님의 말씀입니까. 죄악이 가득한 소망 없는 소돔 고모라는 멸망해야 마땅합니다. 그러나 하나님께서는 의인 10명을 찾고 계십니다. 왜요? 의인 10명만 있으면 기다릴 만합니다. 선화가 악화를 물리칠 테니까 말입니다. 기다릴 만합니다. 또 그런가하면 하나님께서는 의인을 구하시기 위하여 함께 있는 죄인까지도 참아주십니다. 의인 한 사람 때문에 전체를 참아주시는 것입니다. 성경의 역사입니다. 다 잘못됐지만, 하나님의 사람 몇이 있으면 하나님께서는 바로 그 몇 안 되는 의인 때문에 전체를 살리십니다.

사도 바울이 배를 타고 로마로 갑니다. 죄수로서 로마로 호송되는 것입니다. 한데 그 배가 파손됐습니다. 다 죽어 마땅한 죄인들입니다. 다들 죽을 만한 일을 했습니다. 그러나 하나님께서는 분명히 말씀하십니다. "네가 가이사 앞에 서야 되겠다. 너 하나 살리기 위해서 너와 함께하는 276명을 내가 구원하노라." 이걸 잊지 말아야 합니다. 바울 하나를 살리시기 위하여 276명을 다 살려주셨습니다. 이것이 하나님의 섭리입니다. 하나님의 구속사입니다. 우리가 이 땅에 대해서, 우리 민족에 대해서, 우리 사회제도에 대해서 많이 고민들을 합니다마는, 그만하십시다. 나 하나가 하나님 앞에 바로 서고, 내가 하나님 앞에 바로 기도하고, 내가 하나님께서 찾으시는 의인 10 사람 가운데 하나가 될 수 있다면, 이 땅에는 아직 소망이 있는 것입니다. 하나님께서는 길이길이 참아주십니다. 선교의 효과를 기대하시기 때문입니다. 이 한 사람으로 말미암아 모든 사람이 의롭게 되고, 죄로부터 떠나게 될 것을 하나님께서는 기다리시고, 참아주시고, 용서하신다는 말씀입니다.

오늘본문에서 소돔과 고모라는 하나님께서 찾으시는 의인 10명이 없었기 때문에 멸망하게 됩니다. 그러나 롯과 그의 아내와 두 딸은 따로 구원하십니다. 성경의 맥락을 자세히 읽어보면 롯은 의인이 아닙니다. 왜냐하면 그도 소돔과 고모라에서 오래 사는 동안 자기도 모르게 그만 악에 젖어버렸습니다. 그 가치관이나 생활로 미루어보면 롯은 절대로 의인이 아니라는 것을 우리가 성경에서 볼 수 있습니다. 그래서 이런 장면이 있지 않습니까. 많은 사람들이 롯의 집 앞에 모였습니다. 그리고 요구합니다. "당신네 집에 와 있는 손님을 우리 앞으로 끌어내라. 우리가 상관하겠노라." 그때에 롯이 뭐라고 합니까? "나한테 시집가지 아니한 두 딸이 있는데, 그들을 내어줄테니 손님에게는 손대지 마라." 굉장히 중요한 순간입니다. 그 손님은 남자의 모습으로 왔습니다. 소돔사람이라는 뜻의 sodomite라는 말이 있습니다. 하지만 이것은 실은 동성연애자를 뜻하는 말입니다. 동네사람들이 롯의 집 앞에 몰려와 손님과 상관하겠다고 합니다. 롯이 나가서 말합니다. "두 딸을 내어줄테니, 우리 집에 온 손님한테는 손대지 마라." 가만히 보면 손님을 소중히 여기는 것 같지만, 서슴없이 딸을 내주는 꼴을 보니 롯 역시 죄 많은 소돔사람입니다. 소돔의 문화와 죄악에 깊이 젖어버린 사람이다, 이것입니다. 그러나 그에게는 작은 의가 있었습니다. 자기 집에 온 천사를 하나님의 사자로 영접합니다. 정성을 다해서 믿음으로 영접합니다. 그리고 천사의 말에 순종합니다. "이 땅은 망할 테니 빨리 떠나라." 이 말을 롯은 인정합니다. "그럼 당연히 망해야지." 하나님의 공의와 심판을 인정하고, 떠나라고 할 때 "예, 떠나겠습니다!" 합니다. 이 한 가지를 믿음으로 보시고 하나님께서는 롯과 그 식구들을 구원해주십니다.

창세기 19장 29절은 말씀합니다. "하나님께서 아브라함을 생각하사……" 그렇습니다. 롯은 의로운 자가 아닙니다. 아브라함이 롯을 생각하며 하나님 앞에 기도하는 것을 하나님께서 왜 모르시겠습니까. 하나님께서는 '아브라함을 생각하사' 롯을 구원하신 것입니다. 이것이 성경에 나타난 맥락입니다. 그뿐 아니라, 이 사람들은 결단력도 부족해서 얼른 떠나야 되는 줄 알면서도 뭉그적거립니다. 자꾸 망설이면서 얼른 떠나지를 못합니다. 창세기 19장 16절에 절절한 말씀이 있습니다. "롯이 지체하매 그 사람들이 롯의 손과 그 아내의 손과 두 딸의 손을 잡아 인도하여 성 밖에 두니 여호와께서 그에게 자비를 더하심이었더라." 저들이 차마 집을 떠나지 못하고 지체하고 있을 때 하나님의 사자가 강권적으로 그들의 손을 잡아 성 밖으로 내쳤습니다. 이렇게 해서 그들이 성 밖으로 나와 구원을 받게 됩니다. 이 놀라운 역사, 이 강권적인 역사를 우리가 잊지 말아야 합니다. 이것이 바로 큰 은혜 아니겠습니까.

이렇게 구원을 받고 가면서도 롯의 아내는 무슨 미련이 남았는지 뒤를 돌아보면 안 된다는 천사의 경고에도 불구하고 그만 멸망하는 소돔과 고모라의 모습을 뒤돌아보았다가 소금기둥이 되고 맙니다. 성지순례를 가면 실제로 그곳에 '롯의 아내'라고 부르는 소금기둥이 있습니다. 기회가 되면 가서 그걸 한번 보고 명상을 해보십시오. 그래서 아내 없이 롯은 두 딸과 세 식구로 남게 됩니다. 예수님께서 말씀하십니다. '말세에 많은 어려움이 있고, 환란이 있을 것이다. 롯의 처를 생각하라. 뒤를 돌아보지 마라. 하나님께서 심판하시는 것을 애석하게 여기지 마라. 죄로 인하여 망하는 세상 아까워하지 마라.' 당연히 망할 것이 망하는 것입니다. 당연히 없어져야 할 것이 없어지는 것입니다. 그렇지 않습니까. 과거부터의 단절, 이 얼마나 중요합니까.

제가 목회를 하면서 교인들과 상담을 많이 해봤습니다마는, 언젠가 아주 마음 아픈 때가 있었습니다. 어떤 예쁜 여자의 결혼주례를 해주었는데, 식을 마치고 제주도로 신혼여행을 떠났습니다. 사흘 뒤에 그 여자가 돌아와 제 방으로 저를 찾아왔습니다. 한데 저를 보자마자 그 여자가 목 놓아 엉엉 우는 것이었습니다. "아니, 결혼해서 아름다운 가정을 이루게 되었는데, 왜 우나?" 그랬더니 여자가 하소연을 합니다. "목사님, 아닙니다. 제가 깊은 관계는 아닙니다마는,

오랫동안 사귀는 남자가 있었습니다. 그래 아무래도 안 되겠다 싶어서 그 사람하고 관계를 끊고, 지금의 남편과 만나 결혼을 했습니다. 그런데 목사님, 제가 신혼여행을 갔는데, 제가 밤마다 옛날 애인의 꿈을 꾸고 있는 거예요." 그래 곁에 있는 남편이 불쌍했다는 것입니다. "남편은 제 몸을 그러안고 있고, 저는 옛날 애인의 꿈을 꾸고 있으니, 이런 비참한 일이 어디 있습니까. 목사님, 언제까지 이래야 됩니까?" 그러면서 엉엉 울더라고요. 몸은 새사람이지만 마음은 옛사람인 것입니다. 중요한 문제입니다. 몸은 그리스도인인데, 마음은 옛사람인 것입니다. 옛 생활양식에서, 그 가치관에서 벗어나지 못하고 있다, 이것입니다.

이스라엘 사람들이 구원을 받아 애굽에서 나왔습니다. 그리고 광야로 들어갔습니다. 홍해가 갈라지는 기적도 보았습니다. 하늘에서 내려오는 만나를 먹고 살았습니다. 얼마나 놀라운 은총 속에 사는 것입니까. 하지만 그들은 어려운 일을 당할 때마다 애굽으로 돌아가고 싶어 합니다. 애굽에서의 생활을 잊지 못하고 있는 것입니다. 그 노예생활에서 아직도 벗어나지 못한 것입니다. 몸은 자유인이지만, 생각은 노예입니다. 오늘도 마찬가지입니다. 깊이 생각해야 합니다. 우리가 구원을 받았지만, 마땅히 있어야 할 구원받은 가치관, 구원받은 세계관, 구원받은 확실한 생활철학이 없습니다. 자꾸만 옛날의 모습으로 되돌아갑니다. 그래서 예수님께서는 이렇게 말씀하시는 것입니다. "롯의 처를 생각하라!" 깊이 생각해야 합니다. 이스라엘 백성이 광야에서 사는 동안 하나님을 원망합니다. 애굽으로 가자고 합니다. 그때의 노예생활이 지금보다 더 나았다고 생각합니다. 아닙니다. 깊이 생각해야 합니다. 영적으로, 정신적으로, 아니, 문화적으로 중생해야 합니다. 그래서 새 사람 된 가치관을 분명히 해야 합니다. 주께서는 오늘도 말씀하십니다. "롯의 처를 생각하라!" △

예수의 제자의 자격

이때로부터 예수 그리스도께서 자기가 예루살렘에 올라가 장로들과 대제사장들과 서기관들에게 많은 고난을 받고 죽임을 당하고 제삼일에 살아나야 할 것을 제자들에게 비로소 나타내시니 베드로가 예수를 붙들고 항변하여 이르되 주여 그리 마옵소서 이 일이 결코 주께 미치지 아니하리이다 예수께서 돌이키시며 베드로에게 이르시되 사탄아 내 뒤로 물러 가라 너는 나를 넘어지게 하는 자로다 네가 하나님의 일을 생각하지 아니하고 도리어 사람의 일을 생각하는도다 하시고 이에 예수께서 제자들에게 이르시되 누구든지 나를 따라오려거든 자기를 부인하고 자기 십자가를 지고 나를 따를 것이니라 누구든지 제 목숨을 구원하고자 하면 잃을 것이요 누구든지 나를 위하여 제 목숨을 잃으면 찾으리라 사람이 만일 온 천하를 얻고도 제 목숨을 잃으면 무엇이 유익하리요 사람이 무엇을 주고 제 목숨과 바꾸겠느냐 인자가 아버지의 영광으로 그 천사들과 함께 오리니 그 때에 각 사람이 행한 대로 갚으리라 진실로 너희에게 이르노니 여기 서 있는 사람 중에 죽기 전에 인자가 그 왕권을 가지고 오는 것을 볼 자들도 있느니라

(마태복음 16 : 21 - 28)

예수의 제자의 자격

철학자 파스칼은 그의 저서인 「팡세」에서 이런 말을 합니다. '사람은 천사도 아니고 짐승도 아니다. 그러나 불행한 것은 천사처럼 행동하려고 생각하면서 짐승처럼 살아가는 것이 인간이라는 사실이다.' 생각으로는 천사 같습니다. 아주 천사 같기를 바랍니다. 그러나 실제생활은 꼭 짐승처럼 삽니다. 여기에 인간의 모순이 있다는 것입니다.

인간의 가장 큰 불행은 스스로 자기 자신을 잘 모른다는 것입니다. 그래서 자기가 자기에게 속습니다. 이것처럼 괴로운 일이 없습니다. 내가 뭔가 좀 아는 줄 알았는데, 실은 아무것도 모르는 것입니다. 내가 뭔가 좀 할 수 있는 줄 알았는데, 실은 할 수 있는 일이 없는 것입니다. 내가 그래도 뭔가 이루었다고 믿었는데, 이제 보니까 아무것도 이루지 못했습니다. 이런 때의 허무함과 스스로가 무너지는 듯한 좌절감은 차마 감당하기 어려운 것입니다. 사람에게는 두 얼굴, 두 인격이 있다는 말이 있지 않습니까. 누구나 선한 쪽과 악한 쪽, 의로운 쪽과 불의한 쪽, 이렇게 두 가지의 모습을 다 가지고 사는 것입니다. 그래서 경우에 따라 어느 한 쪽이 더 밝고 크고 확실하게 드러납니다. 진실이 노출되는 돌연한 사고의 순간입니다. 건강하던 사람이 병들었습니다. 성공한 줄 알았더니 실패였습니다. 또 분에 넘치도록 억울한 소리를 듣게 되는 때가 있습니다. 그런 사건에 직면하면 비로소 자기 자신의 본래모습이 노출됩니다. 또 분에 넘치도록 큰 칭찬을 받을 때도 마찬가지입니다. 조심해야 됩니다. 사람은 실패하고 절망할 때의 모습보다 칭찬받고 성공했을 때의 모습이 더 중요합니다. 사람이 성공하고 칭찬받고 명예를 얻었을 때 그만 자기 정체성을 잃어버리고 정신이 혼미해지는 경우를 우리가 흔히 볼 수 있지 않습니까.

프로이트 심리학에 'Super Ego and True Ego'라는 유명한 말이 있습니다. 사람의 마음속에는 '초자아와 진짜 자아'가 따로 있다는 것입니다. 초자아는 진짜 자기 자신이 아닙니다. 어쩌면 거짓된, 허풍 같은, 풍선 같은 자아입니다. 이 두 자아 사이의 간격(gap)이 멀면 멀수록 사람은 고민이 많습니다. 그 간격이 줄어들어서 True Ego, 진짜 자아를 진정한 나 자신으로 인정하고 사는 사람은 평안합니다. 사실 그렇습니다. 마음속에 허풍이 있는 사람은 고민이 많습니다. 애당초 자신을 낮추어 생각하고, 자기 진실을 긍정하고 사는 사람은 고민이 없습니다.

오늘본문에 중요한 이야기가 있습니다. 마태복음 16장 15절에서 예수님께서는 제자들에게 이렇게 말씀하십니다. "너희는 나를 누구라 하느냐?" 이때 수제자 베드로가 떡하니 나서서 유명한 신앙고백을 합니다. "주는 그리스도시오, 살아 계신 하나님의 아들이시니이다!" 그러자 예수님께서는 베드로를 크게 칭찬하시고, 아주 굉장한 약속을 한 가지 해주십니다. "내가 천국 열쇠를 네게 주리니, 네가 땅에서 무엇이든지 매면 하늘에서도 매일 것이요, 네가 땅에서 무엇이든지 풀면 하늘에서도 풀리리라." 천국 열쇠를 주시겠다는 엄청난 약속입니다. 말하자면 예수님께서 베드로에게 어마어마한 특권과 복을 주시겠다는 것입니다. 바로 이 시간이 중요합니다. 베드로는 아마 지금 구름에 올라탄 것처럼 가슴이 부풀었을 것입니다.

'아, 내가 지금 이 시간을 위해서 오늘까지 살아왔구나! 아, 이건 정말 굉장한 축복이다!' 하지만 바로 그 순간 예수님께서는 엉뚱한 말씀을 하십니다. "그런데 인자는 죽임을 당하고 부활해야 할 것이다." 십자가를 예언하신 것입니다. 바야흐로 베드로의 마음이 최고로 부풀어 오른 순간입니다. "너는 천국 열쇠를 가질 것이다. 그러나 나는 십자가를 질 것이다." 베드로가 얼마나 당황했겠습니까. 그래 그가 예수님을 붙들고 이렇게 항변합니다. "주여, 그리 마옵소서! 이 일이 결코 주께 미치지 아니하리이다!" 지금은 자신이 하늘의 영광을 독차지하고, 이스라엘 나라의 왕이 되어야 할 중요한 순간인데, 난데없이 웬 십자가입니까? 얼마나 불길합니까. 어쩌면 베드로가 너무나 깜짝 놀란 나머지 제정신이 없는 가운데 저도 모르게 입 밖으로 내뱉은 말일 수도 있습니다. 이 얼마나 중요한 순간입니까.

"주여, 그리 마옵소서! 이 일이 결코 주께 미치지 아니하리이다!" 베드로는 도대체 무슨 뜻으로 이런 말을 했을까요? 아마도 베드로는 이렇게 말하고 싶었는지도 모릅니다. "예수님, 제가 성경을 좀 봤는데요, 성경에는 메시아에 대한 말씀이 있습니다. 메시아는 영광의 메시아입니다. 한데 불길하게 무슨 십자가를 생각하십니까? 제가 아는 대로는 성경이 말씀하는, 예언하는 메시아는 영광의 메시아입니다. 그리고 예수님, 지금 예수님의 인기가 얼마나 높습니까. 온 백성이 예수님을 메시아로, 왕으로 지금 환영하고 있습니다. 이런 순간에 어쩌자고 그렇게 불길한 말씀을 하십니까. 아닙니다. 예수님, 제가 있지 않습니까. 저희가 예수님을 지켜드리겠습니다. 한데, 십자가라니요? 그런 불길한 생각은 안 됩니다." 이것이 베드로의 속마음이었을 것입니다. 이때 예수님께서 말씀하십니다. "사탄아!" 얼마나 놀라운 말씀입니까. 사랑하는 제자를 향한 말씀입니다. 예수님께서는 방금 베드로, 그 반석 위에 교회를 세우리라고 말씀하셨습니다. 그리고 천국열쇠를 주시겠노라 말씀하셨습니다. 그래놓으시고 이번에는 똑같은 사람을 가리켜 사탄이라고 말씀하십니다. 이 얼마나 놀랍고 충격적인 말씀입니까. 무엇입니까? 아무리 올바른 신앙을 갖고 있어도, 또 그걸 고백하는 순간이라도 잠깐 생각을 잘못하면 그대로 사탄이 될 수 있다는 것입니다. 예수님께서는 이렇게 해석까지 해주십니다. "너는 나를 넘어지게 하는 자로다." 베드로가 지금 자기 일만 생각하고 하나님의 일은 생각하지 않는다는 지적이십니다. "사탄아, 내 뒤로 물러가라!" 이 얼마나 충격적인 말씀입니까. "너는 베드로다. 아니, 너는 사탄이다!" 여러분, 베드로와 사탄 사이에 바로 내가 있을 수도 있음을 알아야 합니다. 어느 순간에는 베드로가 될 수도 있지만, 바로 다음 순간에는 사탄이 될 수도 있다는 말입니다.

이어 그 중요한 순간에 예수님께서는 정말 소중한 말씀을 하십니다. "누구든지 나를 따라오려거든 자기를 부인하고, 자기 십자가를 지고 나를 따를 것이니라." 세 가지입니다. 너무나 중요합니다. 첫째, 자기를 부인하고, 둘째, 자기 십자가를 지고, 셋째, 나를 따를 것이니라. 이 세 마디는 기독론과 구원론에서 그야말로 절대적인 교훈입니다. 너무나 중요합니다. 일생을 통틀어 단 한 순간도 잊어서는 안 됩니다. "내 제자가 되려면 자기를 부인하고, 자기 십자가를 지고 나를 쫓을 것이니라!" 아주 깊고 오묘한 말씀을 함축성 있게 해주고 계신 것입니다. 이 세 가지를 좀 더 깊이 살펴보겠습니다.

먼저는 '자기를 부인한다'라는 말입니다. 헬라어로는 '세아노톤'

입니다. 정확한 번역이 어렵습니다. 무슨 뜻인고 하니, 자기를 부인하는데, 스스로 부인한다는 뜻입니다. 내 소유를 강제로 빼앗기는 것과 스스로 버리는 것은 다릅니다. 남에게 강요당하는 것과 내가 스스로 포기하는 것은 다릅니다. 포기하려면 내가 자원하여 스스로 포기해야 합니다. 모든 일은 내가 자발적으로, 자원하여, 스스로 선택해야 됩니다. 예수님께서 말씀하십니다. "자기를 부인하고……" 부인할 수밖에 없어서 억지로 부인하는 것이 아닙니다. 어쩔 수 없이 가난해져서 가난한 것이 아닙니다. 강압적인 것이 아니고, 스스로 자발적으로 부인하는 것입니다. 있지만 없는 것처럼, 알지만 모르는 것처럼, 할 수 있는 것을 할 수 없는 것처럼, 그렇게 마음가짐을 바꾸는 것입니다. 자기를 부인하는 것입니다. 깨끗하게 부인해버리는 것입니다. 자기 존재, 자기 욕심, 자기 편견, 권력, 명예욕, 출세욕…… 싹 버려야 됩니다. 잊지 말아야 합니다.

마태복음 19장 27절에서 베드로는, 예수님께서 좁은 문으로 들어가라는 말씀을 하실 때, 이렇게 반응합니다. "보소서 우리가 모든 것을 버리고 주를 따랐사온대 그런즉 우리가 무엇을 얻으리이까." 이런 말입니다. '저는 모든 것을 버리고 주를 따르나이다. 그러면 우리에게 무엇을 주시겠습니까? 우리는 무엇을 얻게 되겠습니까?' 베드로는 다 버리고 따라간다고 말했습니다. 정말 다 버렸습니까? 물론 베드로는 많은 것을 버렸습니다. 우선 직업을 버렸습니다. 자기 경력을 버린 것입니다. 그리고 가정도 버렸습니다. 하지만 베드로는 한 가지 중요한 것을 버리지 못했습니다. 바로 자기 자신입니다. 자아입니다. 그 자아를 부인하지 못한 것입니다. 아직도 베드로의 마음속에는 출세욕이 있었고, 명예욕이 있었고, 세속적인 욕심이 있었습니다. 버리지 못한 것입니다. 제때에 버리면 세상이 달라집니다. 버려야 할 때 버리지 못하면 빼앗깁니다. 잊지 말아야 합니다. 자기를 부인한다는 것은 자발적인 것입니다. 스스로 부인하는 것입니다. 깨끗이 부인해보십시오. 내 마음이 깨끗해집니다. 얼굴이 달라집니다. 세상이 달라집니다. 모든 문제가 내가 나를 스스로 버리지 못한 데에서 비롯되는 것입니다.

여러분 잘 아시는 공자 선생은 성장기가 아주 불행했습니다. 어려서 아버지가 돌아가시고, 어머니도 일찍 세상을 떠나셨습니다. 그래 소년시절부터 공자는 생활고에 시달리면서 많은 고생을 했습니다. 그러나 그는 한평생을 살아오면서 많은 경험과 높은 경륜 속에 도를 깨닫고, 마침내 유명한 네 가지 금기, 절사(絶四)를 말합니다. 첫째는 무의(無意)입니다. 편견과 주관에서 벗어나라는 뜻입니다. 둘째는 무필(無必)입니다. 자신의 생각을 무리하게 관철하려 들지 말라는 것입니다. 셋째는 무고(無固)입니다. 자기의 판단에 집착하지 말라는 것입니다. 넷째는 무아(無我)입니다. 자기 사정에만 매이지 말라는 것입니다. 이 네 가지 모두가 다 스스로 자기를 부인한다는 뜻에 가까운 이야기입니다. 자기 자신을 부인하라, 이것이 첫째조건입니다. 스스로를 부인하라, 스스로를 버려라……

둘째는 '자기 십자가를 지고'입니다. 우리는 왜 기도합니까? 십자가를 벗으려고 기도하는 것입니다. 우리는 왜 기도하면서 몸부림 칩니까? 지금 내가 겪고 있는 고통을 어서 지나가게 해달라고 그러는 것입니다. 병을 낫게 해달라고, 실패를 성공으로 바꿔달라고, 십자가의 고통을 면하게 해달라고 간구하는 것입니다. 이것이 우리의 기도입니다. 그러나 예수님께서는 말씀하십니다. "내 제자가 되려면 자기 십자가를 져라." 왜요? 십자가 안에 하나님의 뜻이 있으니까요. 십자가 안에 하나님의 섭리가 있으니까요. 십자가 안에 하나님의 사랑이 계시되어 있으니까요. "십자가를 져라. 그리고 내 제자가 되라." 십자가를 벗기 위해서 제자가 되는 것이 아닙니다. 벗으려고 하는 마음이 있어서도 안 됩니다. 그대로 받아들여야 됩니다. 십자가를 져야 됩니다. 여러분은 어떤 현실에 발 딛고 있습니까? 여러분 스스로 생각할 때 무엇이 자기에게 주어진 십자가라고 생각하십니까? 그냥 지십시오. 그냥 지고 갈 생각을 하십시오. 벗으려고 들지 말고, 벗기 위해 기도하지도 마십시오.

겟세마네 동산에서 하신 예수님의 기도가 무엇입니까? '내 뜻대로 마옵시고 아버지의 뜻대로……' 그리고 십자가를 지십니다. '아버지께서 내게 주신 잔을 내가 마시지 않겠느냐?' 이것이 예수님께서 십자가를 지시는 방법이요 태도입니다. 내가 어떤 고난을 당했든, 어떤 모순된 현실 속에 있더라도 그대로 받아들여야 됩니다. 십자가를 지지 않기 위해서가 아닙니다. 십자가를 피하기 위해서도 아닙니다. 십자가를 떠나기 위해서도 아닙니다. '십자가를 지고……' 왜요? 내게 주어진 것이니까요. 필요하기 때문에 하나님께서 내게 주신 것입니다. 이것은 절대 필요한 것입니다. 뒤늦게 깨닫게 됩니다. 뒤늦게 생각해보면 그렇습니다.

제 일생을 돌아보아도 어려운 일이 참 많았습니다. 수많은 고난을 겪었습니다. 하지만 가만히 생각해보면 그 고난의 역사 없이 오늘의 제가 있겠습니까? 절대로 아닙니다. 이걸 잊지 말아야 합니다. 그런고로 내게 주어진 십자가, 그 속에 하나님의 능력과 지혜가 있는 것입니다. 잊지 말아야 합니다. 십자가를 지고 주님을 따라야 합니다. 벗은 다음에 따르는 것이 아닙니다. 벗으려고 해서도 안 됩니다. 이것이 제자 된 모습입니다. 내게 주어진 어떤 형편이든, 가령 이것을 내가 십자가로 생각한다면, 내 십자가는 내가 져야 합니다. 지고 따라갈 것입니다.

셋째는 ‘나를 좇으라’입니다. ‘자기를 부인하고, 자기 십자가를 지고, 그리고 나를 좇으라.’ 주님께서 길과 진리와 생명이 되심을 알고, 그 주님을 전적으로 수락해야 됩니다. Total acceptance, Total discipline, Total commitment…… 이 세 마디가 신앙의 골수입니다. 전적으로 수락합니다. 무조건 아멘입니다. 토를 달지 마십시오. 하나님의 역사에 대해서 언제나 그대로 수락하는 것입니다. 이것이 옳습니다. 받아들여야 합니다. 그 다음에는 주님께서 가르치시는 모든 교훈을 백 퍼센트 수용해야 됩니다. Total discipline, 제자의 도를 가져야 됩니다. Total commitment, 운명을 맡겨야 됩니다. 예수님의 말씀, 예수님께서 주신 교훈, 그 진리에다가 내 운명을 맡기는 것입니다. 전적으로 맡기는 것입니다. 그것이 바로 예수님을 따르는 사람의 기본자세입니다. ‘나를 따르라. 내 길을 버리고 나를 따르라. 네가 하던 일을 버리고 나를 따르라. 네 생각을 버리고 내 생각을 수용하라.’ 이런 자세로 주님을 따를 것입니다. 잊지 말아야 합니다.

제가 신학대학에서 한 40년 동안 학생들을 가르쳤는데, 학생들이 제 방에 많이들 찾아왔습니다. 요샛말로 제가 인기가 좋았습니다. 저는 절대 출석을 안 불렀거든요. 교무처에서 제가 출석을 안 부른다고 난리를 피우면 저는 이렇게 대응했습니다. “나, 그럼 강의 안 한다. 어찌 출석을 불러서 학생들을 모아들이겠느냐. 올 테면 오고, 말 테면 마는 거지. 학생들은 시험만 통과하면 된다.” 그러면서 끝까지 출석을 안 부르고 강의를 했습니다. 한 가지가 더 있습니다. 어떤 일이 있어도 강의를 하는 동안에는 질문을 못하게 하는 것입니다. "말허리를 끊지 마라. 다 듣고 나서 생각해야지, 듣는 도중에 '교수님!' 하고 질문하는 것, 아주 좋지 않아. 머리 굴리지 마라. 강의 듣는 동안에는 백 퍼센트 옳은 줄로 알고 들어라. 집에 돌아가서 다시 생각해보고, 그래도 의심이 나거든 종이에다 써와라. 그러면 대답해 줄테니까."

설교를 들을 때에도 마찬가지입니다. 머리 굴리지 마십시오. 그냥 들으십시오. 전폭적으로 지지해야 됩니다. 그래야 들어야 할 말을 듣게 되고, 깨달을 걸 깨닫게 되고, 받을 걸 받을 수 있습니다. 자꾸만 이 생각, 저 생각 하면 마지막에는 나만 손해봅니다. 잊지 말아야 합니다. 예수님의 말씀을 잘 들으십시오. '나를 좇으라! 자기를 부인하고, 자기 십자가를 지고, 나를 좇으라! 그래야 내 제자가 될 수 있다.'

우리나라에서는 선교사라고 하면 우선 아펜젤러 목사님이나 언더우드 목사님을 생각하기 쉽습니다마는, 실은 그 밖에도 아주 귀한 선교사님들이 많습니다. 그 가운데 한 분이 펜윅(Malcolm C. Fenwick) 선교사님입니다. 한국 이름은 '편위익'입니다. 이분은 성경책을 들고 온 동리를 다니면서 선교를 했습니다. "예수 믿고 구원받으세요!" 이렇게 전도하고 다니니까 동리의 불량배들이 따라와서 말합니다. "서양귀신 물러가라! 여자 도둑질 하는 놈 물러가라!" 왜냐하면 실제로 여자들이 많이 선교사를 따르니까 여자 도둑질 한다고 시비를 거는 것입니다. "서양귀신 물러가라!" 이러면서 요샛말로 데모를 한 것입니다. 그러나 펜윅 선교사님은 아무 상관도 하지 않고 계속 "주 예수를 믿으라!" 하고 다녔답니다. 그 모습이 하도 이상해서 사람들이 선교사님한테 물었습니다. "아니, 선교사님. 저 사람들이 밤낮 저렇게 욕을 하고 다니는데, 왜 얼굴색 하나 변하지 않고 이렇게 편안한 마음으로 전도하십니까?" 그때 선교사님 대답이 무엇인 줄 아십니까? "저는 서양귀신이 아니거든요." 내가 아니면 그만이지, 내가 거기에 대답할 이유가 무엇입니까? 자기를 부인하고, 자기 십자가를 지고 예수님을 따르십시오. 그래야 예수님의 제자가 될 수 있습니다. 그래야 예수님의 그 귀한 능력이 함께하십니다. 그래야 그 영광도 함께하시게 될 것입니다.　△

주가 쓰시겠다 하라

그들이 예루살렘에 가까이 가서 감람 산 벳바게에 이르렀을 때에 예수께서 두 제자를 보내시며 이르시되 너희는 맞은편 마을로 가라 그리하면 곧 매인 나귀와 나귀 새끼가 함께 있는 것을 보리니 풀어 내게로 끌고 오라 만일 누가 무슨 말을 하거든 주가 쓰시겠다 하라 그리하면 즉시 보내리라 하시니 이는 선지자를 통하여 하신 말씀을 이루려 하심이라 일렀으되 시온 딸에게 이르기를 네 왕이 네게 임하나니 그는 겸손하여 나귀, 곧 멍에 메는 짐승의 새끼를 탔도다 하라 하였느니라 제자들이 가서 예수께서 명하신 대로 하여 나귀와 나귀 새끼를 끌고 와서 자기들의 겉옷을 그 위에 얹으매 예수께서 그 위에 타시니 무리의 대다수는 그들의 겉옷을 길에 펴고 다른 이들은 나뭇가지를 베어 길에 펴고 앞에서 가고 뒤에서 따르는 무리가 소리 높여 이르되 호산나 다윗의 자손이여 찬송하리로다 주의 이름으로 오시는 이여 가장 높은 곳에서 호산나 하더라 예수께서 예루살렘에 들어가시니 온 성이 소동하여 이르되 이는 누구냐 하거늘 무리가 이르되 갈릴리 나사렛에서 나온 선지자 예수라 하니라

(마태복음 21 : 1 - 11)

주가 쓰시겠다 하라

유명한 철학자 하이데거는 그의 저서에서 종종 입버릇처럼 이런 특별한 말 한마디를 합니다. 바로 '다스 만(das mann)'입니다. 독일어로, '평균적 인간'이라는 뜻입니다. 우리가 흔히 쓰는 대로 '보통사람'이라는 말입니다. 이 'das mann'의 특징을 그는 이렇게 말합니다. 첫째는 말하기를 좋아한다는 것입니다. 듣기는 싫어하고 말하기는 좋아한다, 이것입니다. 가만히 보면 말하기를 정말 좋아하는 분들이 있습니다. 누가 듣지도 않는데 자기 말만 열심히 합니다. 이것이 보통사람의 마음이다, 이것입니다. 또, 아무 생각 없이 말합니다. 깊이 생각해서 하는 말이 아닙니다. 들을 만한 가치가 없습니다. 한데도 그렇게 열심히 말합니다. 아마 그럼으로써 스트레스를 푸는 것 같습니다. 말함으로써 자기 존재감을 느끼는 모양입니다. 이것이 보통사람의 특징이다, 이것입니다. 둘째는 호기심이 많다는 것입니다. 무엇이든지 다 알고 싶어 합니다. 하지만 그렇듯 조금이라도 더 알고 싶어 하기는 하면서도 정작 단 한 가지도 진지하게 깊이 아는 것은 없습니다. 열심히 연구하고 궁리하는 것과는 거리가 멉니다. 다 피상적으로 아는 척하는 것일 뿐입니다. 그저 단순한 호기심에 지나지 않습니다. 셋째는 애매한 존재라는 것입니다. 인간의 진리라든가 인생관, 역사관, 생의 목적 따위는 생각한 일이 없습니다. 그냥 되는대로 살아가는 사람입니다. 이를 가리켜 하이데거는 'das mann'이라고 말합니다.

인간한테는 두 가지의 생일이 있습니다. 하나는 어머니의 태에서 나온 날입니다. 아직 뚜렷한 자의식은 없습니다. 또 하나는 '나는 왜 이 세상에 존재하는가?' 하는 것을 깊이 깨닫는 날입니다. 말하자면 두 번째 생일입니다. 저는 이것이 진짜 생일이라고 생각합니다. 사람은 아무래도 하나님의 큰 능력과 은총 속에서 주어진 생을 삽니다. 잊지 말아야 합니다. 내가 선택해서 사는 것이 아닙니다. 주어진 생을 살아가며, 그 안에서 내가 선택을 한다는 것을 잊어서는 안 됩니다. 그런데 오늘본문에는 참 놀라운 사건이 있습니다. 예수님께서 제자들을 어느 마을로 보내시면서 이렇게 말씀하십니다. "거기에 나귀 두 마리가 매어 있을 것이다. 하나는 어미고, 하나는 새끼다. 그걸 풀어오라. 왜 남의 나귀를 푸느냐고 누가 묻거든 아무 대꾸도 하지 마라. 그저 딱 한마디, 주께서 쓰시겠다고만 하라. 그리하면 줄 것이다." 제자들이 가서 보니 정말 나귀가 있었습니다. 그래 나귀를 푸니까 정말로 누가 묻습니다. "왜 남의 나귀를 푸시오? 어디로 가져가려 하오?" "주께서 쓰시겠다 하시오." 그러자 순순히 나귀를 내줍니다. 이 나귀를 끌어다놓으니 예수님께서 그 위에 올라타십니다. 그리고 예루살렘 성, 그 성전을 향하여 가십니다. 입성입니다.

이 사건, 굉장히 중요합니다. 예수님께서는 만백성을 구원하시기 위하여 죄인의 비참한 모습으로 베들레헴에 나셨고, 평생을 섬기는 자로 사셨습니다. 그러나 실상은 그렇지 않습니다. 그 내용, 그 본질은 예수님께서는 왕이시라는 것입니다. 왕으로서, 만왕의 왕으로서 백성들을 섬기신 것입니다. 이 나귀 행렬은 만왕의 왕 되신 예수님의 모습을 나타내고, 그 왕권을 만천하에 고하는 퍼레이드입니다. 굉장한 사건 아닙니까. 알든 모르든, 사람들이 오해를 하든 말든, 예수님께서는 하고자 하시는 일을 하십니다.

이제 예수님께서 나귀를 타시고 예수살렘으로 올라가시는데, 많은 백성들이 나와 예수님을 맞이합니다. 이제야말로 예수님께서 유대나라의 왕이 되시는 줄 알고 나온 것입니다. 사실은 예수님께서 메시아 되신 그 깊은 뜻은 모르고, 세속적인 영광의 보좌를 바라보며 그들은 호산나를 부릅니다. '호산나'는 '호사'하고 '나'의 결합입니다. '우리를 구원하소서'라는 뜻입니다. '만세'라는 말도 가만히 보면 연구할 만합니다. 우리는 "만세! 만세!" 합니다. '만세'는 '만 년 동안 사십시오. 이 세력이 만 년 동안 가기를 바랍니다.' 하지만 실은 다들 되지도 않을 소리를 괜히 지르는 것입니다. 하지만 '호산나'라는 말은 다릅니다. "당신은 왕이십니다. 우리는 당신의 백성입니다. 그런고로 우리를 구원하소서. 우리를 구원하소서. 당신은 구세주이십니다." 이것이 '호산나'입니다. 이렇게 외치며 예수님의 뒤를 따라갑니다.

여기서 잠시 생각해야 될 것이 있습니다. 이 나귀의 주인한테는 이름이 없습니다. 무명의 봉사자입니다. 생각해보십시다. 예수님께서 십자가에 못박혀 돌아가시고 부활하신 다음 오순절, 성령 충만한 그때에 이 나귀주인이 어떤 생각을 했을까요? 아무 생각 없이 예수님께 나귀를 제공해드렸는데, 이 얼마나 행복한 일입니까. '내가 키우는 나귀가 예수님을 태우고 성전으로 올라갔다. 그 거룩한 역사에 내 나귀가 쓰였다.' 얼마나 감격하고 자랑스러웠겠습니까. 제가 이 시간에 굳이 말씀은 안 드립니다마는, 이에 대해서는 여러 가지 전설이 많이 있습니다. 예수님께서 어렸을 때 애굽으로 피난을 가셨지요? 그때에 그 나귀가 계속 이어져서 오늘 이 나귀가 되었다는 전설까지 있습니다. 있을 만한 전설입니다. 이 사건은 신비롭게 전개됩니다.

미국의 시민기자로서 20세기 후반에 40년 동안 기자생활을 하면서 무려 8천명을 인터뷰한 필립 렌치라는 유명한 기자가 있습니다. 아마 기자로서는 세계에서 제일 유명한 분 가운데 하나가 아닌가 합니다. 그는 40년 동안 무려 8천명이나 되는 사람들을 한 사람 한 사람 만나서 인터뷰를 했습니다. 그의 마지막 결론은 이렇습니다. "사람은 두 가지가 있더라. 하나는 star형이다. 자기를 나타내기를 좋아한다. 어떻게 해서라도 자기를 조금이라도 더 크게 확대해서 나타내기를 좋아한다. 또 하나는 servant형이다. 봉사자 형이다. 그저 이름도 없이, 빛도 없이 조용하게 섬기려고 하는 사람이다. 이렇게 두 가지 사람이 있더라." 이렇게 회고하면서 마지막으로 그는 말합니다. "아무래도 사람답게 살려면 그저 봉사자형으로 사는 것이 좋겠더라." 그래 그는 말합니다. "Low Pay! No Applause!" 돌아오는 보상도 적고, 박수를 받지도 못하지만, 그렇게 살아가는 것이 인생을 바로 사는 것이다, 이것입니다.

누가 가장 행복한 사람입니까? 가장 행복한 사람은 쓰이는 사람입니다. 용도가 있는 사람입니다. 이걸 잊지 말아야 합니다. 요새 나이가 많아지면 소외당합니다. 용도가 없는 것입니다. 심지어 용도폐기라는 몹쓸 말까지 있습니다. 아무짝에도 쓸모가 없다, 이것입니다. 존재가치가 없는 것입니다. 사람은 어느 모로든지 쓰여야 합니다. 또 쓰이도록 자기 존재의 의미를 살려야 합니다. 그래서 깊이 생각해야 합니다. 쓰인다는 것, 게다가 주님의 손에 쓰인다는 것, 내가 그 누구를 위해서가 아니라 주님의 거룩한 사역에 쓰인다는 것, 이 얼마나 소중한 일입니까. 내 건강이, 내 지혜가, 내 돈이, 내 물질이,

내 기술이 하나님의 거룩한 사역을 위해서 쓰인다는 것, 아주 굉장한 존재가치라고 생각합니다. '사람은 누구를 위해 사는가? 사람은 무엇을 위해 죽는가?' 여기서 결정이 되는 것입니다. 내가 하는 모든 일이 누구를 위하는 일입니까? 마지막에 보니까 별것 아니거든요. 그리고 마지막에 누구를 위해서 죽습니까? 이에 대하여 대답할 말이 없다면 잘못 산 인생입니다. 오늘본문에 나타난 사건에서 우리가 볼 수 있는 것은 주님의 거룩한 사역, 만백성을 구원하신 놀라운 역사에 쓰이는 인생입니다. 엄청난 가치입니다. 특별히 하나님의 영광을 위해 쓰이는 것입니다. 조그맣게나마 쓰이고 있는 것입니다. 내 건강이, 내 능력이, 내 돈이, 내 기술이 쓰이고 있다, 이것입니다. 이 얼마나 굉장한 일입니까.

지금은 우리가 이렇게 좋은 파이프오르간을 쓰고 있습니다마는, 예전에 제가 인천교회에서 시무할 때에는 이런 오르간을 장만할 형편이 못 되었습니다. 그래 제가 좋은 오르간 소리가 하도 듣고 싶어서 제 보잘것없는 기술로 어떤 분의 도움을 받아가며 손수 전자오르간을 만들었습니다. 제가 다른 일로는 밤을 새운 일이 없습니다마는, 그거 만드는 동안에는 몇 날 며칠 밤을 꼬박 새웠습니다. 그러고나서 이튿날 아침 새벽기도를 인도해도 피곤한 줄 몰랐습니다. 너무나 재미가 있고, 너무나 귀한 일이었으니까요. 마침내 제가 만든 오르간이 소리가 나니까 정말 춤을 추고 싶더라고요. 그렇게 오르간을 만들어 예배에 사용했던 경험이 있습니다. '내 작은 기술이 주를 찬양하는 일에 쓰인다. 내 작은 노력이, 내 수고가 주의 거룩한 영광에 쓰인다.' 이보다 더 놀랍고 행복한 일이 어디 있겠습니까. 영광된 일 아닙니까. 그런데 오늘본문을 자세히 읽으면 귀중한 진리가 있습니다. '쓰이는 자세'입니다. 쓰시는 분께 쓰이는 자의 자세가 어뗘해야 되느냐, 하는 것입니다. 아무리 거듭 읽고 또 읽어도 참 귀중한 말씀입니다.

첫째, 왜라고 묻지 말아야 합니다. "왜 남의 나귀를 풉니까?" 묻지 말 것입니다. 풀라면 풀어야 되는 줄 알 것이지 묻기는 왜 묻습니까? 그러지 마십시오. 왜라는 물음, 사람을 참 피곤하게 합니다. 물어봤자 결론도 없습니다. 잘 생각해보십시오. 왜 결혼했습니까? 그런 사람 많더라고요. 문제가 생길 때마다, 부부싸움 할 때마다 '내가 왜 결혼했지?' 합니다. 이미 했잖아요? 이제 와서 뭘 따집니까. 결혼한 지가 벌써 언젠데, 이제 와서 왜 결혼했느냐고 묻는 것입니까? 왜 저 사람을 만났느냐고요? 이미 만났잖아요? 한평생을 살아놓고 이제 와서 왜 딴소리를 합니까? 왜라는 물음을 잊어버리십시오. 그것은 하나님께 있는 것입니다. 내가 물을 사건이 아닙니다. 하나님께서 알아서 하신 일입니다. 나는 그저 "예!" 하면 되는 것입니다. 왜라고 묻지를 마십시오. 왜 병들었습니까? 왜 실패했습니까? 하나님만이 아십니다.

그런가하면 "어디로 가십니까? 어떻게 하실 것입니까? 이 나귀를 풀어서 어떻게 사용하실 것입니까?" 하고 묻지도 마십시오. 하나님께서 알아서 하실 일입니다. 예수님께서 알아서 하실 일입니다. 어떻게 사용하겠느냐? 어디로 끌고 가느냐? 가장 중요한 질문이 세 번째입니다. 보상을 묻지 마십시오. "이렇게 나귀를 끌고 가면 돈을 얼마나 주실 것입니까? 이 사건에 대한 보상이 무엇입니까?" 이걸 물으면 참 피곤해집니다. 우리가 무슨 일을 하든지 보상을 요구하는 마음이 한구석에 있으면 정말 피곤합니다. 그저 조그만 일 하나를 하면서도 고맙다는 말을 듣고 싶고, 대가를 받고 싶고…… 세상에 공짜는 없다고요? 그렇습니까? 아닙니다. 처음부터 다 공짜입니다. 그런데 우리는 많은 경우에 보상을 요구합니다. 작은 일이든 큰일이든 특별히 교역자로서 어려운 점이 그런 것입니다. 우리 교인들이 많이 수고들 하시지 않습니까. 집사님, 장로님, 권사님 들이 수고를 많이 하시거든요. 그런데 어떤 분은 이름도 없이 빛도 없이 수고하는 분이 있는가하면, 또 어떤 분은 뭘 조금 해놓고는 알아달라고 합니다. 꼭 알아주기를 바랍니다. 알아주지 않으면 하지 않겠답니다. 아주 참 어렵습니다. 여러분, 어떻게 해야겠습니까?

가끔 교인들이 저희 집에 철따라 과일을 비롯해서 이것저것 선물을 보내올 때가 있습니다. 제가 집에 들어가면 어느 장로님, 어느 권사님, 어느 집사님이 이런 것 저런 것을 보내왔다고 얘기를 합니다. 알았다고 하고 다음날이면 또 집사람이 한마디 합니다. "그 장로님, 집사님한테 전화 걸어서 고맙다고 했어요?" "아니." "왜 안했어요? 그거 어렵지도 않은데, 전화 걸어서 고맙다는 말 한마디 하면 안 되나요?" 그러면 제가 이럽니다. "안 되지. 하나님 보고 한 일인데, 왜 내가 인사를 해?" 여러분, 잊지 말아야 합니다. 그 인사 하면 그게 무슨 말인 줄 아십니까? 또 달라는 소리나 마찬가지입니다. 사도 바울도 그 말을 했습니다. 편지에서 고맙다는 말 세 마디만 하면 다시 달라는 말과 똑같은 것입니다. 그러니 이 얼마나 얄팍한 사람의 생각입니까. 아무 보상도 바라지 마십시오. 미안합니다. 인사도 받기를 바라지 마십시오. 그것이 진짜 선한 일입니다.

또한 그다음에는 effect, 후속결과를 바라지 마십시오. 그다음이 어떻게 되느냐는 생각하지 마십시오. 우리는 후속결과를 늘 걱정합니다. 내가 여기 불쌍한 사람을 도와주었습니다. 그 다음에 어떻게 될까? 내가 이 사람의 병을 고쳐주었습니다. 그다음에 어떻게 됐을까? 차라리 병들었을 때 착한 사람입니다. 건강해짐으로 잘못된 일이 얼마나 많습니까. 그 선한 일의 후속결과가 어떻게 될지는 생각하지 마십시오. 거기까지만 내가 하는 것입니다. 내게 맡겨진 일만 내가 하면 됩니다. 그 다음은 하나님께서 알아서 하실 것입니다. 후속결과에 신경을 쓰면 벌써 하나님의 일답지 못합니다.

그런데 오늘본문을 자세히 보면 나귀를 푸는 장면에서 왜라고 묻지도 말고, 어떻게라고 묻지도 말고, 보상이 뭐냐고도 묻지 말고, 그 결과가 어떻게 될 것인지도 묻지 말라고 하십니다. 그저 쓰시겠다고 하면 쓰시는 줄 알면 될 일입니다. 내놓으면 되는 것입니다. 주께서 쓰겠다고 하십니다. 주인이 쓰겠다고 하십니다. 애당초 내 것이 아닙니다. 주님의 것입니다. 주님께서 쓰겠다고 하시면 주님께 드리면 되는 것입니다. 그 다음 이야기는 없습니다.

여러분 잘 아시는 이야기가 있지 않습니까. 예수님께서 5천 명을 먹이실 때 떡 다섯 덩이와 물고기 두 마리를 가져온 어린아이가 있었습니다. 아마 그 어머니가 점심밥으로 싸주었던 것 같은데, 그걸 예수님 앞에 딱 내놓습니다. 아이는 자기가 먹으려고 가지고 온 것이지마는, 예수님께 그것을 드립니다. 그러므로 5천 명이 먹게 됩니다. 내 작은 떡 다섯 덩이가 그 같은 기적의 요소가 될 줄 누가 알았겠습니까. 내 봉사와 내 수고는 작은 것입니다. 그러나 하나님의 손에 들리어 쓰일 때에 엄청난 일이 이루어지는 것입니다. 내가 키우는 나귀 한 마리, 별것 아닙니다. 그러나 주님께서 타신 나귀, 주님의 영광을 위해서 쓰인 그 나귀는 아주 귀한 것 아니겠습니까. 그런고로 그저 아무것도 묻지 말고, 따지지도 말고 주께서 쓰시겠다고 하시면 "그러십시오!" 하면 됩니다. 이것이 우리 대답이어야 합니다. 행복은 주님께 쓰였다는 데에 있습니다. 행복은 주의 거룩한 역사에 내가 한몫을 했다는 데에 있습니다. 그 감격으로 살아가는 것입니다.   △

부활신앙의 부활

그러나 무엇이든지 내게 유익하던 것을 내가 그리스도를 위하여 다 해로 여길뿐더러 또한 모든 것을 해로 여김은 내 주 그리스도 예수를 아는 지식이 가장 고상하기 때문이라 내가 그를 위하여 모든 것을 잃어버리고 배설물로 여김은 그리스도를 얻고 그 안에서 발견되려 함이니 내가 가진 의는 율법에서 난 것이 아니요 오직 그리스도를 믿음으로 말미암은 것이니 곧 믿음으로 하나님께로부터 난 의라 내가 그리스도와 그 부활의 권능과 그 고난에 참여함을 알고자 하여 그의 죽으심을 본받아 어떻게 해서든지 죽은 자 가운데서 부활에 이르려 하노니 내가 이미 얻었다 함도 아니요 온전히 이루었다 함도 아니라 오직 내가 그리스도 예수께 잡힌 바 된 그것을 잡으려고 달려가노라

(빌립보서 3 : 7 - 12)

부활신앙의 부활

　프랑스의 어느 한적한 시골마을에 있는 작은 성당 입구에 아주 특별한 묘비가 있습니다. 그 묘비에는 다음과 같은 문장이 새겨져 있습니다. 'Apres cela, Apres cela, Apres cela.' 유래가 아주 특별한 묘비입니다. 설명이 필요합니다. 어떤 시골청년이 앞으로 법조계에서 일하겠다는 굳은 결심을 하고 파리에 올라와 법과대학을 다닙니다. 아르바이트를 해가면서 공부를 합니다. 고생이지요. 그리고 이제 딱 한 학기가 남았습니다. 많이 지쳤지요. 그래 어느 날 신부님을 찾아가 도움을 청합니다. "제가 법과대학 공부가 한 학기 남았는데, 정말 힘이 듭니다. 신부님께서 제 학비를 좀 도와주시면 좋겠습니다." 그랬더니 신부님이 빙그레 웃으면서 말합니다. "방금 어떤 교인이 좋은 일에 써달라고 돈을 가져다주고 갔는데, 이것은 분명히 하나님께서 자네를 위해서 예비해주신 것 같네." 이어 선뜻 그 돈다발을 청년에게 주었습니다. 그 돈을 받아들고 그곳을 나오면서 청년은 너무나 감격스러워서 이것이 꿈인가 생시인가 싶었지요. 그때 신부님이 "잠깐만!" 하고 이 청년을 불렀습니다. 청년은 고맙고 감격스러운 마음으로 대답합니다. "예, 신부님. 왜 그러시지요?" 신부님이 이렇게 물었습니다. "자네, 그 돈 가지고 가서 뭘 할 건가?" "그야 당연히 학교에 등록금으로 내고, 남은 공부를 계속해야지요." "그래서?" "열심히 공부하여 변호사가 되겠습니다. 그리고 아주 억울한 일을 당한 사람들을 위해서 변호하는 착한 변호사가 되겠습니다." 신부님이 다시 말합니다. "Apres cela(그 다음은)?" 청년은 잠시 생각하다가 이렇게 말합니다. "돈을 좀 벌겠습니다." 신부가 또 묻습니다. "Apres cela?" "결혼하겠습니다." 신부가 한 번 더 묻습니다. "Apres cela?" 이번에는 청년도 대답할 말이 없었습니다. 그제야 신부님이 빙그레 웃으면서 엄숙한 어조로 한마디 했습니다. "미안하지만 자네도 그 다음에는 죽어야 되네. 알았나? 가게." 그렇게 돌아오면서 청년의 귀에는 "Apres cela, Apres cela, Apres cela……" 이 말이 계속 맴돕니다. 그 다음은? 그 다음은? 그 다음은? 꿈이 아닙니다. 사실입니다. 그대로 될 것입니다. 'Apres cela, Apres cela, Apres cela.' 결국 청년은 그 돈을 다시 성당에 갖다 바치고 스스로 신부가 되었다는 이야기입니다. 청년은 이 말을 한평생의 좌우명으로 삼았습니다. 그리고 그 말을 묘비에 새겨놓은 것입니다. 여러분, Apres cela? 그 다음은 무엇입니까?

예수님께서 말씀하신 인생관을 이 비유에서 찾아볼 수 있습니다. 예수님께서는 부자와 거지 나사로를 말씀하십니다. 부자는 아주 세상적으로 행복하게 사는 사람입니다. 무슨 특별한 죄를 지었다는 말도 없습니다. 그가 악한 사람이라는 설명이 없는 것입니다. 그리고 그 부자의 집 앞에는 나사로라고 하는 거지가 있었습니다. 부잣집 사람의 상에서 떨어지는 부스러기를 주서 먹으면서 사는 불쌍한 거지였습니다. 이제 두 사람이 다 죽었습니다. 부자는 지옥으로 갔고, 나사로는 천국에 갔습니다. 예수님께서 물으십니다. "이 두 사람 가운데 어느 쪽이 복된 사람이냐?" 세상에서 잘 살고, 오래 살고, 이런 일을 하고, 저런 일을 하고…… 아닙니다. 다 별로입니다. 오래 살아서 여러 사람 괴롭힙니다. 힘듭니다. 그거 아니더라고요. 건강하게 살아야지요. 무엇이든 일을 하면서 살아야지요. 무작정 오래 산다는 것, 아닙니다. 마지막 결론부터 내립시다. 천당 가면 복된 사람이고, 천당 못 가면 불행한 사람입니다. 예수님께서는 이렇게 구별하십니다. 오늘 우리는 무엇을 생각합니까? 천당 길 가는 사람, 잘 믿고 주님 앞으로 가는 사람, 소망 중에 사는 사람이 복된 사람입니다. 그저 어찌하든지 죽지 않으려고, 조금이라도 오래 살아보려고 몸부림을 치는데, 잘 안 됩니다. 안쓰럽습니다. 그런 것은 절대 행복이 아닙니다. '그 다음'을 생각할 줄 알아야 인간입니다. 생각할 수 있는 능력을 가져야 인간입니다. 그 다음, 그 다음, 그 다음……

제가 결혼주례를 할 때마다 꼭 하는 이야기가 있습니다. "신랑 신부, 잘 들어. 지금은 신랑 신부지만, 좀 있으면 아버지 엄마가 돼. 그 다음엔 할아버지 할머니가 될 거야. 할아버지 할머니가 됐을 때 후손들로부터 어떤 말을 듣게 되겠나? 생각하고 여기서 시작하자." 왜요? 그대로 될 테니까요. 그 다음, 그 다음, 그 다음…… 이거 모르는 사람이 어디 있습니까. 그러나 그 다음에 합당한 생활을 바로 하는 사람이 많지 않습니다. 죽음을 생각하고 살면 그것이 바로 지혜입니다. 그것이 철학입니다. 죽은 다음을 생각한다면 그것이 바로 종교입니다. 죽은 다음에 있는 부활을 생각하고 오늘을 사는 사람이 그리스도인입니다. 부활의 약속을 믿고, 소망 중에 즐거워하며 사는 사람, 그가 그리스도인입니다.

생명은 아주 신비로운 것입니다. 차원이 다른 생명을 우리는 늘 보고 있습니다. 하나의 비사(比辭)입니다. 예수님도 사도 바울도 이것을 비사로 사용합니다. 우리는 이 생명의 신비 속에서 우리가 앞으로 직면하게 될 다음 시대까지 내다볼 수 있는 지혜가 있어야 합니다.

　먼저 식물적 생명입니다. 봄이 되면 지난 겨울 꽁꽁 얼어붙었던 땅이 갈라지고, 싹이 나고, 꽃이 핍니다. 얼마나 희한한 일입니까. 다 죽은 것 같았던 고목에서 새잎이 돋아납니다. 생명력이라는 것, 참 대단하지 않습니까. 다시 살아나는 것입니다. 다 죽은 것 같았던 생명이 다시 살아나는 것입니다. 이걸 잊지 말아야 합니다. 여기에 신비가 있습니다. 그냥 사는 것이 아닙니다. 죽어야 사는 것입니다. 예수님 말씀대로입니다. '밀알 한 알이 땅에 떨어져 죽지 아니하면 한 알 그대로 있고, 죽으면 많은 열매를 맺느니라.' 참 희한한 말씀 아닙니까. 저는 이 말씀을 마음에 둘 때마다 기억나는 것이 하나 있습니다. 오래 전 「타임」지에서 본 기록입니다. 3천 년 된 미라의 손에 밀알 몇 개가 들어 있었답니다. 그것이 썩지 않고 그대로 있었답니다. 그래 그걸 조심스럽게 땅에 심어보았더니 정말로 싹이 나더랍니다. 밀알 한 알이 죽지 아니하면 생명이 없습니다. 죽어야 생명입니다. 이 얼마나 중요합니까. 발전해서 되는 것이 아닙니다. 진화해서 되는 것이 아닙니다. 죽어야 되는 것입니다. 이것이 생명의 신비입니다.

　아주 특별한 동물이 있습니다. 새끼를 낳고 바로 죽는 동물입니다. 우리가 즐겨 먹는 연어도 새끼를 낳고는 바로 죽습니다. 이 얼마나 신비로운 일입니까. 나고 죽고, 나고 죽고 하는데, 죽으면서 나는 것입니다. 이런 생명을 우리가 동물의 세계에서 볼 수 있습니다. 그리고 인간의 생명이 있습니다. Noosphere! 인간에게는 이성이 있고, 영혼이 있습니다. 하나님의 형상을 닮은 영혼이 있습니다. 소중합니다. 육체는 썩어 없어지지마는, 하나님의 형상을 좇은 인간의 본체는 그냥 살아있는 것입니다. 이런 놀라운 신비를 우리가 보게 됩니다.

다음 단계가 하나 더 있습니다. 이것은 우리가 모르고 있는 세계입니다. 소망의 세계입니다. Christophere, 우리 인간적 생명보다 한 단 더 높은 그리스도적 생명의 단계가 앞에 있다는 말입니다. 우리의 인식은 늘 그렇습니다. 기적이란 단회적 사건입니다. 한 번 있는 것은 기적이고, 두 번 이상 있으면 자연과학입니다. 과학은 반복되는 사건들을 통해서 설명합니다. 그러나 반복되지 않는 사건, 딱 한 번만 있은 사건은 설명할 수 없습니다. 여기에는 믿음만이 해답입니다.

인간의 감성도 그렇습니다. 연애하던 시절을 떠올려보십시오. 상대를 생전처음 만났을 때와 그 다음날 만났을 때를 비교해보십시오. 감흥의 정도가 다릅니다. 처음 만났을 때는 '아, 이 사람, 하늘에서 내려온 천사인가?' 했는데, 그 다음날 만나면 '아, 천사는 아니구나!' 싶은 것입니다. 이 감정을 뭐라고 하겠습니까? 우리의 경험이 그렇습니다. 계속 새로운 경험을 하며 사는 것입니다. 똑같은 경험을 두 번 할 수는 없습니다. 그런데도 똑같은 경험을 해야만 알겠다고 고집하는 것은 인생론적으로 잘못된 태도입니다.

예수께서 부활하셨습니다. 이것은 역사에 딱 한 번 있은 사건입니다. 첫 열매가 시작되는 순간입니다. 여기에서부터 부활생명이 이어지는 것입니다. 예수 그리스도께서 생명의 문을 열어놓으신 것입니다. 여기서 우리는 깊이 생각해야 합니다. 부활은 변화입니다. 생명의 변화입니다. 한 단계를 넘어가는 변화입니다. 그래서 성경을 자세히 연구해보면 '부활'이라는 말과 '변화'라는 말, 이렇게 두 가지가 있는데, 동의어로 사용합니다. 수적으로도 비슷합니다. 어떤 때는 변화라는 말을 쓰고, 어떤 때는 부활이라는 말을 씁니다. 빌립보서 3장 21절에서는 부활을 이렇게 설명합니다. "우리의 낮은 몸을 자기 영광의 몸의 형체와 같이 변하게 하시리라." 그리스도의 형체와 같이 변화되는 것, 그 사건이 바로 부활이다, 이것입니다. 그러니까 오늘 우리가 이런 몸으로 살지마는, 그리스도의 형체와 같이 변화되는 부활, 그 생명의 변화를 우리는 바라보고 있다는 것입니다. 여기서 우리는 부활이 자연현상이 아니라는 것을 알아야 합니다. 식물학적, 동물학적 현상이 아닙니다. 특별히 잊지 말아야 할 중요한 것은 부활은 진화가 아니라는 것입니다. 부활은 재창조입니다. 하나님께서 이루시는 재창조의 역사입니다. 생명의 진화를 부활이라고 말하고 있지는 않은 것입니다. 부활된 것이 아니라, 부활시킨 것입니다. 재창조의 역사입니다.

사도행전 2장 32절은 말씀합니다. "이 예수를 하나님이 살리신지라……" 십자가에서 죽으신 예수를 하나님께서 살리셨습니다. 이어 36절은 또 이렇게 말씀합니다. "너희가 십자가에 못 박은 이 예수를 하나님이 주와 그리스도가 되게 하셨느니라……" 또 사도행전 3장 13절은 이렇게 말씀합니다. "우리 조상의 하나님이 그의 종 예수를 영화롭게 하셨느니라……" 하나님의 창조의 역사입니다. 하나님께서 이루시는 역사입니다. 잊지 말아야 합니다. 자연현상이 아닙니다. 진화가 아닙니다. 재창조의 역사입니다. 문제는 이 거룩한 역사와 우리 그리스도인 사이에 있는 중요한 신앙적 관계입니다. 예수님의 부활은 역사적 사건입니다. 요샛말로 fact입니다. 문제는 이 사건을 놓고 믿는 자에게만 이 사건이 효력을 발휘한다는 것입니다. 이것이 신비입니다. 오직 믿는 자만이! 이것이 바로 성경이 말씀하는 복음입니다. 그래서 흔히 신학적으로 말할 때 'Historical event', 'Faith event'라는 표현을 씁니다. 역사적 사건, 신앙적 사건입니다. 믿을 때 사건이 되는 것입니다. 적어도 내게는 말입니다. 안 믿을 때에는 사건이 아니라는 말입니다. 믿는 자에게만 부활입니다. 안 믿는 자에는 부활이 아닙니다. 잊지 말아야 합니다.

그래서 성경에는 참 중요한 이야기가 있습니다. 사도 바울이 말씀합니다. "죽으심을 본받아 부활에 이르려 하노니……" 부활생명을 체험하고, 인식하고, 믿고, 알기 위해서는 죽으심을 본받아야 합니다. 그리스도의 죽으심을 알면 그리스도의 부활을 믿는 것은 어려운 일이 아닙니다. 예수님께서는 십자가를 지실 때 이렇게 말씀하십니다. "나는 아버지께로 가노라. 하나님께서 내게 주신 잔을 내가 마시지 않겠느냐." 그 십자가의 신비를 터득하고 나면 부활의 아침은 자연스럽게 믿어집니다. 그래서 사도 바울은 오늘본문에서 귀한 간증을 합니다. "어찌하든지 죽으심을 본받아 부활에 이르려 하노라." 죽으심을 본받지 않기 때문에 부활신앙이 희미한 것입니다. 부활신앙이 내게 다가오지를 않는 것입니다. 아니, 믿어지지 않는 것입니다. 그리스도의 십자가, 그 부활의 능력을 위해서는 십자가의 신비를 알아야 합니다. 그 깊은 데에 도달해야 됩니다. 그래서 그리스도의 죽음에 연합하게 될 때 그리스도의 부활은 자연스럽게 그의 마음에 신앙사건으로 다가오게 됩니다. 그래서 부활의 증인이 됩니다. 그래야 모든 환란과 고난과 핍박도 다 즐겁게 이길 수 있는 것입니다. 그가 사도 바울입니다.

우리가 너무나 잘 아는 스데반은 돌에 맞아 죽습니다. 그는 순교하는 순간에도 얼굴이 천사의 얼굴과 같이 환했습니다. 왜요? 그 앞에 그리스도가 보이잖아요? "저 위에 인자가 하나님 우편에 서신 것을 보노라." 하늘이 열리고 주님의 얼굴이 보입니다. 이제 내가 돌에 맞아 죽는 것을 아프다고 하겠습니까? 억울하다고 하겠습니까? 불합리하다고 하겠습니까? 다 용서할 수 있었습니다. 그가 스데반입니다. 우리 믿음의 사표입니다.

유명한 인도의 성자 썬다 싱이 영국을 방문했을 때 많은 교수들이 그에게 물어보았습니다. "당신은 아주 먼 조상 때부터 내려온 힌두교인이신데, 어떻게 개종하여 기독교를 믿게 되셨습니까?" 그때 썬다 싱이 한 유명한 말이 있습니다. "그것은 부활 때문입니다. 기독교는 부활의 종교이기 때문입니다. 기독교는 순환의 종교도 아니고, 윤회의 종교도 아닙니다. 기독교는 허무한 종교가 아니고, 부활의 종교이기 때문에 저는 기독교로 개종했습니다."

사도 바울의 귀중한 말씀을 마음에 되새기십시오. "어찌하든지 십자가에 돌아가신 예수님의 죽으심을 본받아 그리하여 부활의 이르려 하노라." 그래서 부활의 신비를 마음 가득히 채워가지고 사노라면 이 세상을 사는 것이 얼마나 행복하고, 얼마나 소중한 일인지 모릅니다. 그래서 소망 중에 즐거워하고, 천국지향적인 거룩한 생을 승리할 수 있는 것입니다. 이것이 기독교의 본질입니다. △

부활신앙의 실제

　　그들이 이 말을 듣고 마음에 찔려 베드로와 다른 사도들에게 물어 이르되 형제들아 우리가 어찌할꼬 하거늘 베드로가 이르되 너희가 회개하여 각각 예수 그리스도의 이름으로 세례를 받고 죄사함을 받으라 그리하면 성령의 선물을 받으리니 이 약속은 너희와 너희 자녀와 모든 먼 데 사람 곧 주 우리 하나님이 얼마든지 부르시는 자들에게 하신 것이라 하고 또 여러 말로 확증하며 권하여 이르되 너희가 이 패역한 세대에서 구원을 받으라 하니 그 말을 받은 사람들은 세례를 받으매 이날에 신도의 수가 삼천이나 더하더라 그들이 사도의 가르침을 받아 서로 교제하고 떡을 떼며 오로지 기도하기를 힘쓰니라 사람마다 두려워하는데 사도들로 말미암아 기사와 표적이 많이 나타나니 믿는 사람이 다 함께 있어 모든 물건을 서로 통용하고 또 재산과 소유를 팔아 각 사람의 필요를 따라 나눠 주며 날마다 마음을 같이하여 성전에 모이기를 힘쓰고 집에서 떡을 떼며 기쁨과 순전한 마음으로 음식을 먹고 하나님을 찬미하며 또 온 백성에게 칭송을 받으니 주께서 구원 받는 사람을 날마다 더하게 하시라

(사도행전 2 : 37 - 47)

부활신앙의 실제

이스라엘의 한 유명한 랍비가 제자들에게 물었습니다. "밤이 끝나고 낮이 시작되는 새벽시간, 여명이다. 이 새벽시간을 어떻게 분간할 수 있는가?" 한 제자가 대답했습니다. "멀리서 개와 고양이를 구별할 수 있을 때가 새벽일 것입니다." "아니다." 다른 제자가 대답합니다. "새벽은 무화과나무와 포도나무를 구분할 수 있을 정도로 밝아올 때일 것입니다." "아니다." 그리고 스승 랍비가 마침내 의미 있는 가르침을 줍니다. "인간이 인간을 들여다보며 너희가 내 형제요, 내 자매라 하는 것을 깨닫게 되는 때, 바로 그때가 새벽이다."

사람들은 흔히 이렇게 말합니다. "내가 저 사람 때문에 못 산다. 저 사람 때문에 내가 불행하다." 심지어 어떤 분들은 이런 극단적인 말까지 합니다. "저 애들 때문에 내가 못살겠다. 저건 왜 태어나가지고 나를 괴롭히나?" 이렇게 이웃을 원망하며 사는 것은 밤입니다. 이제는 생각을 바꾸어서 형제라는 생각을 하십시오. '저가 있어서 내가 있다. 저 사람 없으면 내가 살아가는 의미가 없다. 저가 있어서 오늘 내가 행복하다.' 이렇게 생각하기 시작할 때, 바로 그때가 새벽입니다. 인생답게 살아가는 새벽이라는 말씀입니다.

예수께서 십자가에 돌아가시고, 부활하시고, 그리고 성령이 강림하시게 됩니다. 성령 강림까지는 예수의 부활이 하나의 역사적 사건일 뿐입니다. 그러나 성령께서 강림하심으로써 부활사건과 나와의 관계가 확실해지고, 그리하여 드디어 부활신앙으로 바뀌는 것입니다. 이렇게 부활신앙이 될 때 역사적 사건이 내게 신앙적 현실이 되는 것입니다. 부활의 현실, 부활신앙으로 사는 실제생활이 된다는 말입니다. 이것을 가늠하는 중요한 사건이 있습니다. 바로 표적입니다. 오늘본문은 말씀합니다. "표적이 많이 나타나니(43절)." 예수님의 제자들을 통해서 표적이 나타난 것입니다. 이 표적이라는 사건을 통해서 부활사건이 우리 앞에 현실화되는 것을 오늘본문에서 읽을 수 있습니다. 표적을 통하여 하나님께서 우리와 함께하신다, 우리 현실 안에 예수 그리스도께서 현존하신다, 아니, 예수께서 예수님의 제자들, 그 한 사람 한 사람을 통하여 살아 역사하고 계시다, 살아 계신 그리스도께서 사도들을 통하여 그 거룩한 사역을 계승하고 계시다, 하는 것을 깨닫게 됩니다. 이것이 바로 부활신앙의 실제입니다. 부활신앙이 현실로 실제생활 속에서 나타납니다.

오늘본문에는 중요한 세 가지 사건이 나옵니다. 하나는 예수님께서 십자가에 돌아가시고 부활하신 사건입니다. 이 부활사건 앞에서 사람들은 두려워합니다. 이 두려움이라는 것은 참 오묘한 경건의식입니다. 전에는 물질이요, 세상이요, 이 세상은 이런 것이라고만 생각했는데, 아닙니다. 주님께서 함께하시고, 부활하신 주님께서 함께 계신다고 할 때에 사람들은 두려워하게 되었습니다. 이 두려워하는 마음이 있는가 하면, 다른 한쪽으로는 이 두려움 속에서 또 용기가 생기기도 합니다. 주님께서 우리와 함께하신다고 할 때에 죄와 벌과 심판에 대한 두려움이 아니라, 현재생활 속에 부활하신 예수 그리스도께서 현존해 계신다고 하는 것을 의식하는 부활신앙의 실제생활이 나타나게 됩니다.

베드로와 요한이 성전에 올라가다가 성전 미문에 앉아 있는 한 앉은뱅이를 만납니다. 이 앉은뱅이는 얻어먹는 거지입니다. 습관대로 베드로와 요한한테 손을 내밉니다. "적선하세요!" 이때 베드로와 요한이 말합니다. "은과 금은 내게 없다. 네게 줄 돈은 없다." 이 말에 아마 앉은뱅이는 실망했을 것입니다. 아니, 그리 큰 실망은 안 했을 것입니다. 늘 있는 일이니까요. 그냥 지나가라고, 괜찮다고 했겠지요. 한데 엉뚱한 말이 들려옵니다. "은과 금은 없지만, 내게 있는 것으로 네게 준다." 그리고 "나사렛 예수 이름으로 일어나라!" 합니다. 그가 벌떡 일어납니다. 저는 이 대목을 읽을 때마다 늘 생각나는 것이 있습니다. 이 순간 앉은뱅이가 더 놀랐을까요, 베드로가 더 놀랐을까요? 저는 목사로서 생각합니다. 확실히 베드로가 더 놀랐을 것입니다. 어찌 이런 일이 있습니까? 나면서부터 앉은뱅이 된 사람입니다. 많은 사람들 가운데서 내가 한 일은 예수의 이름을 부른 것뿐입니다. "예수의 이름을 네게 준다." 벌떡! 이것이 표적입니다. 여기서 부활신앙이 되는 것입니다. 예수의 부활생명이 여기서 나타났습니다. 깜짝 놀랍니다.

그 두려운 마음, 생각해보십시오. 이제는 우리의 현실이 버려진 현실이 아닙니다. 사건 하나하나에 중요한 의미가 있습니다. 우리의 말 한마디 한마디에 다 중요한 의미가 있습니다. '우리의 현실 속에 계신 주님을 생각하며 두려워하더라.' 경건입니다. 이 거룩한 두려움이 반드시 있어야 됩니다. 하나님께서 보시고, 하나님께서 아시고, 주님께서 오늘도 함께하십니다. 동시에 참 묘한 것이 하나 있습니다. 이렇게 표적이 나타났는데, 그렇다고 해서 평안한 일이 생긴 것은 아닙니다. 베드로와 요한은 감옥에 들어가서 무지하게 매를 맞고 핍박을 당합니다. 부활생명이신 그리스도께서 나타나신 거룩한 초대교회, 그 성령 충만한 교회에 왜 핍박이 있습니까? 왜 감옥에 들어가서 매를 맞아야 합니까? 왜 야고보는 순교를 당해야 합니까? 이 사건 속에 달라진 것이 있습니다. 여전히 핍박도 있고, 환란도 있고, 순교도 있습니다마는, 딱 하나는 이것입니다. '그 매를 맞고 나오면서 기뻐하더라.' 환란을 기뻐했습니다. 예수의 이름으로 고난당하는 것을 기뻐한 것입니다. 이것이 경건입니다. 예수를 믿어서 내 소원이 다 이루어질 것이라고 착각하지 마십시오. 성령 충만한 자에게는 만사형통이 아닙니다. 사도행전이 확실하게 보여줍니다. 성령 충만한 교회에 핍박이 있었습니다. 순교가 있었습니다. 이걸 잊지 말아야 합니다. 그런데 문제는 순교를 기쁨으로, 영광으로 받아들이게 되는 것입니다. 그리스도의 현존의식을 가지게 되는 것입니다. '주님이 나와 함께 계시다.' 놀라운 역사입니다. 그리고 하나님 앞에 감사하며, 이 고난을 감수하게 됩니다.

　성도의 교제, koinonia, fellowship, 성령을 충만히 받은 사람들이 서로 교제합니다. 중요합니다. 인도주의 가지고는 모자랍니다. 안 됩니다. 형제애가 있어야 됩니다. 우리 기독교인은 어떻게 고백합니까? 첫째는 하나님을 아버지로, 둘째는 나를 하나님의 자녀로, 셋째는 이웃을 나와 같은 형제로 고백하는 것입니다. 이웃이 아닙니다. 형제입니다. 한 하나님을 모시고, 한 그리스도인으로 말미암아 구원받은 형제입니다. 어떤 때는 피를 나눈 형제보다 더 가깝습니다. 이웃이 형제라는 의식이 바로 초대교회의 부활신앙이었습니다. 사도 바울은 그의 편지 가운데서 유명한 말을 합니다. "그리스도께서 위하여 죽으신 형제를 식물로 망하게 하지 마라." 이웃을 어떻게 보느냐, 이것입니다. 나를 위하여 그리스도께서 죽으셨습니다. 그리스도께서 위하여 죽으신 형제, 그리고 이웃을 보라는 것입니다. 이것이 기독교 윤리의 핵심입니다.

초대교회의 이 교제, 그냥 넘어갈 이야기가 아닙니다. 옛날에는 계급사회였습니다. 빈부의 차가 많았습니다. 본질적으로 가난한 자와 부한 자, 지배자와 지배 받는 자만이 아닙니다. 남녀도 다릅니다. 지금은 우리가 이렇게 다 같이 섞여 앉아 있습니다마는, 우리 한국교회도 예전에는, 그러니까 한 30년 전에는 남자들 자리와 여자들 자리가 나뉘어 있었습니다. 그래서 남녀가 교회에 올 때에는 같이 와가지고는 교회에 들어선 다음에는 따로따로 앉았습니다. 어디 감히 남녀가 같이 앉습니까? 아마 옛날 사람이 지금 여기 와서 우리를 보면 "이게 무슨 짓이야?" 할 것입니다. 남녀가 다 섞여서 앉아 있지 않습니까? 옛날에는 이런 일 없었습니다. 교회마저도 그랬습니다. 남녀구별이 아주 엄했습니다. 그래서 부부가 교회에 갈 때에는 처음에는 같이 가다가 교회가 가까워지면 남자가 먼저 가고 여자는 그 뒤를 따라갔습니다. 심지어 교회에 들어가는 문도 남녀가 달랐습니다. 서로 다른 문으로 들어갔던 것입니다.

초대교회에 관한 이런 이야기를 아십니까? 초대교회는 전부 기역자로 지었습니다. 목사님은 모서리 부분, 그 꺾이는 자리에서 설교합니다. 그리고 남자들이 이쪽에 앉으면 여자들은 저쪽에 앉는 것입니다. 들어오는 문과 나가는 문도 서로 다릅니다. 그렇게 예배당을 지었습니다. 심지어 다음 단계로 가운데에 휘장까지 쳤습니다. 초대교회가 그랬는데, 2천 년 전으로 돌아가 보십시오. 남녀 차이가 엄청났습니다. 그래서 인구조사를 할 때에도 남자만 세었지, 여자는 숫제 세지도 않았습니다. 남녀의 구별이 그랬습니다. 교회만이 아닙니다. 교회에서는 남녀가 다 같이 형제자매 아닙니까. 이것이 초대교회입니다. 그래서 초대교회의 기독교가 부흥하게 된 것입니다. 남녀차별의 타파가 그 절대적인 원인의 하나였던 것입니다. 이것이 아주 중요합니다.

그런가하면 옛날에 우리는 상상을 못하는 것이 있습니다. 노예가 있었습니다. 노예는 사람이 아닙니다. 노예는 옷도 없고, 신발도 없습니다. 심지어 노예는 완전히 짐승의 하나입니다. 이렇게 천대받는 세상입니다. 그런데 교회는 노예와 주인이 함께했습니다. 집에가서는 주인이요 노예지만, 교회에서는 형제자매입니다. 이것이 기독교가 세계적인 종교로 발전하는 데 절대적인 역할을 합니다. 남녀가 동등하고, 노예와 주인이 형제가 됩니다. 이것이 koinonia, 교제입니다. 이 속에 엄청난 의미가 들어 있습니다. 모두를 형제자매로, 하나님을 아버지로, 우리는 형제요, 다 같은 자녀요, 예수 그리스도를 구주로, 우리는 다 같은 그리스도의 보혈로 구원받은 가족이라는 것입니다. Fellowship, Koinonia, 이 얼마나 중요합니까. 그가 어떤 신분이든지 상관 없습니다. 그리스도로 말미암아 구원받은 형제라고 하는 이 관계, 이 의식이 확실해진 것입니다. 이것이 부활신앙의 실제입니다.

좀 더 나아가서는 나눔의 생활양식을 가지게 됩니다. 오늘본문에, 잠깐 지나가지마는, 중요한 말씀이 있습니다. "필요에 따라 나누어준다." 이 세상에는 생산이라는 것이 있지마는, 이 생산한 물품을 놓고는 분배라는 문제가 있습니다. 분배에는 두 가지 철학이 있습니다. 오늘본문에 나타난 것입니다. 우선 필요에 따라 나누어준다고 하는 것이 있고, 그 다음에는 능력에 따라 나누어준다는 것이 있습니다. 나중 것이 자본주의입니다. 필요에 따라 나누어주는 것은 공산주의입니다. 능력에 따라 나누어주는 것, 분배하는 것이 바로 자본주의입니다. 그런데 오늘본문에는 가장 이상적인 것, 공산주의적인 것이 있습니다. "필요에 따라 나누어주었다." 그런데 그 나누어주는 동력이 어디에 있느냐는 것이지요. 성경이 말씀하는 것은 아주 귀중하고 거룩한 사랑입니다. 그러나 공산주의자들이 말하는 '나누어준다는 것'은 혁명입니다. 실은 나누어주는 것이 아니라 빼앗는 것입니다. 강탈입니다. 거기에 차이가 있습니다. 그렇기 때문에 오늘본문에 나오는 사건, 그 초대교회에 있었던 사건으로 미루어보면 그것은 가장 이상적인 사회입니다. 필요에 따라 나눠주는 것입니다. 얼마를 가졌느냐, 얼마나 능력이 있느냐, 하는 것은 묻지 않습니다. 필요한 만큼 주는 것입니다. 이 얼마나 중요합니까. 이런 분배가 여기서 이루어집니다.

심리학자 올리버 제임스(Oliver James)의 유명한 신조어가 있지 않습니까. Affluenza라는 말입니다. 그는 이 말로 유명해졌습니다. Affluent라는 말이 있습니다. '고민'이라는 뜻입니다. 이 말과 Influenza라는 말을 합해서 만든 말이 Affluenza입니다. '끝없는 욕심에 사로잡힌 병자'를 말합니다. 욕심은 상승작용을 하여 갈수록 점점 더 커집니다. 못 가진 자가 차라리 편안합니다. 가진 자는 자꾸만 더 가지려고 합니다. 더 가져야만 합니다. 끊임없이 더 가지려고 하기 때문에 세상이 어려워지는 것입니다. 그래서 Affluenza, 이 끝없는 욕심의 병, Influenza에 걸리는 것과 같은 병이 있는 환자들이 되어버렸다는 것입니다. 그러면 어떻게 됩니까? 자기를 상실하게 됩니다. 자기 자신을 상품화합니다. 자기 자신이 상품화되어버립니다. 이웃은 수단이 됩니다. 이것이 문제입니다.

다행히 아직은 그런 때가 아닙니다마는, 생전 교회에 나오지 않던 사람이 선거 때만 되면 교회에 나오는 일이 있습니다. 선거에 출마한 사람이 얼굴 보이려고 나오는 것이지요. 그래가지고 교인들하고 악수를 합니다. 선거에 출마하는 사람이 교회에 와서 사람들하고 악수하는 것, 어떻게 보아야 합니까? 그것은 성도의 교제가 아닙니다. 그것은 사람을 표로 보는 일입니다. 수단입니다. 교제가 수단이 되어버린 것입니다. 그런가하면 이웃관계가 상실되면서 미래가 보이지 않습니다. 깜깜해지는 것입니다. 절망입니다. 그리고 오늘 서로 나누었다는 말의 조금 깊은 곳에는 종말론적 의식이 있습니다. 이 사람들은 이제 주님을 만날 때가 가까워옵니다. 세상 떠날 때가 가까워옵니다. 이것이 더 필요가 없습니다. 이것이 많을 필요가 없습니다.

제 목회 경험 가운데 참 드라마틱한 일이 한번 있었습니다. 소망교회에서 목회할 때입니다. 저 구로동에 노동자들을 위한 회관을 지어야겠다는 생각이 있었는데, 어떻게 할까 하다가 바자회를 열기로 하였습니다. 그래 교회를 통해서 바자회를 열었는데, 주제는 간단합니다. 집에 놓아두고 쓰지 않는 물건, 입지 않는 옷, 벌써 몇 년 동안이나 그냥 놔둬서 앞으로도 쓸 것 같지 않은 물품들을 다 가져오라고 했습니다. 그랬더니 예배당 마당에 산더미처럼 쌓였습니다. 아주 좋은 물건들입니다. 어떤 것은 뜯어보지도 않았습니다. 그런 물건을 쌓아놓고 팔았습니다. 2시간 만에 다 팔렸습니다. 그래가지고 구로동에 노동회관을 무사히 지었습니다. 그게 어려운 사람들을 위해서 지금도 큰 역사를 하고 있습니다.

잘 생각해보십시오. 집에 쓰지 않은 물건, 어쩌면 앞으로도 쓰지 않을 것 같은 물건을 그냥 놔두고 죽으면 안 됩니다. 이걸 알아야 합니다. 왜요? 그 물건들을 필요로 하는 사람들이 있거든요. 저 사람이 써야 될 것을 내가 쥐고 있는 것입니다. 이것을 부활신앙 가진 사람들이 생각하기 시작했습니다. 그래서 성경에 감동적인 말씀이 있습니다. 사도행전 4장 32절입니다. "자기 재물을 조금이라도 자기 것이라 하는 이가 하나도 없더라." 내 것이 아닙니다. 우리 것입니다. 공유한다는 의식으로 바뀝니다. 나를 위한 것이 아니라, 우리를 위한 것입니다. 이 거룩한 자원, 하나님께서 주신 것입니다.

저는 언젠가 비행기를 타고 저 캐나다의 토론토에서부터 서쪽으로 오다가 누구한테 이런 이야기를 들었습니다. 비행기가 얼마나 빠릅니까. 그 빠른 비행기로 가는데, 7시간을 가는 동안 대지가 끝이 없습니다. 너무나 넓은 벌판입니다. 밀밭입니다. 그래서 제가 그걸 내려다보면서 "야, 굉장하다. 밀밭이 끝이 없구먼!" 했더니, 옆에 있던 분이 저한테 설명을 해줍니다. "이게 얼마나 넓은지 아십니까? 여기서 생산하는 밀만 가지고도 세계의 모든 인구가 3년을 먹을 수 있습니다." 그래서 농사를 못하게 한답니다. 경계를 지어놓고 여기까지만 농사를 짓고, 저쪽은 하지 말라고 한답니다. 하나님께서는 넉넉히 주셨습니다. 우리가 사이좋게 나누어 먹기만 하면 먹고도 남습니다. 솔직히 말해서 우리도 지금 먹고 남지 않습니까. 쌀이 남아서 큰일 아닙니까. 3년 묵은 쌀들이 썩어나가고 있지 않습니까. 그 쌀을 보관하기 위해서 한 해에 3천억의 돈이 들어갑니다. 이렇게 보관을 하고 어쩌자는 것입니까? 북한에서는 사람들이 굶어죽는데, 이쪽에서는 남아도는 쌀을 가지고 술을 만들어 먹으라고 하는 판입니다. 이게 말이 됩니까. 하나님께서 보시기에 참 딱하지 않겠습니까. '이것들이 지금 뭘 하는 건가? 넉넉하게 주었더니, 이게 뭐야? 저쪽에서는 굶어죽고, 이쪽에서는 남아돌고……' 성령 충만한 사람들은 필요에 따라 나누어주어서 다른 사람이 무엇이 필요한가를 알았고, 내게 있는 것이 나 혼자만을 위한 것이 아니라는 것을 알았고, 서로 공유해야 된다는 것을 알았습니다. 그래서 유무상통하게 되는 것입니다.

여러분, 이걸 잊지 말아야 합니다. 자기 욕망에 사는 동안에는 절대로 자유인이 아닙니다. 다 이로부터 벗어날 때에만 자유인이 될 수 있는 것입니다. 여러분, 굶는 자가 내 앞에 있다면 나는 결코 자유인이 아닙니다. 내 앞에서 굶어죽는 사람이 있다면 나는 절대로 단잠을 잘 수 없을 것입니다. 온전한 자유인은 베푸는 데에 있습니다. 그래서 가능한 것입니다.

오늘본문에 나오는 말씀을 네 가지로 요약합니다. 하나는 kerygma, 하나님의 말씀을 전하고, koinonia, 그리스도 안에서 친교하고, diaconia, 서로 섬기고, agape, 초대교회의 사랑의 모습, 그 극치는 아가페로 완성합니다. 그리스도께서 우리를 사랑하신 것 같이 그 사랑을 베풀며 살아갈 때 온전한 그리스도인, 온전한 부활신앙의 증인으로 살아가게 될 것입니다. △

해산의 수고

    그들이 너희에게 대하여 열심 내는 것은 좋은 뜻이
아니요 오직 너희를 이간시켜 너희로 그들에게 대하
여 열심을 내게 하려 함이라 좋은 일에 대하여 열심
으로 사모함을 받음은 내가 너희를 대하였을 때뿐 아
니라 언제든지 좋으니라 나의 자녀들아 너희 속에 그
리스도의 형상을 이루기까지 다시 너희를 위하여 해
산하는 수고를 하노니 내가 이제라도 너희와 함께 있
어 내 언성을 높이려 함은 너희에 대하여 의혹이 있
음이라

                (갈라디아서 4 : 17 - 20)

해산의 수고

어느 날 아침, 아이가 가지고 놀던 인형을 내던지는 모습을 보고 그 어머니가 깜짝 놀라서 소리칩니다. "아니, 이놈이!" 그랬더니 이 아이가 곧바로 어머니를 향해서 "아이, 이놈이!" 하더랍니다. 어린아이는 그대로 우리 어른들의 거울이 된다는 것을 잊어서는 안 됩니다. 엄마는 아이를 낳습니다. 그래 수고를 참 많이 합니다마는, 이게 끝이 아닙니다. 이제부터는 엄마로 살아가며 아이를 키워야 하는 책임이 있기 때문입니다. 바른 본을 보여야 합니다. 아이를 낳았다고 다 어머니가 아닙니다. 아이를 바로 키워야 어머니입니다. 생리적으로는 나아놓으면 자동으로 아이는 어머니를 닮게 돼 있습니다. 그러나 문제는 마음입니다. 아이는 자라면서 점점 어머니의 마음을 닮습니다. 가치관을 닮습니다. 도덕성을 닮습니다. 믿음을 닮습니다. 이래서 나아놓을 때는 몸이지만, 키워갈 때는 인격입니다. 낳고 바로 키워야 어머니입니다. 나아놓았다고 다 부모가 아닙니다.

며칠 전 텔레비전을 보다가 제가 깜짝 놀랐습니다. 그래 다시 확인까지 해봤습니다. '베이비 박스'라는 것이 있습니다. 무슨 소리인가 했더니, 온 세계에 다 있답니다. 한국에도 둘이 있고요. 예쁘게 창구를 만들어놓고 원치 않는 아이를 낳았을 때 그 아이를 여기에 넣어놓고 가면 되는 것입니다. 이걸 가리켜 베이비 박스라고 하는 것입니다. 놀라운 것은 한 해에 무려 2백 명이나 되는 아이들이 여기에 버려지고 있다는 사실입니다. 더 놀라운 것은 그 가운데 10분의 1은 양심의 가책을 느낀 산모가 와서 그 아이를 도로 데려간답니다.

제가 궁금한 것은 저 엄마가 양심의 가책 때문에 제 아이를 도로 찾아가기는 했지만, 과연 아이를 제대로 키울 수 있을까, 하는 것입니다. 내다버렸던 아이를 다시 데려가서 키우는 동안 얼마나 또 저주를 할까, 싶은 것입니다. 생각해보면 이쪽이 더 마음이 아픕니다.

생명은 사랑해서 태어나고, 사랑을 먹고 자랍니다. 어린아이에게는 어른한테는 없는 장점이 세 가지 있습니다. 하나는 맑은 눈동자입니다. 언제 들여다보아도 아이들의 눈은 참 깨끗합니다. 그래서 유명한 말이 있잖아요? '어린아이들의 맑은 눈동자에 비추어 보아서 부끄러움이 없도록 살아라.' 어린아이들의 맑은 눈동자, 얼마나 아름답습니까. 또 하나는 깨끗한 피부입니다. 그저 물로만 닦아놓아도 얼마나 곱고 깨끗한지 모릅니다. 어른은 도저히 따라갈 수 없습니다. 마지막은 무서운 기억력입니다. 한 번 들으면 잊어버리지 않습니다. 깨끗한 기억력입니다. 참으로 어린아이들의 큰 장점입니다.

에리히 프롬은 그의 저서인 「사랑의 기술」에서 이렇게 말합니다. '사랑이 뭐냐? 사랑은 관심이다.' 관심은 다른 말로 하면 마음입니다. 물질이 아니고 마음입니다. 주었느냐, 안 주었느냐가 아닙니다. 어떤 마음이었느냐가 중요합니다. 그는 또 말합니다. '사랑은 경건이다.' 우리는 아이들을 존경해야 됩니다. 우리는 아이들한테서 배울 것이 너무나 많습니다. 오히려 두려워하는 마음으로 아이들에 대하여 하나님 앞에서 경건한 자세로 임해야 합니다. 또 말합니다. '사랑은 깊은 이해다.' 저들이 어떤 형편에 있는지를 깊이 이해해야 합니다. Understanding, 이해가 바로 사랑이다, 이것입니다. 또 말합니다. '사랑은 책임이다.' 사랑은 곧 책임입니다. 내 책임을 항상 반성해야 합니다. 아이들에게서 나타나는 모습, 다 내 책임입니다. 아이들이 거짓말하는 것, 내가 가르친 것입니다. 그 아이들이 폭력적인 것, 어머니에게서 배운 것입니다. 그런고로 아이들의 모습을 보면서 순간순간 책임을 져야 합니다. 다 내 책임이다, 이렇게 생각해야 합니다. 이것이 바로 사랑입니다. 그리고 나 자신을 내려놓고 다시 한 번 자기희생을 해야 합니다. 이것이 사랑이라고 에리히 프롬은 말합니다.

오늘본문에서 사도 바울은 말합니다. "해산하는 수고를 하노니(19절)." 헬라어로 '트러비'입니다. 어머니가 아이를 낳을 때 겪는 고통, 해산의 고통을 직접 가리킨 말입니다. 생명은 고귀한 희생으로 태어납니다. 희생을 통해서 태어나는 것입니다. 요즘 어머니들은 자기가 낳은 자식인데도 그 자식을 옛날 어머니들처럼 사랑하지 않는 것 같습니다. 왜 그럴까 궁금했는데, 무통분만 때문이라고 어떤 사람이 책에 썼더라고요. 정말 그렇습니까? 부끄러운 이야기 한 가지를 말씀드리겠습니다. 여기 곽요셉 담임목사가 신당동에서 태어났습니다. 저희 아이들은 산부인과에서 낳지 않고 다 집에서 낳았습니다. 제 장인어른이 의사인데, 아내가 아이를 낳으면서 고생하는 모습을 남편이 보아야 된다는 것입니다. 두 가지 이유 때문입니다. 첫째는 그래야 얼마나 자식이 귀한지를 알게 되고, 아내가 귀한 것도 알게 된다는 것입니다. 둘째는 제가 목사니까 심방을 다니다가 아이 낳는 상황에 처할 수도 있을 테니까 경험삼아 이 과정을 다 봐두는 것이 좋겠다는 것입니다. 그래서 아내가 제 무릎을 베고 곽요셉 목사를 낳았습니다. 아, 차라리 제가 낳는 게 낫겠더라고요. 아내가 제 허리를 붙들었는데, 얼마나 세게 힘을 주었던지 제 허리가 끊어지는 것 같았습니다. 한데 아내가 그렇게 고통을 당하고 있는데, 의사인

제 장인어른은 가만히 앉아 있지를 못하고 그 좁은 방안을 이리저리 서성거리기만 합니다. 그러면서 한참 고생하는 딸한테 이러는 것입니다. "아직 멀었다. 하늘이 얼마큼 보이냐? 하늘이 동전만큼 보여야 된다. 아니면 아직 멀었다." 자식을 낳을 때는 고생 좀 해야 됩니다. 그래야 자식이 귀한 것입니다.

여러분도 잘 아시는 대로 하나님께서 아브라함에게 아들 이삭을 주겠노라고 하셨을 때 아브라함의 나이가 75세 아니었습니까. 안 그래도 늦은 나이인데, 이왕 주시려면 좀 일찍 주시지, 그러시고도 그 뒤로 25년 동안이나 안 주셨습니다. 그 늙은 아브라함이 25년 동안이나 아들이 생기기를 기다리는 모습을 상상해보십시오. 얼마나 어려웠겠습니까. 목사의 비밀 한 가지를 말씀드리겠습니다. 종종 아이가 없는 집에서 제게 전화가 옵니다. "아이고, 목사님! 저희가 아이를 낳을 수 있도록 위해서 기도해주세요. 기도해주세요. 이번 달에는 혹시나 했다가, 아이고, 또 틀렸습니다." 이렇게 밤마다 전화를 걸어오는 사람이 얼마나 많은지 아십니까? 그럴 때마다 제가 아주 힘듭니다. 그렇게 간절한 것입니다. 그러니 25년 동안이나 아이가 생기기를 기다리는 것, 얼마나 힘든 일이었겠습니까. 하나님이 너무하신 것 아닌가 싶을 정도입니다. 하지만 하나님께서는 이렇게 하시고 나서 이삭을 주셨습니다. 왜요? 그래야 소중하니까요. 그래야 아이가 소중한 줄 아니까요. 어디에 비교할 수 있겠습니까? 안 그렇습니까.

제 어머니도 저를 41세에 낳으셨습니다. 10년 동안의 단산 끝에 저를 낳으신 것입니다. 그러니 얼마나 소중하셨겠습니까. 어머니는 10년 동안 기도하고 저를 낳으셨다고 때마다 말씀하셨습니다. 제가 누워서 낮잠을 잘 때 제 머리맡으로 누가 지나가면 벼락이 떨어집니다. "어떤 앤데 머리맡으로 지나가?" 이렇게 호령을 하십니다. 그만큼 너무나 소중한 것입니다. 바로 이 생명에 대한 소중함을 가르쳐 주시려고 하나님께서는 아브라함으로 하여금 25년이나 기다리게 만드신 것입니다. 그리고 아브라함의 나이 백 세에 이르러 마침내 아들을 주십니다. 왜요? 소중하니까요. 그래야 소중하니까요. 그런데 하나님께서는 그렇게 주신 귀한 아들 이삭을 모리아 산에서 바치라고 하십니다. 이거 무엇을 의미합니까? 상상할 수 없는 엄청난 사랑의 신비가 이 속에 있는 것입니다.

요한복음 16장 21절에서 예수님 말씀하십니다. "여자가 해산하게 되면 그 때가 이르렀으므로 근심하나 아기를 낳으면 세상에 사람 난 기쁨으로 말미암아 그 고통을 다시 기억하지 아니하느니라." 그렇습니다. 생명을 낳았습니다. 그렇게 귀한 생명을 얻고 보면 그간에 고생했던 것은 싹 다 잊어버리잖아요? 신비로운 일입니다. 모든 고난과 슬픔, 지난날의 어두웠던 기억은 깨끗이 다 잊어버리게 됩니다. 그만큼 기쁨이, 기쁨의 중량이 큰 것입니다. 그런데 문제가 있습니다. 오늘본문은 해산의 수고는 나아놓는 데에만 있는 것이 아니고 키워 가는 데에서 계속되는 것이라고 말씀합니다. 해산의 수고가 계속되어야 합니다. 그래야 온전한 생명이 되는 것입니다. 사도 바울은 고린도전서 4장 15절에서 이렇게 말씀합니다. "내가 너희를 복음 안에서 낳았다." 출생입니다. '해산의 수고를 계속하노라. 한 번 낳아놓은 것만이 아니고, 해산의 수고를 내가 계속하고 있다.' 이것이 오늘본문의 주제입니다. 생명은 고귀합니다. 수고할 때마다 생명의 고귀함에 대한 감사가 있어야 됩니다.

제가 심방하면서 많은 교인들을 돌아보던 중에 이런 기억이 있습니다. 어느 집에 아이가 넷입니다. 그 아이 넷을 어머니가 얼마나 끔찍하게 사랑하는지 모릅니다. 제가 "어느 아이를 제일 사랑하십니까?" 하고 물었더니 "첫째는 첫째니까 사랑하고요, 둘째는 예뻐서 사랑하고요, 셋째는 딸이니까 사랑하고요……" 그러다가 마지막 넷째에 대해서는 조금 다릅니다. "아닙니다. 저는 넷째를 제일 사랑합니다." 왜요? 소아마비니까요. 장애가 있는 자식도 사랑합니다. 아니, 더 사랑합니다. 왜요? 거기에 가장 마음을 많이 썼으니까요. 가장 많이 기도했으니까요. 가장 많이 수고했으니까요. 많이 수고한 만큼 더 사랑한다, 이것입니다. 오늘본문에서 사도 바울은 이렇게 말씀합니다. '내가 너희를 위하여 해산의 수고를 계속하노라.' 왜요? 생명이 소중하니까요. 생명에 대한 감사함으로 부모는 자녀에게 배웁니다. 자녀와 함께 성숙해가는 것입니다. 자녀들의 말을 통해서 배웁니다. 자녀들의 행동을 통해서 배웁니다. 그들과 이야기하면서 배웁니다. 그들의 살아가는 모습을 통해서 내 모습을 봅니다. 사랑을 배우고, 인격을 배우고, 믿음을 배웁니다. 그 영혼의 고귀한 성품을 배워가게 되는 것입니다. 자녀는 가르치는 대상이 아닙니다. 자녀와 함께 배워가는 것입니다. 자녀와 함께 성장해가는 것입니다. 이걸 잊지 말아야 합니다.

유명한 요하네스 로쯔 교수의 사랑의 대한 철학이 있습니다. 사람의 사랑, 그 기본적인 사랑은 Eros, 남녀간의 사랑입니다. Eros가 philia를 통해 정화되고, philia는 Agape를 통해 고양될 때 참 사랑이 된다는 것입니다. Agape가 없는 philia는 생명이 없고, philia가 없는 Agape는 타락입니다. 여러분, 이걸 알아야 됩니다. 사랑이라고 다 큰 사랑이 아닙니다. 쉬운 말로 사랑이라고 합니다마는, 아닙니다. Eros가 있고, philia가 있고, Agape가 있습니다. 점점 성숙해가야 합니다. 점점 더 거룩해져야 됩니다. 점점 더 그리스도의 사랑을 닮아가야 합니다. 닮아가는 만큼 인격도, 영혼도 성장하기 때문입니다.

우리는 자녀들을 가르치느라고 많이 수고합니다. 눈물도 많이 흘립니다. 그러나 다시 한 번 생각해보십시다. 저 어린이들의 잘못이 누구 책임입니까? 누구를 닮아서 이렇게 된 것입니까? 부부싸움할 때 보면 나쁜 것은 전부 "당신 닮았다!"고 합니다마는, 돌아서서 기도하면서 생각해보십시오. 누구 닮았습니까? 깊이 생각해야 합니다. 그래서 우리는 자녀들을 소중히 여길 뿐만 아니라, 오늘도 해산의 수고를 계속하는 것입니다. 해산의 수고, 아이를 낳는 그 아픔과 수고를 오늘도 계속해가는 것입니다. 그러면서 새로운 생명으로, 더 귀한 생명으로, 더 거룩한 생명으로 함께 성숙해가는 것입니다. 여기에 깊은 의미가 있습니다. 이 수고와 이 희생 속에 기쁨과 행복이 있습니다. 수고하는 만큼 행복한 것입니다. 애쓴 만큼 행복도 큰 것입니다. 아니, 감사도 큽니다. 이걸 잊지 말아야 합니다.

저는 일생토록 잊지 않는 딱 한마디가 있습니다. 제가 북한에 갔을 때 그쪽 사람들이 제 어머니를 찾아주겠다고 많이들 애썼습니다. 하지만 결국은 어머니의 묘지가 어디에 있는지 못 찾겠다는 것입니다. 그래 제가 그만두라고 하고, 제 어머니의 사망신고가 된 호적을 복사해서 가지고 왔습니다. 그걸 보니까 어머니가 94세까지 사셨더라고요. 그 열악한 환경에서 94세까지 사신 것입니다. 그 호적을 가지고 고려호텔에 들어가 잘 때 깊은 생각을 했습니다. 그걸 펴놓고 제가 한마디 넋두리를 했습니다. "어머니, 이 열악하고 어려운 환경에서 무엇 하러 94세까지 사셨소?" 그때 제 귀에 쟁쟁하게 들려온 소리가 있었습니다. "이놈아, 내가 너를 위해 기도하느라고 오래 살았다!" 그때 제가 무릎을 꿇었습니다. 내 힘으로 사는 줄 알았습니다. 아닙니다. 어머니의 기도가 있었습니다. 내가 공부하는 줄 알았습니다. 아닙니다. 어머니의 기도가 있었습니다. 내가 5년 동안 장학금을 받아가면서 영광되게 공부했는데, 그게 다 어머니의 기도에서 온 것이었습니다. 그때 제가 완전히 무릎을 꿇었습니다. 여러분, 잊지 말아야 합니다. "해산하는 수고를 하노니." 오늘도 그 해산의 수고가 필요합니다. 그 수고만큼 기쁨도 크고, 영광도 크기 때문입니다. △

곽선희목사 설교집·강해집·기타

〈강해집〉
(빌립보서 강해) 희락의 복음
(갈라디아서 강해) 은혜의 복음
(고린도전서 사랑장 강해) 진정한 사랑의 의미
(예수님의 이적 강해) 이적으로 계시된 말씀
(사도신경 강해) 사도들의 신앙고백
(야고보서 강해) 참믿음 참경건
(예수님의 잠언 강해) 예수의 잠언
(사도행전 강해)(상) 교회의 권세
(사도행전 강해)(하) 교회의 권세
(로마서 강해) 믿음에서 믿음으로
(고린도전서 강해) 복음의 능력
(고린도후서 강해) 생명에로의 길
(예수님의 비유강해)(상) 하나님의 나라/(중) 이 세대를 보라/(하) 생명
에로의 초대
(에베소서 강해) 내게 주신 은혜의 선물
(골로새서 강해) 위엣것을 찾으라
(데살로니가서 강해) 사도의 정체의식
(디모데서 강해) 네 직무를 다하라

〈기타〉
행복한 가정/참회의 기도/영성신학/종말론의 신학적 이해/생명의 길